KB274748

중국 기업 활동과
부동산 투자

CHINA BUSINESS ACTIVITY &
REAL ESTATE INVESTMENT

중국 기업 활동과 부동산 투자

법무법인 한결 · 중국변호사 정국철 지음

CHINA BUSINESS ACTIVITY &
REAL ESTATE INVESTMENT

매일경제신문사

서 문

중국은 2005년 경제규모에서 영국을 제친 후, 2007년에는 독일마저 따돌리고 세계 3위의 경제대국으로 발돋움하였다. 내수 부진과 재정 적자로 인해 비틀거리는 일본을 추월하는 것도 시간 문제이다. 특별한 변수가 없는 한 중국이 조만간 일본을 추월해서 세계 2위 경제대국의 위치에 오를 것이라는 예측이 상당한 힘을 얻고 있다.

이제 남은 것은 '중국 경제가 언제 미국 경제를 앞지를 것인가' 이다. 2008년 카네기 국제평화재단(CEIP)은 2035년경에 중국이 세계 1위의 경제대국에 오를 것으로 전망했지만, 최근에는 그보다 앞선 2015년 혹은 2020년경에 미국을 앞지를 것이라는 예측도 나오고 있다.

우리 경제주체들도 이러한 변화에 능동적으로 접근해야 할 것이다. 중국을 단순한 소비재 시장으로만 인식하다간 21세기 팍스 차이나(Pax China) 시대에서 현재의 위치를 유지할 수 없게 될 것이다.

여기에서 차이나 리스크에 대한 근본적인 고민이 필요하다. 1992년 수교 이후 한·중 간의 교역이 폭발적으로 증가하였지만, 우리 경제주체들이 차이나 리스크에 대해 갖는 불안감은 상당하다. 한·중 법률자문을 맡아 온 법무법인 한결의 집필진이 보건대, 차이나 리스크는 중국 법제에 대한 불신에서 기인하는 측면이 크다.

중국의 법제는 사회주의의 변화 과정에서 독자적으로 발전된 형태다. 따라서 서구 법제에 따르고 있는 우리로서는 쉽게 이해하기 어려운 면이 많다. 또 중국은 전국적으로 시행되는 법률보다 각 지역에서 시행되는 지방법규가 더 중요한 역할을 수행하고 있기 때문에, 단일한 법률체계에 익숙한 외국인으로서는 이를 리스크로 받아들이는 경향이 많다.

이러한 이유로 좋은 사업기회를 눈 앞에 두고도 선뜻 투자를 결정하지 못하는 경우도 있고, 전망 있는 중국측 사업파트너를 신뢰하지 못하여 네트워크를 형성할 기회를 놓치는 경우도 있다.

집필진은 평소 주변으로부터 중국 내의 기업활동과 부동산투자에 초점을 맞춰 중국 법제를 일목요연하게 설명하는 서적이 있으면 좋겠다는 이야기를 많이 들어왔다. 또 법무법인 한결의 입장에서도 한·중 법률자문의 역량을 홍보함과 동시에, 한·중 교역의 질적 향상에 기여할 수 있는 좋은 기회이기도 했다. 결국 이런 여러 가지 이유들로 인해 〈중국 기업 활동과 부동산 투자〉를 출판하게 되었다. 모쪼록 본 서적이 한·중 교역의 활성화를 촉진하여 양국의 동반자적 관계에 이바지하기를 바란다.

마지막으로 본 서적의 발간에 도움을 준 법무법인 한결의 여러 변호사 및 직원들, 중국의 유수 법무법인들, 기타 대중국 파트너들에게 깊은 감사를 표한다. 또한 본 서적에 아낌없는 조언을 준 매경출판에도 감사를 표한다. 후속으로 발간될 중국 관련 서적에도 끊임없는 성원을 보내주기를 바란다.

목 차

제5부 외국투자자가 중국 부동산을 취득하는 방법

제8부 조세 제도

법령 약어표

	법령 약어	법령 정식 명칭
1	회사법	중화인민공화국 회사법
2	외자기업법	중화인민공화국 외자기업법
3	외자기업법 실시세칙	중화인민공화국 외자기업법 실시세칙
4	합자기업법	중화인민공화국 중외합자경영기업법
5	합자기업법 실시조례	중화인민공화국 중외합자경영기업법 실시조례
6	합작기업법	중화인민공화국 중외합작경영기업법
7	합작기업법 실시세칙	중화인민공화국 중외합작경영기업법 실시세칙
8	집행의견	외상투자회사 심사등기 관리에 관한 법률적용 일부
9		문제에 대한 집행의견
10	인수규정	외국투자자가 경내기업을 인수할 것에 관한 규정
11	한중 이중과세방지조약	대한민국 정부와 중화인민공화국 정부 간의 소득에
12		대한 조세의 이중과세회피와 탈세방지를 위한 협정
13	제50호 문건	외국투자자가 부동산업에 직접 투자하는 것에 관한
14		국가외환관리국의 심사비준과 감독관리를 가일층 강화,
15		규범화할 것에 관한 통지
16	외자진입관리의견	부동산시장 외자진입과 관리를 규범함에 관한 의견
17	기업소득세법	중화인민공화국 기업소득세법
18	지분변경규정	외상투자기업 투자자 지분변경에 대한 일부 규정
19	재투자규정	외상투자기업의 국내투자에 관한 잠정규정
20	토지관리법	중화인민공화국 토지관리법
21	토지관리법 시행조례	중화인민공화국 토지관리법 시행조례
22	출양규정규범	국유토지사용권 입찰·경매·공시 출양규정규범
23	출양규정	국유토지사용권 입찰·경매·공시 출양규정
24	합의출양규범	국유토지사용권 합의출양규범
25	선행회수 비준방법	합작기업 외국합작자 선행회수 비준방법
26	물권법	중화인민공화국 물권법

	법령 약어	법령 정식 명칭
27	대외담보관리방법	경내기구대외담보관리방법
28	대외담보관리방법 실시세칙	경내기구대외담보관리방법 실시세칙
29	담보법	중화인민공화국 담보법
30	담보법 유권해석	최고법원의 담보법에 대한 유권해석
31	조세징수관리법	중화인민공화국 조세징수관리법
32	지분질권설정등록방법	공상행정관리기관 지분질권설정등록방법
33	질권설정대출관리규정	업체 정기예금통장 질권설정 대출관리규정
34	계약법	중화인민공화국 계약법
35	건축법	중화인민공화국 건축법
36	성향규획법	중화인민공화국 성향규획법
37	민사소송법	중화인민공화국 민사소송법
38	중재법	중화인민공화국 중재법
39	조세징수관리법	중화인민공화국 조세징수관리법
40	조세징수관리법 실시세칙	중화인민공화국 조세징수관리법 실시세칙
41	영업세잠정조례	중화인민공화국 영업세잠정조례
42	영업세잠정조례 실시세칙	중화인민공화국 영업세잠정조례 실시세칙
43	증치세잠정조례	증치세잠정조례
44	증치세잠정조례 실시세칙	증치세잠정조례 실시세칙
45	계세잠정조례	계세잠정조례
46	계세잠정조례 세칙	계세잠정조례 세칙
47	토지증치세잠정조례	토지증치세잠정조례
48	토지증치세잠정조례 실시세칙	토지증치세잠정조례 실시세칙
49	도시토지사용세잠정조례	도시토지사용세잠정조례
50	인지세잠정조례	인지세잠정조례
51	방산세잠정조례	방산세잠정조례
52	기업소득세법 실시조례	기업소득세법 실시조례

총설

I
중국 법치주의의 어제와 오늘

1. 중국 법치주의의 약사略史

1954년 9월 15일 제1기 전국인민대표대회 제1차 회의에서 처음으로 사회주의 헌법이 제정되었다. 그 후 중국은 민상법, 형법, 행정법, 경제법, 소송법 등의 부문 법률이 제정되지 않은 상태에서 토지개혁, 한국전쟁, 사회개혁 등의 혼란을 겪었다. 그로 인해 상당 기간 동안 정부의 정책과 행정명령 등이 사회질서와 경제활동을 규율하게 되었다.

문화대혁명 시기(1966~1976년)에는 사회주의 경제뿐만 아니라 사회주의 법제도 파괴되었고, 심지어 '법률 무용론' 까지 제기되었다. 그러나 문화대혁명 이후로 중국은 사회주의 법제를 더욱 공고화해서 사회주의 현대화 추진을 역점 사업으로 삼았다.

1978년 12월 제11기 제3차 전국인민대표대회에서 '경제건설 중심' 원칙이 제창됨으로써 중국의 경제체제는 계획경제에서 시장경제로 전환되었다. 또한 이때 '사회주의적 법치주의' 원칙이 함께 제창되었다. 중국의 경제·사회 분야는 제11기 제3차 전국인민대표대회를 통해 새로운 단계로 전환되었다. 경제적으로는 개혁개방을 추구했고,

사회적으로는 현대적 입법을 추진했다. 이러한 과정을 거쳐 중국 정부는 민상법, 경제법, 소송법, 형법 등의 구체적인 부문 법률을 제·개정했다. 지난 1978년부터 2008년까지 개혁개방 30년 동안에 약 400건의 법률과 800건의 행정법규가 제정되었다. 그리고 2001년 12월 10일 WTO에 가입한 이후로는 WTO 원칙과 어긋나거나 현실에 맞지 않는 법령을 개정 혹은 폐지하고 있다.

2. '중국 특유의 법률 체계'를 구축

중국 정부는 2005년에 "2010년까지 중국 특유의 법률 체계를 구축한다"는 슬로건을 제창했다. 여기서 제기된 '중국 특유의 법률 체계'를 살펴보면 헌법(공민의 권리가 보장되고 국가가 권한을 행사하는 근거), 민상법(시장경제 보장), 행정법(행정관리의 근거), 경제법(국가가 경제에 적절히 관여해 시장경제 질서를 보장), 사회법(근로자, 노동조합 등에 관한 규정), 형법(범죄와 형벌에 관한 근거), 소송절차 및 비소송절차법으로 구축되어 있다.

중국 정부는 최근에 물권법, 반독점법, 노동계약법, 국유자산법 등을 새롭게 공표했다. 또한 회사법, 증권법, 형법, 민사소송법 등을 개정하거나 해당 법률에 관한 유권해석을 공표했다. 그리고 내자기업과 외상투자기업에 각각 적용해오던 법령을 일원화하는 방향으로 외상투자 관련 법률 체계를 정비하고 있다. 이와 같이 중국 정부는 2010년까지 '중국 특유의 법률 체계' 구축을 목표로 입법 작업에 박차를 가하고 있다. 다음은 이와 관련해 향후 입법 동향을 전망한 것이다.

(1) 중국의 빠른 경제 발전으로 아직까지 해당 분야에 적용되는 법령이 없는 경우도 있고, 해당 분야에 적용되는 법령이 비현실적인 경우도 있다. 중국 정부는 '중국 특유의 법률 체계'를 구축하는 목표를 달성하기 위해 위와 같은 분야에 대한 입법을 강화할 것이다. 따라서 향후 2010년까지 많은 법령이 제·개정될 것으로 예상한다.

(2) 많은 법령이 제·개정되더라도 입법이 모든 사회·경제 분야를 상세하게 규율하기는 어려울 것이다. 따라서 정부의 정책과 행정명령 등이 사회질서와 경제활동을 규율하는 상황은 앞으로도 당분간 계속될 것으로 보인다.

(3) 중국 정부가 '입법의 공개성·과학성', '공민의 편리를 도모'하는 데 입각하여 법령을 제·개정할 것이라는 의견도 있다. 그러나 행정기관에서 제정하는 법령(=규장)은 당분간 행정 편의 중심으로 제·개정되는 경우가 더 많을 것으로 전망된다.

(4) 중국은 영토가 넓고 민족이 다양하기 때문에 중국의 중앙정부가 제정하는 법률에는 원칙적 규정만을 두고 구체적인 실시세칙은 지방정부에 위임하는 방식을 취하는 경우가 있다. 그러나 이러한 경향이 계속되면 각 지역의 실시세칙이 서로 일치하지 않아 법령 집행에서 전국적 통일성이 결여될 우려가 있다.

II
중국의 국가기관

1. 중앙정부

외교부	국방부	국가 발전과 개혁 위원회	교육부	과학기술부	공업과 정보화부	국가 민족사무 위원회	공안부	국가 안전국
검찰부	민정부	사법부	재정부	인력자원과 사회보장부	국토 자원부	환경 보호부	주택과 성향 건설부	운수부
철도부	수리부	농업부	상무부	문화부	위생부	국가인구와 계획생육 위원회	중국 인민은행	심계서

전국인민대표대회는 중국의 최고권력기구이며, 전국인민대표로 구성된다. 전국인민대표는 성, 자치구, 직할시, 특별행정구, 인민해방군에서 선출한다. 전국인민대표대회는 연 1회 개최되고, 상시적인

업무수행을 위해 전국인민대표대회에 상무위원회를 두고 있다. 국가 주석은 중국의 국가원수로서 대외적으로 중국을 대표하고, 전국인민대표대회가 제·개정한 법률에 서명하고 이를 공포한다.

최고법원, 최고검찰원, 국무원, 중앙군사위원회는 전국인민대표대회의 감독을 받는다. 국무원에는 총리와 부총리가 있으며, 산하기구로 상무부, 건설부, 국토자원부 등의 중앙 행정기관이 있다. 또한 직속기구와 파견기구를 두고 있는데 직속기구에는 국가공상행정관리총국, 국가세무총국, 국가세관총국, 국가지적재산권국, 국가약품관리국 등이, 파견기구에는 홍콩·마카오·대만 판공실, 법제판공실, 신문판공실 등이 있다. 신문판공실은 국무원의 대변기구이다.

2. 지방정부

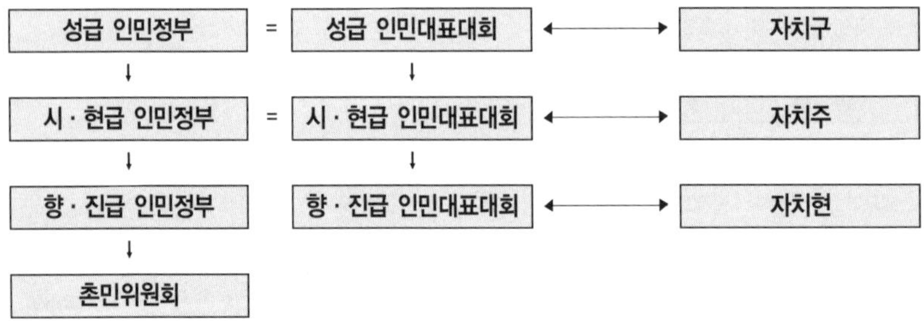

중국의 지방정부는 성급 인민정부, 시·현급 인민정부, 향·진급 인민정부로 나뉜다. 촌민위원회는 농민들의 자치조직일 뿐 인민정부는 아니다. 지방정부인 향·진급 인민정부, 시·현급 인민정부, 성급 인민정부는 각 지방 인민대표대회의 감독을 받는다.

각 지방정부의 산하에는 국무원의 산하기구에 대응되는 부서를 두고 있다. 예를 들면 국무원의 상무부에 대응하여 상무국 또는 대외경제무역위원회을 두고, 국무원의 국토자원부에 대응하여 국토자원국 또는 토지자원국을 두고 있다.

소수민족의 자치정부로는 자치구, 자치주, 자치현이 있다. 자치구는 성급 인민정부에, 자치주는 시·현급 인민정부에, 자치현은 향급 인민정부에 해당한다.

3. 특별행정구

홍콩, 마카오는 중국 행정조직상 특별행정구로 분류된다. 특별행정구는 간접선거로 선출되어 중앙정부의 승인을 받은 장관特首이 행정권을 행사한다. 특별행정구에는 중국 대륙과 별개의 법률이 적용된다. 특별행정구의 개인이나 법인이 중국 대륙에 투자하면, 이는 외국인투자로 간주되어 외국인투자에 관한 법률(외자기업법, 합자기업법, 합작기업법 등)의 적용을 받는다.

Ⅲ
중국의 법제

1. 효력에 따른 분류

중국의 법령은 그 효력에 따라서 ① 헌법 ② 법률 ③ 행정법규 ④ 지방성법규 ⑤ 자치조례 및 단행조례 ⑥ 규장으로 분류된다.

헌법은 최고 효력의 법령으로서 중국의 정치제도, 경제제도, 공민의 권리의무에 대한 중요 사항을 규정하고 있다. 헌법을 제·개정할 권한은 중국의 최고권력기구인 전국인민대표대회에 있다. 전국인민대표대회 및 그 상무위원회는 헌법이 준수되고 있는지 여부를 감독하고, 헌법을 해석할 권한이 있다.

법률은 헌법보다 하위의 효력을 갖지만, 다른 법령보다 상위의 효력을 갖는다. 법률은 전국인민대표대회 또는 전국인민대표대회 상무위원회에서 제·개정한다. 전국인민대표대회의 폐회기간 중에 상무위원회가 '결정', '규정', '방법' 등의 명칭으로 법률에 대해 세부적인 실시규정을 만들거나 법률에 대한 해석을 내놓기도 한다. 이 역시 법률과 같은 효력이 있다.

행정법규는 중앙정부 국무원에서 제정한 법령이다. 이는 법률보다 하위의 효력을 갖지만 지방성법규, 자치조례, 단행조례, 규장보다 상

위의 효력을 갖는다. 국무원은 '통지', '의견' 등의 명칭으로 행정
법규를 공표하는 경우가 많은데, 국문원에서 제정한 행정법규의 종
류와 숫자가 다른 법규범보다 많다.

지방성법규는 성급 인민대표대회가 헌법, 법률, 행정법규를 근거
로 관할 지역의 실정에 맞게 제정한 법령이다. 자치조례와 단행조례
는 민족자치지역(자치구, 자치주 등)의 인민대표대회가 상위 법령을 근
거로 관할 지역의 실정에 맞게 제정한 법령이다. 지방성법규, 자치조
례, 단행조례는 관할 지역 내에서만 효력이 있다.

규장은 ① 국무원의 산하기구, 직속기구가 자신의 직권 범위 내에
서 제정하는 법령 또는 ② 지방정부(인민정부)가 자신의 직권 범위 내
에서 제정하는 법령이다. 지방정부가 제정하는 규장은 관할 지역 내
에서만 효력이 있다. 규장은 일반적으로 '통지', '의견' 등의 명칭
으로 공표된다.

참고로, 최고법원의 입법 기능을 소개한다. 최고법원은 중국 국가
조직상 입법 권한이 없으나, '사법해석'이라는 명칭으로 법령을 내
놓기도 한다. 이러한 사법해석은 법원 업무처리에 관한 절차적 규정
인 경우도 있고, 공민의 권리의무에 관한 실체적 규정인 경우도 있
다. 최고법원은 입법의 미비를 보완하기 위해 혹은 기존의 판례들을
단일한 해석으로 정리하기 위해 해석을 내놓는다.

2. 분야에 따른 분류

중국의 법령은 법령이 관장하는 분야에 따라 ① 헌법 관련 법령 ②

민상법 관련 법령 ③ 행정법 관련 법령 ④ 형법 관련 법령 ⑤ 경제법 관련 법령 ⑥ 사회보장법 관련 법령으로 분류된다. 다음은 각 분류별로 대표적인 법령을 예시해놓은 것이다.

	분류	대표적 법령
1	헌법 관련 법령	헌법, 국기법, 국적법, 입법법, 민족구역자치법, 공회법 등
2	민상법 관련 법령	– 민법통칙, 물권법, 계약법, 담보법 등의 민법 관련 법령 – 회사법, 해상법, 보험법, 어음법 등의 상법 관련 법령 – 외자기업법, 합자기업법, 합작기업법 등의 외상투자 관련 법령 – 국유기업법, 국유자산 양도법, 국유자산 감정평가법 등 국유자산 관련 법령
3	행정법 관련 법령	– 행정허가법, 행정절차법, 행정처벌법 등 – 국무원의 상무부, 국가공상행정관리총국, 국가외환관리총국 등에서 제정하는 규장
4	형법 관련 법령	– 형법(약 400가지 범죄에 대해 규정하고 있음) – 형법의 유권해석(형법규정의 명확한 해석에 대해 또는 범죄처벌의 가중·감경에 대해 규정하고 있음)
5	경제법 관련 법령	– 은행법, 상업은행법, 신탁법, 선물법, 반독점법 등의 경제 관련 법령 – 기업소득세법, 증치세법, 영업세법 등의 조세 관련 법령
6	사회보장법 관련 법령	– 노동법, 노동계약법 등의 노동 관련 법령 – 장애자보호법, 미성년보호법, 부녀보호법, 노인보호법 등의 약자 보호 법령

외국투자자가 중국 법령을 검토할 때 유의사항

1 중국 법제의 단점은 법령의 조문이 정밀하지 못하거나, 법령이 원칙적인 규정이기 때문에 실제로 집행하기 어려운 경우가 있다는 것이다. 또한 입법기관 간의 권한배분이 불명확해서 입법기관별로 제정한 법령들이 상호 저촉되는 경우도 있다. 그러므로 중국에서 기업활동 또는 투자활동을 할 때에는 해당 활동에 적용되는 정확한 법령을 사전에 반드시 확인해야 한다.

2 중국 공무원들이 법령을 아직 제대로 이해하지 못해 입법과 집행이 괴리되는 경우가 있다. 특히 외상투자 관련 법령에 대한 이해가 부족하여, 외국투자자가 신청하는 인허가가 법령상의 조건을 충족하고 있음에도 지연되는 경우가 있다. 이러한 문제가 발생하면 중국 변호사를 통해 공무원에게 법령 내용을 설명해서 인허가 업무를 진행하기도 한다.

3 중국의 지방정부에서는 외자 유치를 위해 외국투자자에게 특별한 조세혜택이나 토지혜택을 약속하기도 한다. 그런데 간혹 이러한 혜택이 상위 법령에 저촉되는 경우가 있어, 법률적으로는 조세혜택이나 토지혜택을 받지 못할 수도 있다. 따라서 지방정부의 약속을 그대로 신뢰할 것이 아니라 사전에 법률전문가를 통해 확인절차를 거쳐야 한다.

제2부

외상투자기업의 설립과 경영

I
외상투자기업 일반론

1. 개론

(1) 외국투자자의 중국 진출 방법 – 외상투자기업, 대표처, 분공사

외상투자기업이란 외국투자자가 단독으로 또는 외국투자자와 중국투자자가 공동으로 중국 내에 설립하는 기업을 말한다.

대표처란 외국투자자가 주관 상무부서의 비준을 받아 중국 내에 설치하는 연락사무소이다. 대표처는 법인격과 영업능력이 없다. 대표처를 설치하면 대표처등기증을 발급받는다.

분공사란 기업이 설치하는 영업용 분사무소로서, 한국의 지점에 해당한다. 분공사는 법인격은 없으나 영업능력은 있다. 내자기업과 외상투자기업 등 중국 내의 기업은 분공사를 설치할 수 있다1. 외국투자자는 원칙적으로 중국 내에 직접 분공사를 설치할 수 없다. 그러나 외국투자자가 금융기관(예를 들어 은행)이라면 예외적으로 주관 상무부서의 비준을 얻어서 분공사(예를 들어 분행)를 설치할 수 있다.

이와 같이 외국투자자가 중국 내에 단순한 연락사무소를 개설할 때에는 대표처 제도를 활용하면 된다. 중국 내에서 영업행위를 하려면 원칙적으로 외상투자기업을 설립해야 한다. 그러나 외국투자자가 금융기관이라면 먼저 분공사를 설립해서 영업을 하다가 필요에 따라 외상투자기업 형태의 금융기관을 설립할 수 있다.

(2) 외상투자기업의 분류

중국의 기업은 크게 내자기업과 외상투자기업으로 구분된다. ① 내자기업이란 외국투자자의 출자 없이 중국투자자의 출자로만 설립된 기업을 말한다. 내자기업은 국유기업[2], 민영기업, 개인독자기업으로 나뉜다. ② 외상투자기업이란 외국기업, 외국인, 외국조직[3] 등의 외국투자자가 출자한 기업을 말한다. 외상투자기업은 다시 외자기업, 중외합자경영기업, 중외합작경영기업, 외상투자주식유한회사로 나뉜다.

외상투자기업의 분류

	개념 정의	회사 조직	적용 법률
외자기업	외국투자자 1인 또는 수인이 출자한 기업	유한책임회	회사법 외자기업법, 외자기업법 실시세칙
중외합자 경영기업	외국투자자가 중국투자자와 공동으로 출자한 지분식 기업	유한책임회사[4]	회사법 합자기업법, 합자기업법 실시조례
중외합작 경영기업	외국투자자가 중국투자자와 공동으로 출자한 계약식 기업	유한책임회사	회사법 합작기업법, 합작기업법 실시세칙
외상투자 주식유한회사	외국투자자와 중국투자자가 공동으로 주식을 소유하는 기업	주식유한회사	회사법 외상투자주식유한회사 설립에 관한 잠행규정

실무상 외자기업을 '외상독자기업'[5], 중외합자경영기업을 '합자기업', 중외합작경영기업을 '합작기업' 그리고 외상투자주식유한회사를 '외상주식회사' 라고 부른다.

외상투자기업은 업종에 따라 외상투자부동산개발기업, 외상투자보험기업, 외상투자광고기업 등으로 구분된다. 그리고 특정 업종에

중국의 회사 관련 법령 체계

1 전술한 대로 중국의 기업은 크게 내자기업과 외상투자기업으로 구분된다.

2 내자기업 중 민영기업에는 회사법이 적용된다. 그와 달리 내자기업 중 국유 기업에는 회사법과 국유기업 관련 법률(예를 들어 국유자산법, 국유자산 양도법, 국유자산 감정평가법 등)이 함께 적용된다. 회사법과 국유기업 관련 법률은 일반법과 특별법 관계에 있다. 따라서 국유기업 관련 법률의 규정이 회사법의 규정에 우선하여 적용된다.

3 중국 내의 주요 기업은 국유기업인 경우가 많다. 따라서 외국투자자가 중국 내 국유기업에 투자할 때에는 회사법 외에도 국유기업 관련 법률이 함께 적용된다. 한 가지 사례를 들면, 한국투자자가 동광 채굴업을 영위하는 내자기업(국유기업)의 주식을 인수하는 과정에서 국유기업의 주관 국유자산감독관리위원회로부터 비준을 받아야 했다. 그러나 국유자산감독관리위원회가 주식인수가격이 너무 낮다는 점에 문제를 제기해서 비준을 받는 데 상당한 시간이 소요된 적이 있었다. 이와 같이 중국 기업에 대한 M&A 과정에서 국유기업 관련 법률이 중요 이슈로 부각되는 경우가 있으므로 사전에 충분히 법률을 검토해야 한다.

4 외상투자기업에는 회사법과 외상투자 관련 법률(외자기업법, 합자기업법, 합작기업법 등)이 함께 적용된다. 회사법과 외상투자 관련 법률도 일반법과 특별법 관계에 있다(회사법 제218조). 국무원 상무부, 국가공상행정관리총국 등 6개 부서가 공동으로 공표한 '집행의견'에 따르면, 외상투자기업에 관해 외상투자 관련 법률(행정법규 포함)에서 회사법과 다른 별도의 규정을 둔 경우에는 외상투자 관련 법률이 우선 적용된다.

5 위와 같이 중국의 기업은 ① 회사법의 적용을 받는 민영기업(내자기업) ② 회사법과 국유기업 관련 법률의 적용을 받는 국유기업(내자기업) ③ 회사법과 외상투자 관련 법률의 적용을 받는 외상투자기업으로 분류된다.

대해 개별적인 법률, 규장, 행정규칙, 통지6 등의 법령이 적용될 수 있다. 이러한 개별적인 법령은 내자기업과 외상투자기업 모두에 적용되기도 하고, 외상투자기업에만 적용되기도 한다.

예를 들면 외상투자부동산개발기업에는 '외국투자자가 부동산업에 직접 투자하는 것에 관한 국가외환관리국의 심사비준과 감독관리를 가일층 강화, 규범화할 것에 관한 통지', '부동산시장 외자진입과 관리를 규범함에 관한 의견' 등의 법령이 적용되나, 내자 부동산개발기업에는 이러한 법령이 적용되지 않는다. 따라서 외상투자기업에만 적용되는 업종별 개별 법령이 있는지를 미리 확인해야 한다.

> **중국인 개인과 공동으로 합자·합작기업을 설립할 수 있는가**
>
> 합자·합작기업은 외국투자자와 중국투자자가 공동으로 출자하여 설립한다. 합자·합작기업을 설립할 때 외국인 개인도 외국투자자(주주)가 될 수 있다. 그와 달리 중국인 개인은 원칙적으로 중국투자자(주주)가 될 수 없다. 그러나 이러한 경우가 전혀 불가능한 것은 아니다. 예를 들어 중국인 개인이 100% 지분을 둔 내자기업에 대해 외국투자자가 지분 일부를 인수함으로써 그 내자기업이 외상투자기업으로 전환될 경우, 기존 중국인 개인은 중국 관계기관으로부터 비준을 받아 외상투자기업의 주주로서 존속할 수 있다(인수규정 제57조).

(3) 합자기업과 합작기업의 차이점

합자기업과 합작기업의 공통점은 외국투자자와 중국투자자가 공동으로 기업을 경영함으로써 외국투자자의 핵심기술, 경영기법, 노하우 등을 중국에 도입한다는 것이다. 그러나 회사 조직, 의사결정기구, 의결권 행사, 투자수익 배분, 지분양도 등에서는 많은 차이점이 있다.

여기서 가장 큰 차이점은 '의결권 행사'와 '투자수익 배분'에 있다. 합자기업의 투자자들은 출자가액의 비율에 따라 의결권을 행사하거나 투자수익을 배분받아야 한다. 그와 달리 합작기업의 투자자들은 합작계약에서 정한 바에 따라 의결권을 행사하거나 투자수익을 배분받는다. 이러한 차이점은 중국 외상투자 관련 법률의 큰 특징이자, 대표적인 유연성이다. 다음은 합자기업과 합작기업의 주요한 차이점을 정리해놓은 것이다.

합자기업과 합작기업의 차이점

	합자기업	합작기업
회사 조직 (위험 분담)	– 유한책임회사로서 법인격이 있음(합자기업법 제4조, 합자기업법 실시조례 제16조 제1항) – 투자자는 자신의 출자액 범위 내에서만 유한책임을 부담함(합자기업법 실시조례 제16조 제2항, 제94조)	– 법인격이 없는 합작기업과 법인격이 있는 유한책임회사로서의 합작기업 모두 가능함(합작기업법 실시세칙 제4조) – 법인격이 없는 합작기업의 경우, 투자자는 합작기업의 채무에 무한책임을 부담함(합작기업법 실시세칙 제50조)
의사결정기구	최고의결기관인 동사회를 설치해야 함(합자기업법 제6조, 합자기업법 실시조례 제30조). 주주회가 별도로 존재하지 않음(집행의견 제3조)	법인격이 있는 합작기업은 동사회를 설치하고, 법인격이 없는 합작기업은 공동관리기구인 연합관리위원회를 설치해야 함(합작기업법 제12조, 합작기업법 실시세칙 제24조). 주주회가 별도로 존재하지 않음(집행의견 제3조).
의결권 행사	투자자는 원칙적으로 출자가액에 비례하여 동사를 파견하고, 동사를 통해 동사회에서 의결권을 행사함(합자기업법 실시조례 제31조 제2항)	투자자는 합작계약에서 정한 바에 따라 동사를 파견하고, 동사를 통해 동사회에서 의결권을 행사함(합작기업법 실시세칙 제12조 제6항)

투자수익 배분	출자가액에 비례하여 투자수익을 배분받음(합자기업법 제4조 제3항, 제8조 제1항)	– 합작계약에서 정한 바에 따라 투자수익을 배분받을 수 있음(합작기업법 제21조 제1항) – 중국투자자가 잔여 고정자산을 소유하게 된다고 약정할 경우, 합작기간이 만료되기 전에 외국투자자가 우선적으로 투자금을 회수할 수 있음(합작기업법 제21조 제2항, 합작기업법 실시세칙 제44조)
지분양도	제삼자에게 지분을 양도할 경우, 다른 주주의 동의가 필요함(합자기업법 제4조 제3항, 합자기업법 실시조례 제20조 제1항)	단, 상대방은 우선매수권을 가짐(합작기업법 실시조례 제20조 제2항) 상대방의 동의가 필요함(합작기업법 제10조, 합작기업법 실시세칙 제23조)

한편, 합작기업의 당사자들은 합작계약을 통해 합작조건, 동사회 구성, 생산경영, 청산과 종료 등에 관해 자유로운 약정을 할 수 있다. 합작기업의 이러한 유연성 때문에, 합자기업과 합작기업 간에는 더 많은 실무상의 차이점이 존재할 수 있다.

KEY POINT

외상투자기업 회사형태의 선택 요령

1 외자기업, 합자기업, 합작기업의 선택 요령

합자기업 또는 합작기업은 외국투자자와 중국투자자 간에 경영권이나 회사 발전 방향 등을 둘러싸고 분쟁이 벌어지는 경우가 적지 않다. 따라서 중국투자자가 보유하고 있는 중국 내의 인적 · 물적 자원이 외상투자기업의 경영 활동에 필수적이지 않다면, 외국투자자들은 대체로 외자기업의 형태를 선호한다.

2 합자기업과 합작기업의 선택 요령

- 전술한 대로 '투자수익 배분' 문제에서 합자기업과 합작기업은 큰 차이점이 있다. 투자수익 배분 문제는 합자기업과 합작기업 사이에서 회사형태를 선택하는 데 중요 사항으로 작용한다.
- 외국투자자가 현금이나 기계설비로 출자할 때에는 대체로 합자기업의 형태를 취한다. 보통은 출자비율에 따라 권리의무를 분담하기 때문이다. 그와 달리 외국투자자가 특허나 기술로 출자할 때에는 대개 합작기업의 형태를 취한다. 특허나 기술의 감정금액이 합작기업의 자본금에서 차지하는 비중이 적더라도, 그 특허나 기술이 합작기업의 생산경영에 큰 영향력을 미칠 수 있기 때문이다.
- 예를 들어 중국투자자는 현금으로 출자하고 외국투자자는 고도의 신기술인 석유탐사기술로 출자해서 외상투자기업을 설립할 경우, 외국투자자에게 더 많은 투자수익을 배분하기 위해 합작기업의 형태를 취할 수 있다. 그와 달리 외국투자자가 현금으로 출자하고 중국투자자는 토지사용권으로 출자하는 외상투자부동산개발기업의 경우, 일반적으로 합자기업의 형태를 취한다.

3 외상주식회사의 경우

외자기업, 합자기업, 합작기업에 비해 외상주식회사의 설립절차는 복잡하고, 설립 이후의 경영관리도 복잡하다. 또한 중국 내에서 혹은 중국 외에서 상장하는 경우에도 많은 어려움이 있다. 따라서 외국투자자가 외상주식회사를 설립하는 사례는 많지 않다.

(4) 외국투자자의 지분비율

합자기업, 합작기업, 외상주식회사의 관련 법령에 따르면, 외국투자자는 외상투자기업의 출자지분을 25% 이상 보유해야 한다(합자기업법 제4조 제1항, 합작기업법 실시세칙 제18조, 외상투자주식유한회사 설립에 관한 잠행규정 제2조). 위 법률 규정을 엄격하게 해석하면, 외국투자자가 25%

미만의 출자지분을 갖는 외상투자기업은 허용되지 않는다는 결론에 이를 수도 있다.

그런데 실제로는 외상투자기업의 설립 단계에서 외국투자자가 25% 미만을 출자해야 할 경우도 있다. 또한 설립 이후에 외국투자자가 지분을 양도함으로써 출자지분이 25% 미만이 될 수도 있다. 이때 외국투자자가 25% 이상의 출자지분을 가져야 한다는 것이 설립요건 내지 존속요건인지에 대해 실무상 문제가 제기된다.

합자·합작기업의 외국투자자가 25% 이상의 출자지분을 보유해야 한다는 법령에도 불구하고, 실무상으로는 외국투자자의 지분비율이 25% 이하인 합자·합자기업을 설립할 수 있다. 또한 지분양도로 외국투자자의 지분비율이 25% 미만이 되더라도 합자·합작기업은 적법하게 존속할 수 있다. 외상주식회사의 경우에도 외상투자주식유한회사 설립에 관한 잠행규정에도 불구하고 외국투자자의 출자지분 비율 자체에 대해 실무상 엄격한 요구를 하지 않는 것으로 보인다. 실제로 전자제품 제조회사인 심천정천전자과기주식유한공사(商務部關於同意 深圳晶辰電子科技有限公司變更爲外商投資股份制公司的批復; 商資批 2006년 7월 3일 공표 [2006]1407號)의 경우, 외국투자자는 5%의 주식만을 보유하고 있다.

합자기업, 합작기업, 외상주식회사의 외국투자자가 갖는 출자지분 비율이 25%에 미달되면, 주관 상무부서는 해당 외상투자기업의 비준증서에 '출자비율 25% 이하'라는 문구를 기재한다. 그리고 외국투자자는 배당금에 관한 소득세에서 혜택을 받지 못하게 된다. 한중이중과세방지조약에 따르면, 외상투자기업의 한국투자자가 갖는 출자지분 비율이 25% 이상이면 한국투자자가 외상투자기업으로부터 취득하는 투지수익에 대해 5% 세율로 과세하지만, 출자지분 비율이 25% 미만이면 10% 세율로 과세하도록 되어 있기 때문이다.

외국투자자의 출자지분 비율이 25% 미만이라 하더라도 회사의 설립·존속에는 영향을 미치지 않는다. 그러나 외국투자자의 출자지분 비율에 따라 외국투자자의 배당소득에 대한 세율이 달라진다는 점을 유의해야 한다.

2. 외상투자산업지도목록 – 2007년 개정

중국 정부는 외상투자 산업정책을 규범화하고 그 투명성을 제고하기 위해 외상투자산업지도목록을 공표하고 있다. 외상투자산업지도목록에서는 외국투자자가 투자하는 업종을 '권장형', '제한형', '금지형'으로 구분한다. '권장형'은 외상투자가 장려(예를 들어 세제 혜택)되는 업종이고, '제한형'은 외상투자에 일정한 제한이 있는 업종이며, '금지형'은 외상투자가 금지되는 업종이다. 외상투자산업지도목록에 기재되지 않은 업종은 '허용형'이고, 이에 대한 외상투자에는 장려나 제한이 없다.

권장형, 제한형, 허용형의 어느 산업 분야에서든 외국투자자가 외상투자기업을 설립하려면 주관 상무부서로부터 비준을 받아야 한다. 주관 상무부서의 비준은 정책적 성격을 겸비한 법률적 인허가이다. 권장형, 제한형, 허용형을 구별하는 실익은 비준의 난이도에 있다. 권장형 산업 분야에서 외상투자기업을 설립할 때에는 비준을 받기가 용이하다. 그러나 제한형 산업 분야에서 외상투자기업을 설립할 때에는 비준을 받는 데 더 많은 시간과 노력이 요구된다. 따라서 외국투자자가 중국 내에서 외상투자기업을 설립할 때에는 미리 외상투자산업지도목록을 확인하는 것이 바람직하다.

제한형 산업 분야에서 외상투자기업을 설립할 때 비준을 받으려면 ① 사전에 관련 정부부서로부터 사업에 관한 별도의 인허가를 얻어야 하거나 ② 외국투자자 지분비율을 일정 범위 내로 제한하거나 ③ 경영기간을 일정 기간 이내로 제한하거나 ④ 회사형태를 외자기업이 아닌 합자·합작기업으로 제한하는 경우가 많다. 이러한 제한은 각 산업 분야의 근거 법률(예를 들어 외상투자전신기업 관리규정)에서 규정하고 있다.

참고로, 외상투자산업지도목록상 권장형 혹은 허용형에 해당되는 투자항목이더라도 중국 정부의 정책에 따라 실무적으로 외상투자에 일정한 제한이 있을 수 있다. 예를 들면 인력관리 사업은 외상투자산업지도목록상 허용형에 해당하지만, 인력관리에 종사하는 외상투자기업을 설립하려면 별도로 노동관리부서의 허가도 받아야 한다. 그러나 노동관리부서로부터 인력관리에 관한 허가를 받는 것은 현실적으로 어렵기 때문에, 인력관리 사업을 목적으로 하는 외상투자기업을 설립하기란 사실상 쉽지 않다.

외상투자산업지도목록에 대한 이해를 돕기 위해 부동산개발 7을 예로 들어보겠다. 부동산개발 산업 분야에 대해 외상투자산업지도목록은 제한형과 금지형을 열거하고 있는데, 구체적인 내용은 다음과 같다.

제한형 부동산개발

① 토지종합개발

(ㄱ) 국유토지 사용증을 취득한 후 (ㄴ) 철거작업 및 기초시설 건설(상수도, 하수도, 전기, 냉난방, 가스, 통신, 도로)을 한 후 (ㄷ) 지상건축물(공장, 주거시설, 상업시설 등)을 건설하여 그 지상건축물을 운영, 임대 또는 양도하는 종합적인 토지개발행위

※ 대규모 토지의 종합개발 사업은 합자기업 또는 합작기업의 형태로만 가능함

② 고급 호텔, 별장, 고급 오피스빌딩, 국제회의전시센터의 건설, 경영

③ 부동산 2급시장 거래8 및 부동산 중개회사

금지형 부동산개발

골프장의 건설, 경영

위와 같은 제한형 및 금지형을 제외한 부동산개발 사업은 허용형에 해당한다. 예를 들어 일반적인 아파트 건설사업은 권장형, 제한형, 금지형 어디에도 해당하지 않으므로 허용형에 속한다9. 제한형과 달리 허용형 부동산개발 사업은 중국 정부로부터 용이하게 인허가를 받을 수 있다.

한편, 제한형 부동산개발 사업이라 하더라도 중국 정부의 인허가를 받는 것이 불가능하지는 않다. 실제로 고급호텔, 별장, 고급 오피스빌딩의 건설이 제한형에 해당하기는 하지만, 고급호텔, 별장, 고급 오피스빌딩의 판단표준에 대한 명확한 기준이 없기 때문에 외국투자자가 지방정부의 양해를 얻어 고급 호텔을 개발하는 사례도 있다.

Ⅱ
외상투자기업의 설립절차

1. 일반 설립절차

전술한 대로 외상투자기업은 외자기업, 합자기업, 합작기업, 외상주식회사로 구분된다. 이 중에서 외자기업, 합자기업, 합작기업의 설립절차는 동일하고, 제출서류에서 다소의 차이가 있다[10]. 이하에서는 북경시 조양구에 외자기업을 설립할 경우 설립절차와 제출서류를 소개한다[11]. 외상투자기업을 설립할 때 각 지역의 정부 당국에서 요구하는 서류가 조금씩 다를 수 있으므로 주의를 요한다.

외자기업의 설립절차 및 후속절차

설립절차	1 기업명칭 사전 등기
	2 등기 주소지 확보(임대차계약 체결)
	3 상무부서에 비준 신청 ⇒ 외상투자기업 비준증서 취득
	4 공상행정관리부서에 기업등록 신청 ⇒ 기업법인 영업집조(신규) 취득
후속절차	5 바코드등기, 세무등기, 재정등기, 통계등기, 인감등록
	6 외환관리부서에 외환등기 신청 ⇒ 외환등기증 취득 및 외환계좌 개설허가 취득 　⇒ 시중 은행에서 외환계좌(자본금납입계좌) 개설
	7 인민은행에 인민폐계좌 개설허가 신청 ⇒ 인민폐계좌 개설허가증 취득 　⇒ 시중 은행에서 인민폐 기본계좌(운영계좌) 개설
	8 자본금(최소 15%) 납입 ⇒ 자본금납부검사보고서 작성(회계법인) 　⇒ 실수자본금 금액이 기재된 기업법인 영업집조(변경) 취득

(1) 기업명칭 사전 등기

외자기업 설립허가를 신청하기 전에, 북경시 공상행정관리국[12]에 기업명칭(상호)을 사전 등기해둔다. 기업명칭 사전 등기 후 6개월 이내에 법인을 설립하면 사전 등기된 기업명칭을 사용할 수 있다. 만약 6개월 이내에 법인을 설립하지 않는다면 사전 등기된 기업명칭은 말소된다. 기업명칭 사전 등기 후 6개월 이내에 법인을 설립하기 어려운 경우에는 연장신청을 할 수 있다.

(2) 등기 주소지 확보

기업명칭을 사전 등기한 후에는 외자기업의 등기 주소지(본점 소재지)를 확보한다. 건물소유권을 취득하거나 건물소유자와 1년 이상 기간의 임대차계약을 체결해야 한다. 참고로, 임대차계약을 체결할 때에는 임대인으로부터 건물소유권증 사본을 교부받아 기재된 소유자와 임대차계약의 임대인이 일치한지를 확인하고, 건물소유권증 사본에 임대인의 서명날인을 받아 보관해두는 것이 안전하다.

(3) 외상투자기업 비준증서 취득

북경시 조양구 상무국에 다음 서류를 제출해서 외상투자기업 비준증서를 취득해야 한다. 다음의 각 서류는 모두 중문으로 작성해야 하고, 외국어로 기재된 서류에는 중문번역본을 첨부해야 한다. 외상투자기업 비준증서란 외상투자를 허가하는 문서로서, 한국 법률상 외국인투자등록증과 유사하다[13]. 외상투자기업 비준증서에 대한 상세한 설명은 다음 항목에서 다룬다.

외자기업 설립 시 비준증서를 취득하기 위한 제출서류14

1 외자기업설립 신청서
2 사업타당성 연구보고서
3 외자기업의 정관
4 외자기업의 법정대표인과 동사회 구성원의 명단
5 동사와 감사의 여권 사본, 동사와 감사의 파견서
6 법률문서송달권한 위임장
7 은행잔고 확인서
8 기타서류

(4) 기업법인 영업집조 취득

외상투자기업 비준증서를 취득한 날로부터 30일 이내에 북경시 공상행정관리국에 회사설립 등기를 해서 기업법인 영업집조를 취득해야 한다. 이때 공상행정관리국에 제출해야 하는 서류는 다음과 같다. 다음의 각 서류는 모두 중문으로 작성해야 하고, 외국어로 기재된 서류에는 중문번역본을 첨부해야 한다. 기업법인 영업집조란 중국 내에서 영리활동을 하는 기업에 관한 등기서류로서[15], 한국 법률상 법인등기부등본과 유사하다. 기업법인 영업집조에 대한 상세한 설명은 다음 항목에서 다룬다.

외자기업 설립 시 영업집조를 취득하기 위한 제출서류16

1 법인 설립신청서
2 법률문서송달권한위임장
3 외자기업의 정관

4 외상투자기업 비준증서

5 외자기업의 주소사용에 관한 증명서

6 동사와 감사의 파견서

7 외자기업 법정대표인의 여권 사본, 이력서, 사진(4매)

8 기업명칭 사전 등기 증명서

(5) 후속절차

기업법인 영업집조를 취득한 후에는 바코드등기, 외환등기, 세무등기, 재정등기, 통계등기, 인감등록의 절차를 밟는다. 외상투자기업 설립 과정에서 외환등기는 매우 중요한 의미가 있다[17]. 외환등기를 하지 않으면 설립·증자를 할 때 자본금을 납입받을 수 없기 때문이다. 외환등기 외의 다른 후속절차는 단순한 행정절차에 가깝다. 바코드란 기업, 사회단체에 발급되는 전국 공통 인증숫자이다. 재정등기증은 외상투자기업이 재무회계를 하거나 회계법인의 검사를 받을 때 필요한 서류이다.

후속절차

취득서류	소요기간	
북경시 품질기술감독검험검역국	바코드등기증	3 영업일
북경시 조양구 세무국	세무등기증	20 영업일
재정 주관부서	재정등기증	1 영업일
통계 주관부서	통계등기증	2 영업일
공안기관[18]	인감등록	2 영업일

开 户 许 可 证

核准号: J3140000184503　　　　　　　　编　号: 3010- 01763231

经审核, ___________________ 符合开户条件，准予

开立基本存款账户。

法定代表人(单位负责人) ______　开户银行 江苏银行股份有限公司镇江太古山支行 ____

账　号 70020188000000270 __________

发证机关(盖章)

2008　年06　月04　日

계좌개설허가증

핵준번호:　　　　　　　　　　　　　　　　번호:

심사를 거쳐, ___________________회사는 계좌개설 조건에 부합되므로 기본
예금계좌를 개설하는 것을 동의한다.

법정대표인:　　　　　　　　계좌개설은행:

계좌번호:

발급기관:

년　월　일

중국의 인감 제도

1 중국 회사의 인감은 법인인감, 재무인감, 계약인감으로 구분된다. 기본 모양은 다 비슷하고, 하단에 '재무', '계약'이라는 문구가 추가되어 있다. 이러한 인감들은 주관 부서인 공안기관에 등록해야 한다.

2 법인인감은 회사를 대표하는 인감으로서, 관공서에 신청서를 내거나 타인과 계약을 체결할 때 사용된다. 계약서 체결이 빈번한 회사는 법인인감 외에 별도로 계약인감을 사용하기도 하며, 계약인감은 주로 법무팀에서 보관한다. 한편, 재무인감은 세무당국에 재무서류 등을 제출할 때 사용되며, 주로 재무팀에서 보관한다.

3 현재 중국의 공안기관에서는 인감증명서 발급 제도를 시행하지 않고 있다. 그래서 계약을 체결할 때 사용하는 인감이 그 회사의 진정한 인감인지는 공식적인 확인이 어렵다. 따라서 계약서를 체결할 때 법인인감 또는 계약인감을 날인한 후에 그 옆에 법정대표인이 사인을 하는 경우가 많다.

외상주식회사의 설립절차

1 외상주식회사는 발기방식이나 모집방식으로 설립할 수 있다. 발기방식이란 발기인이 외상주식회사 설립 시에 발행하는 주식을 모두 인수하는 방식이다. 모집방식이란 발기인이 일부 주식(35% 이상)을 인수하고 나머지 주식은 모집된 주식인수인이 인수하는 방식이다. 이 경우 주식의 매출은 증권경영기구가 담당해야 한다(회사법 제88조).

2 외상주식회사의 발기인은 2인 이상 200인 이하여야 한다(회사법 제79조). 발기인의 절반 이상은 중국 내에 주소를 갖고 있어야 한다(회사법 제79조). 그리고 외상주식회사의 발기인 중에서 1명 이상은 외국투자자여야 한다.

3 발기방식으로 설립할 경우 등록자본금의 20%를 우선 납입해야 하고, 나머지는 설립일로부터 2년 내에 납입하면 된다(회사법 제81조 제2항). 모집방식으로 설립한 경우에는 등록자본금을 완납하기 전까지 추가로 공모해서 증자할 수 없다

(회사법 제81조 제3항). 또한 해당 주식인수인으로부터 주금을 완납받는다.

4 모집방식에서 설립을 위한 출자가 완료된 후 30일 이내에 창립대회를 개최한다(회사법 제90조 제2항). 창립대회에서 회사의 정관을 채택하고 동사회 및 감사회 구성원을 선임한다(회사법 제91조). 창립대회를 마친 후 30일 이내에 주관 공상행정관리부서에 등록을 마치고 영업집조를 취득한다(회사법 제93조 제1항). 모집방식으로 설립한 경우 국무원 증권감독관리기구의 비준서류를 별도로 제출해야 한다(회사법 제93조 제2항).

2. 외상투자부동산개발기업의 특별 설립절차

(1) 토지사용권을 확보하는 의향서 또는 계약서 체결

외상투자기업을 설립하려면, 전술한 대로 ① 기업명칭 사전 등기 ② 등기 주소지 확보 ③ 외상투자기업 비준증서 취득 ④ 기업법인 영업집조 취득의 절차를 거쳐야 한다. 그런데 외상투자부동산개발기업을 설립할 때에는 비준증서 및 영업집조를 취득하기 전에 토지사용권을 확보하기 위한 절차를 미리 거쳐야 한다.

2007년 5월 23일 시행된 제50호 문건에 따르면, 외상투자부동산개발기업을 설립하려는 외국투자자는 ① 부동산개발사업을 위한 토지사용권을 취득하거나 ② 적어도 토지사용권을 취득하기 위한 의향서 내지 계약서를 체결해야 한다(제50호 문건 제2조 제2항). 중국에서 의향서는 각서 형식이 아니라 약정서 형식으로 작성된다. 상무부의 위 문건은 자력 없는 외상투자부동산개발기업이 난립하는 것을 방지하는 조치로 이해된다.

토지사용권을 신규 출양받을 경우, 토지출양절차에서 낙찰을 받은 외국투자자는 정식 출양계약을 체결하기 전에 먼저 의향서를 체결한 다. 기존의 토지사용권을 양수하는 경우에는 중국 내 토지사용권자 와 먼저 의향서를 체결한다. 그 후에 외국투자자는 상무부서 및 공상 행정관리부서에 의향서를 제출하고 외상투자부동산개발기업의 임시 비준증서 · 영업집조를 발급받는다. 임시 비준증서 · 영업집조에는 유효기간이 1년으로 기재된다. 유효기간 이내에 외상투자부동산개 발기업 명의로 토지사용권증을 취득한 후, 임시 비준증서 · 영업집조 를 정식 비준증서 · 영업집조로 변경해서 발급받는다. 정식 비준증 서 · 영업집조에는 별도의 유효기간이 기재되지 않는다(외자진입관리의 견 제3조).

(2) 등록 제도

일반적인 외상투자기업을 설립할 때에는 주관 상무부서로부터 비 준을 받아야 한다. 그러나 외상투자부동산개발기업을 설립하려면 주 관 상무부서로부터 설립 비준을 받음과 아울러 국무원 상무부에서 등 록을 마쳐야 한다.

이러한 국무원 상무부 등록제도는 2007년 7월 10일 공표된 국가 외환관리총국의 제130호 문건[19]에 의해 실시되었다. 제130호 문건은 ① 2007년 6월 1일 이후에 주관 상무부서로부터 비준증서를 받은 외 상투자부동산개발기업(비준증서에 기재된 비준일이 2007년 6월 1일 이후인 외 상투자부동산개발기업)은 별도로 국무원 상무부에서 심사를 받고 등록수속을 밟아야 하고(제130호 문건 제2조) ② 국무원 상무부에서 등록을 마치지 않으면 주관 외환관리부서는 외환등기·외환변경등기 및 자본계정 하에서의 외환결제 수속을 해주지 않는다고 규정한다(제130호 문건 제2조). 요컨대 2007년 6월 1일 이후에 외상투자부동산개발기업을 설립하려면 국무원 상무부에서 등록을 해야 하고, 등록하지 않으면 외환등기를 할 수 없고 납입받은 자본금을 인민폐로 환전할 수 없다.

제130호 문건은 2007년에 중국 정부가 내놓은 부동산규제책 중에서 가장 강력한 규제로 평가된다. 제130호 문건이 실시된 이후로 외상투자부동산개발기업을 설립하기가 이전에 비해 어려워진 측면도 있다. 그러나 국무원 상무부는 2008년 7월 1일자로 '외상투자부동산기업의 등록수속에 관한 통지(商資函2008-23호)'를 발령하여, 제130호 문건에 의한 심사권한과 등록권한 중에서 심사권한을 성급 상무국에 위임함으로써 제130호 문건의 규제를 다소 완화했다.

그 결과, 외상투자부동산개발기업을 신규 설립할 때 기존에는 국무원 상무부에서 심사를 받은 후 등록을 마쳐야 했으나 2008년 7월 1일부터는 성급 상무국에서 심사를 받은 후에 국무원 상무부에서 등록만 마치면 된다. 성급 상무국이 심사를 마치고 '외상투자기업 등록표'를 만들어 국무원 상무부에 품신하면, 국무원 상무부에서 등록을 한다. 국무원 상무부보다는 성급 상무국이 더 완화된 기준으로 심사할 여지가 높고, 해당 성에서 지역경제 활성화를 위해 성급 상무국의 심사는 더 용이하게 진행될 것으로 예상된다.

(3) 경영자격 취득

① 부동산개발기업의 경영자격

중국의 부동산개발기업은 주관 건설관리부서로부터 개발에 관한 경영자격[20]을 취득해야 한다. 이를 취득한 부동산개발기업에게는 경영자격증서가 발급된다. 부동산개발기업의 경영자격은 4개 등급으로 구분된다(부동산개발기업자격관리규정 제3조). 각 등급의 경영자격을 얻으려면 다음 요건을 구비해야 한다.

부동산개발기업의 경영자격 요건

	요건	1급 경영자격	2급 경영자격	3급 경영자격	4급 경영자격
1	최저 등록자본금	5,000만 위안	2,000만 위안	800만 위안	100만 위안
2	부동산개발	5년 이상	3년 이상	2년 이상	1년 이상
3	최근 3년간 준공실적 (누계)	건물 건축면적이 30만㎡ 이상이거나 그 상당 개발	건물 건축면적이 15만㎡ 이상이거나 그 상당 개발	건물 건축면적이 5만㎡ 이상이거나 그 상당 개발	N/A
4	전년도 준공실적	건물 건축면적이 15만㎡ 이상이거나 그 상당 개발	건물 건축면적이 10만㎡ 이상이거나 그 상당 개발	건물 건축면적이 5만㎡ 이상이거나 그 상당 개발	N/A
5	품질합격율	연속 5년간 준공한 건축공사 품질 합격율이 100%일 것	연속 3년간 준공한 건축공사 품질 합격율이 100%일 것	연속 2년간 준공한 건축공사 품질 합격율이 100%일 것	기존에 준공한 건축공사 품질 합격율이 100%일 것
6	전문관리인력	40명 이상 (중급 이상은 20명 이상)	20명 이상 (중급 이상은 10명 이상)	10명 이상 (중급 이상은 5명 이상)	5명 이상
	회계인원	4명 이상	3명 이상	2명 이상	2명 이상

7	전문책임자	공사기술, 재무, 통계 등의 전문책임자는 중급 이상일 것	공사기술은 중급 이상, 재무는 초급 이상의 전문인력을 보유할 것
8	품질보장	완벽한 품질보장체계를 구축할 것	N/A
		주택분양에서 '주택품질보증서' 와 '주택사용설명서' 의 제도를 실시할 것	
9	품질사고	중대한 공사 품질사고가 없을 것	

부동산개발기업자격관리규정상의 위 요건은 전국 공통의 최저 요건에 해당하며, 각 지방정부에서는 위 요건에 대해 더 엄격한 기준을 적용하거나 추가적인 요건을 요구할 수도 있다. 따라서 부동산개발기업을 설립하려는 지역의 지방정부 법규를 미리 확인해두어야 한다. 실제로, 북경시는 자체적으로 '북경시 부동산개발기업자격관리규정' 을 제정해서 더 엄격한 요건을 요구하고 있다.

② 경영자격 취득절차 – 잠정자격증서, 정식자격증서

부동산개발기업을 신규 설립하여 임시 영업집조를 취득한 경우, 취득일로부터 30일 내에 건설관리부서에 자격증서 취득을 위한 등록신청을 해야 한다. 해당 부동산개발기업이 4급 경영자격의 요건에서 부동산개발기간, 준공실적, 품질합격율을 제외한 다른 요건들을 충족하면, 건설관리부서는 등록신청서류 접수일로부터 30일 내에 잠정자격증서를 발급한다.

잠정자격증서의 유효기간은 1년이고, 부동산개발기업의 경영상황에 따라 연장이 가능하지만 최장 2년을 초과하지 못한다. 부동산개발기업은 잠정자격증서의 유효기간이 만료되기 1개월 전까지 정식자격증서를 취득해야 한다.

(4) 경영자격에 따른 개발업무의 제한

1급 부동산개발기업은 건설규모의 제한 없이 개발업무를 수행할
수 있으나, 2급 내지 4급 부동산개발기업은 건축면적 25만㎡ 이하의
개발업무만을 수행할 수 있다. 2급 내지 4급 부동산개발기업이 수행
할 수 있는 개발업무의 범위에 대해 각 성급 정부에서는 해당 지역의
상황에 따라 별도로 규정을 두고 있다.

부동산개발기업은 보유하고 있는 경영자격에 상응한 개발업무를
수행해야 한다(부동산개발기업자격관리규정 제18조). 이를 위반하면 건설
관리부서로부터 시정명령 및 벌금형의 제재를 받고, 시정명령도 따
르지 않으면 영업집조가 취소될 수 있다(부동산기업자격관리규정 제20조).

실무상, 외상투자부동산개발기업이 경영자격을 취득하려고 해도
기술관리 인원에 관한 요건을 구비하기 어려운 경우가 있다. 그래서
기술관리 인원을 임시직으로 채용하거나 다른 회사의 기술관리 인원
을 겸직하는 것으로 처리하여 경영자격을 취득하기도 한다. 그러나
중국 법률상 이러한 방법은 금지되어 있다(부동산기업자격관리규정 제9
조).

Ⅲ
외상투자기업의 3대 증서
– 비준증서, 영업집조, 외환등기증

1. 서론

　전술한 대로 외상투자기업을 설립하는 과정은 ① 기업명칭 사전등기 ② 등기 주소지 확보 ③ 외상투자기업 비준증서 취득 ④ 기업법인 영업집조 취득 ⑤ 외환등기증 취득 등의 후속절차로 진행된다. 설립과정을 거치면 비준증서, 영업집조, 외환등기증, 세무등기증, 바코드등기증, 재정등기증, 통계등기증 등의 다양한 서류를 취득하게 된다. 이러한 서류는 중국 기업활동 과정에서 해당 외상투자기업의 법률·재무적 상황을 증명하는 데 긴요하게 사용된다. 특히 비준증서, 영업집조, 외환등기증은 매우 중요한 의미가 있는 3대 증서이다.

　비준증서는 주관 상무부서로부터 적법하게 외상투자 허가를 받은 사실을 증명하는 서류로서, 외상투자기업에만 발급되고 내자기업에는 발급되지 않는다. 영업집조는 적법하게 영리활동을 할 수 있다는 사실을 증명하는 서류로서, 외상투자기업과 내자기업 모두에 발급된다. 외환등기증은 해당 외상투자기업이 적법하게 외환관련 사항(예를 들어 자본금, 외채, 이익금 송금)을 처리할 수 있다는 사실을 증명하는 서류로서, 외상투자기업에만 발급된다. 3대 증서는 외상투자의 적법성을 증명하는 핵심서류이다. 실무상으로도 외상투자기업과 거래를 하기에 앞서서 3대 증서의 구비 여부를 확인하고 있다.

나아가 3대 증서에는 해당 외상투자기업에 대한 중요한 정보가 기재되어 있다. ① 비준증서에는 비준일, 투자총액, 등록자본금, 외국투자자의 성명, 외국투자자의 지분율 등의 정보가 기재되어 있다. 이를 통해 해당 외상투자기업의 외채 차입 가능 여부, 외채 차입 한도를 확인할 수 있다. ② 영업집조에는 회사 성립일, 법정대표인, 등록자본금, 실수자본금, 경영범위 등의 정보가 기재되어 있다. 이를 통해 외상투자기업의 기본적인 사항뿐만 아니라 해당 외상투자기업의 미납자본금 액수도 확인할 수 있다. ③ 외환등기증에는 외국투자자의 자본금 납입 액수, 납입 시기, 외채 차입 시기, 외채 금액 등의 정보가 기재되어 있다.

중국 기업활동을 위해서는 3대 증서에 기재된 정보를 올바로 이해해야 한다. 이하에서 3대 증서에 기재된 정보를 설명한다. 3대 증서를 발급해주는 기관은 각각 다르다. 비준증서는 상무부서에서, 영업집조는 공상행정관리부서에서, 외환등기증은 외환관리부서에서 발급해준다. 상무부서, 공상행정관리부서, 외환관리부서는 외상투자기업의 기업활동을 규제하는 3대 행정기관이다. 위 행정기관들의 구성, 권한, 기능에 대한 기본적인 이해를 돕고자 이하에서 별도의 지면을 할애했다.

2. 비준증서

(1) 상무부서

① 상무부서의 구성

중국의 상무부서는 크게 국무원 상무부와 각 지역 상무국으로 나뉜다. 국무원 상무부는 중앙부서의 하나로서 대규모 외상투자에 대한 비준 및 관리 업무를 담당한다. 또한 각 지역 상무국이 담당하는 외상투자 비준 및 관리 업무를 총괄 지휘한다. 지역 상무국은 법령이 정한 바에 따라 부여받은 외상투자에 대한 비준 및 관리 업무를 담당한다. 지역 상무국은 성급 상무국과 시급 상무국으로 세분된다.

참고로, 지역 상무국의 공식 명칭이 '대외경제무역위원회'인 경우가 있다. 이는 기존에 국무원 상무부의 명칭이 '대외경제무역합작국'이었고, 지역 상무국의 명칭이 '대외경제무역합작위원회'였던 사정에서 기인한다. 다시 말해 지역 상무국에 따라서는 기존의 명칭을 변경하지 않고 계속 사용하기도 한다. 예를 들면 상해시나 천진시의 상무국은 아직도 상해시대외경제무역위원회, 천진시대외경제무역위원회라는 명칭을 사용하고 있다. 실무상으로 국무원 상무부를 '중앙 상무부'로, 각 지역 상무국을 '지방 상무국'으로 부르기도 한다.

② 상무부서의 기능 및 권한

상무부서의 대표적인 기능 및 권한은 (ㄱ) 외상투자기업의 설립, 변경(예를 들어 증자), 청산 등을 비준 (ㄴ) 외상투자기업의 지분에 대

한 질권 설정을 비준 (ㄷ) 외상투자기업의 해외투자를 비준 (ㄹ) 외
국투자자가 내자기업의 지분을 인수함으로써 외상투자기업을 설립
할 때의 반독점심사 (ㅁ) 외상투자기업의 경영활동이 법률, 정관, 계
약 등을 준수하고 있는지 여부에 대한 감독 등을 들 수 있다. 나아가
국무원 상무부는 외상투자에 관한 정책을 제정, 변경할 권한이 있다.
  국무원 상무부, 성급 상무국, 시급 상무국의 구체적인 권한은 다음
과 같다(국무원 상무부가 지방 상무부서에 더 많은 권한을 위임하는 경향이 있음).

국무원 상무부

1 권장형 또는 허용형 산업 분야에서 투자총액이 USD 1억 달러 이상(USD 1억
  달러 포함)인 외상투자기업에 관한 비준 그리고 제한형 산업 분야에서 투자총
  액이 USD 5,000만 달러 이상(USD 5,000만 달러 포함)인 외상투자기업에 관
  한 비준
  ※ 기존에는 외상주식회사에 대해 투자총액과 무관하게 비준권한을 일괄적으
  로 행사했다. 그러나 2008년 8월 11일부터 ① 권장형 또는 허용형 산업 분야
  에서 투자총액이 USD 1억 달러 미만(USD 1억 달러 제외)인 외상주식회사와
  ② 제한형 산업 분야에서 투자총액이 USD 5,000만 달러 미만(USD 5,000만 달
  러 제외)인 외상주식회사에 대한 비준권한(설립 및 변경에 관한 비준권한)은 성
  급 상무부서가 행사하게 되었다.
2 권장형 또는 허용형으로 설립된 외상투자기업이 증자로 인해 투자총액이 USD
  1억 달러 이상(USD 1억 달러 포함)에 도달한 경우, 또는 제한형으로 설립된 외
  상투자기업의 투자총액이 USD 5,000만 달러 이상(USD 5,000만 달러 포함)에
  도달할 경우
3 국무원 상무부에서 비준을 받아 설립된 외상투자기업의 변경수속
  ※ 단, 2008년 8월 26일부터 국무원 상무부의 비준으로 설립된 외상투자기업

의 비실질변경(예를 들어 외상투자기업 명칭 변경, 투자자 명칭 변경, 동일한 도시 내의 주소이전, 동사회 인원수 변경, 경영기한 변경)에 대해서는 성급 상무부서가 권한을 위임받아 비준권을 행사하고 있다. 성급 상무부서는 비실질 변경에 대해 비준한 후 비준증서 사본을 국무원 상무부에 제출해서 등록수속을 밟아야 한다.

4 특별법에 따라 국무원 상무부의 비준을 받아야 하는 프로젝트(예를 들어 외상 투자지주성회사의 설립).

성급 및 시급 상무국

1 권장형 또는 허용형 산업 분야에서 투자총액이 USD 1억 달러 미만(USD 1억 달러 제외)인 외상투자기업에 대한 비준 그리고 제한형 산업 분야에서 투자총액이 USD 5,000만 달러 미만(USD 5,000만 달러 제외)인 외상투자기업에 대한 비준

2 성급 상무국은 시급 상무국과 구급 상무국에 각 비준권한의 일부를 위임할 수 있음.

⇒ 상해시의 경우 ① 권장형 또는 허용형 산업 분야에서 투자총액이 USD 3,000만 달러 미만(USD 3,000만 달러 제외)인 외상투자기업에 대한 비준과 ② 제한형 산업 분야에서 투자총액이 USD 1,000만 달러 미만(USD 1,000만 달러 제외)인 외상투자기업에 대한 비준을 하는 데 각 구의 상무국이 비준권한을 행사하고 있음.

합자기업과 외자기업의 경우 해당 상무부서는 설립신청서 접수일로부터 3개월 내에, 합작기업의 경우 설립신청서 접수일로부터 45일 내에 각각 비준 여부를 결정해야 한다는 규정이 있다(합자기업법 실시조례 제8조, 합작기업법 제8조, 외자기업법 실시세칙 제11조). 그런데 실무상으

로는 이러한 기한이 준수되지 않는 경우가 더러 있다. 예를 들면 지역 상무부서가 이제까지 경험하지 못한 새로운 유형의 신청을 접수받은 경우, 상급의 상무부서로부터 의견을 청취하거나 각급 상무부서 간에 의견을 절충하는 과정에서 시간이 더 소요되기도 한다. 또한 상급의 상무부서에서도 처리한 적이 없거나 국가 산업·안전 등과 관련된 프로젝트인 경우, 국무원 상무부에서 관련 정책이 공표되기 전까지 해당 상무부서가 비준 여부를 유예하기도 한다.

이와 같이 상무부서의 비준은 법률적 성격만 있는 것이 아니라 정책적인 성격도 있다. 특히 대규모 외상투자에서는 상무부서의 정책적 판단이 비준 여부에 미치는 영향이 적지 않다.

(2) 비준증서

여기서는 외상투자기업 비준증서에 기재된 항목들이 중국 법률상 어떠한 의미가 있는지 살펴보겠다(아래, 외상투자기업 비준증서 한글번역본의 기재사항은 저자가 임의로 기재한 것이다).

中华人民共和国外商投资企业

批 准 证 书

CERTIFICATE OF APPROVAL
FOR ESTABLISHMENT OF ENTERPRISES WITH FOREIGN
INVESTMENT IN THE PEOPLE'S REPUBLIC OF CHINA

외상투자기업 비준증서(한글번역본)

중화인민공화국 외상투자기업 비준증서	기업명칭	중문		
		영문		
	기업주소			
	기업유형	외자기업	경영기간	3년
비준번호　商外資慶字 2007−5호	투자총액	1,000만 달러		
수출입기업바코드　23000000000	등록자본금	600만 달러		
비준일　2007년 6월 3일	경영범위	부동산개발		
발급일　2007년 6월 4일	투자자 명칭 (중문, 영문)	등록지		출자액
증서일련번호　2300000000	대봉산업	한국		600만 달러

① 비준번호

비준번호는 주관 상무부서에서 외상투자기업 비준증서를 발급할 때 자동으로 확정된다. 비준번호를 보면 외상투자기업의 주관 상무부서가 어디인지 알 수 있다. 예를 들면 비준번호 '商外資慶字 2007-5'에서 '慶'은 흑룡강성 대경시의 비준 코드이다.

② 비준일

외상투자기업에 새로운 정책이 공표될 때 외상투자기업의 비준일을 기준으로 새로운 정책을 적용하는 경우가 있다. 예를 들어 외상투자부동산개발기업의 비준일이 2007년 6월 1일 이전인 경우 앞서 언급한 제130호 문건의 해당 규제를 적용하지 않았다.

③ 기업명칭

중국의 기업명칭에는 '기업주소가 속한 행정구역', 상호, 업종, 회사형태가 모두 표시된다. 예를 들면 '상해삼성전자부품유한공사'라는 외상투자기업을 가정하면, 이 외상투자기업의 기업주소는 상해에 있고[21], 상호는 삼성이고, 업종은 전자부품 관련 산업이고, 회사형태는 유한책임공사이다.

기업명칭을 신규 등록할 때에는 일정한 제한이 있다. 기업명칭은 중문만으로 구성해야 하고, 영문이나 숫자를 사용하는 것은 원칙적으로 금지된다. 그리고 기업명칭에 포함된 상호는 2글자 이상의 중문으로 구성해야 하는데, 여기에 '중국', '국제'와 같은 단어나 지명, 국가명 등의 고유명사를 사용할 수 없다. 기업명칭상의 업종은 해당 기업의 주요 경영범위와 일치해야 한다.

④ 경영기간

경영기간은 외국투자자가 정관에서 정하여 등록신청을 한다. 통상 10~50년을 경영기간으로 한다. 그런데 중국 정부는 외상투자기업의 업종별로 경영기간에 대해 일정한 상한선을 두고 있다. 이에 따르면 외상투자임대기업의 경영기간은 30년, 외상투자상업기업은 30년(단, 중서부지역에 소재하는 외상투자상업기업은 40년), 외상투자도서도매기업 및 외상투자신문도매기업은 30년, 외상투자창업투자기업은 12년, 외상투자민용항공기업은 30년, 외상투자인쇄기업은 30년, 외상투자국제화물운송대리기업은 20년이다.

외상투자기업의 경영범위가 여러 가지 업종으로 구성되어 있을 때, 경영기간의 제한이 일부 업종에는 있으나 다른 업종에는 없는 경우가 있다. 이러한 경우에는 경영기간의 제한이 있는 업종을 기준으로 해당 외상투자기업의 경영기간을 확정해야 한다.

경영기간을 연장하려면 경영기간이 만료되기 180일 전까지 주관 상무부서에 연장신청을 하면 된다. 단, 실무상으로는 30일 전까지 연장신청을 하고 있다. 주관 상무부서도 경영기간이 만료되기 30일 전까지 연장신청을 하면 이에 대해 비준심사를 한다. 이와 같이 경영기간을 연장하는 신청도 일종의 변경비준에 해당한다. 주관 상무부서는 연장신청을 접수한 날로부터 30일 내에 비준해야 하고, 만일 30일을 지나서도 비준 여부를 결정하지 않으면 경영기간 연장에 동의한 것으로 간주된다.

⑤ 등록자본금과 투자총액

'등록자본금'이란 투자자들이 납입하기로 한 자본금의 총액이다. 등록자본금은 내자기업과 외상투자기업 모두에 존재하는 개념이다. 또한 등록자본금의 액수는 비준증서뿐만 아니라 영업집조에서도 확인할 수 있다.

등록자본금은 인민폐 혹은 투자자들이 약정한 별도의 통화(외화)로 표기될 수 있다. 외상투자기업의 등록자본금은 USD로 표기되는 경우가 많다. 등록자본금은 투자자들이 납입하기로 약정한 자본금의 총액이므로, 투자자들이 어느 시점까지 실제로 납입한 자본금의 누적 액수를 의미하는 실수자본금과는 다른 개념이다. 등록자본금과 실수자본금의 구별에 대해서는 이하 〈3. 기업법인 영업집조〉에서 상세히 다룬다.

중국 회사법은 법정 최저 등록자본금을 규정하고 있다. 유한책임회사에서 투자자가 1인인 경우의 최저 등록자본금은 인민폐 10만 RMB이고(회사법 제59조 제1항), 투자자가 2인 이상인 경우의 최저 등록자본금은 인민폐 3만 RMB이다(회사법 제26조 제2항). 주식유한회사의 최저 등록자본금은 인민폐 500만 RMB이다(회사법 제81조 제5항).

그리고 업종별 관련 법률에서 최저 등록자본금을 따로 정하거나, 경영자격 취득을 위해 일정 금액 이상의 등록자본금을 요구하기도 한다. 예를 들면 외상투자부동산개발기업을 설립할 때에는 최저 등록자본금에 대해 별도의 규제가 없으나, 부동산개발기업으로서의 경영자격을 취득할 때에는 최소한 인민폐 100만 RMB 이상이 요구된다.[22] 이러한 경우 경영자격을 취득하기 위한 요건 자체가 실질적으로는 최저 등록자본금 규제로서의 의미가 있다. 부동산개발은 많은 자본을 필요로 하기 때문에, 다른 업종에 비해 높은 등록자본금이 요구된다.

'투자총액'이란 외상투자기업의 생산경영에 투입될 자금(기본시설자금 및 생산유통자금)의 합계를 말한다. 투자총액은 외상투자기업의 고유한 개념으로, 내자기업에는 이러한 개념이 없다. 투자총액의 액수는 비준증서로 확인할 수 있다.

외상투자 영역에서 투자총액 액수의 의미는 매우 중요하다. 그에 따라 해당 외상투자기업의 외채한도가 결정되기 때문이다. 외채한도는 투자총액과 등록자본금의 차액이므로(외채한도=투자총액-등록자본금)[23] 외상투자기업은 투자총액과 등록자본금의 차액 범위 내에서만 외채를 차입할 수 있다[24]. 외채 차입의 요건, 한도, 절차에 대해서는 〈제3부 외상투자기업의 투자와 회수 Ⅱ 외상투자기업의 차입〉에서 상세히 다룬다.

투자총액과 등록자본금의 비율에 대한 규제

투자총액(USD)	일반 외상투자기업 등록자본금의 비율	외상투자부동산개발기업 등록자본금의 비율
300만 달러 이하	투자총액의 70% 이상	투자총액의 70% 이상
300만 달러 초과 ~ 420만 달러 이하	210만 달러 이상	210만 달러 이상
420만 달러 초과 ~ 1,000만 달러 이하	투자총액의 50% 이상	투자총액의 50% 이상
1,000만 달러 초과 ~ 3,000만 달러 이하	투자총액의 40% 이상	
3,000만 달러 초과 ~ 3,600만 달러 이하	1,200만 달러 이상	
3,600만 달러 초과	투자총액의 1/3 이상	

⑥ 경영범위

회사의 경영범위는 정관에서 정한다. 경영범위를 변경하려면 정관 변경을 거쳐야 한다(회사법 제12조). 경영범위는 비준증서뿐만 아니라 영업집조에도 기재된다[25]. 외상투자부동산개발기업은 경영범위를 통상 '부동산개발', '주택개발', '주택 및 상가 개발' 등으로 기재한다. 단, 해당 영업을 하기 위해 별도의 허가를 받아야 하는 경우(예를 들어 전신업무)에는 상무부서로부터 비준을 받기 전에 먼저 주관 정부 당국으로부터 허가(예를 들어 전신업무경영허가증)를 받아야 한다.

일반적으로 비준증서나 영업집조에는 주요 경영범위만 기재된다. 그런데 회사의 경영활동 과정에서는 중요한 업무뿐만 아니라 일시적·부수적으로 영위해야 할 업무도 있을 수 있다. 그런데 중국 현행 법상 일시적·부수적 업무도 비준증서나 영업집조에 기재해야 하는지, 기재하지 않으면 그러한 업무를 영위할 수 없는지 여부에 관해 명확한 규정이 없다. 그러나 기재하지 않았더라도 그러한 업무를 영위하는 것은 법률적으로 가능하다고 본다. 중국 최고법원도 '중화인민공화국 계약법에 대한 최고법원의 유권해석'을 통해 회사가 경영범위를 초과해서 계약을 체결했더라도 법원이 그 계약을 무효로 판정할 수는 없다고 했다[26].

단, 일시적·부수적 업무를 넘어서 경영범위 외의 업무를 영위할 경우에는 행정적 또는 형사적 제재를 받을 수 있다. '집행의견'에 따르면 ① 외상투자기업이 경영범위를 초과해서 '외상투자산업지도목록' 상 권장형, 허용형 업무에 종사한 경우에는 '회사등록관리조례'에 따라 경고, 벌금 또는 영업집조 회수의 제재를 받고 ② 외상투자기업이 경영범위를 초과해서 외상투자산업지도목록상 제한형, 금지형 업무에 종사한 경우에는 회사등록관리조례에 따라 벌금, 영업집조 회수의 제재를 받을 수 있다. 또한 경영범위를 초과한 행위가 형사범죄를 구성할 경우에는 형사책임이 부과될 수 있다.

⑦ 투자자의 명칭과 지분율

비준증서에는 외국투자자의 명칭과 함께 각 외국투자자의 지분율도 표시된다. 그와 달리 기업법인 영업집조에는 대체로 투자자(주주)의 명칭이나 지분율이 기재되지 않는다. 단, 북경시의 경우 투자자 명칭과 지분율이 기업법인 영업집조에 기재되기도 한다.

(3) 비준의 변경

비준증서에 기재된 내용을 변경하려면 주관 상무부서로부터 변경비준을 받아야 하고, 그에 따라 변경된 비준증서를 발급받아야 한다. 예를 들어 기업명칭, 기업주소, 경영범위, 외국투자자, 등록자본금 등의 사항이 변경될 때 다시 변경비준을 받아야 한다.

기업명칭, 기업주소, 경영범위 등의 간단한 사항을 변경할 때에는 설립비준을 한 주관 상무부서로부터 변경비준을 받으면 된다. 이러한 변경비준을 받는 것은 특별히 어렵지 않다. 비준 내용의 변경과 관련해서 실무상 문제가 되는 것은 ① 외국투자자 변경에 대한 비준 ② 증자비준을 받아야 할 주관 상무부서의 변경 ③ 외상투자부동산개발기업의 증자등록이다.

① 외상투자기업의 외국투자자를 변경하기 위한 비준 혹은 내자기업의 투자자를 외국투자자로 변경하기 위한 비준은 그 자체로 외상투자기업의 지분 이전을 위한 사전 인허가에 해당한다. 변경비준을 얻지 못하면 해당 지분 이전 거래 자체가 성립되지 않는다. 따라서 이러한 변경비준은 매우 중요한 의미가 있다. 이에 대한 구체적인 내용은 〈제5부 외국투자자가 중국 부동산을 취득하는 방법 Ⅲ 외상투자기업을 통한 부동산의 간접취득〉에서 해당 부분을 참조하기 바란다.

② 증자로 인해 외상투자기업의 등록자본금이 일정 금액 이상에 도달할 경우27 상급 상무부서로부터 증자에 대한 변경비준을 받아야 한다. 예를 들면 권장형 또는 허용형의 외상투자기업이 증자로 인해 투자총액이 USD 1억 달러 이상에 도달하거나, 제한형의 외상투자기업이 증자로 인해 투자총액이 USD 5,000만 달러 이상에 도달하면 국무원 상무부의 변경비준을 받아야 한다.

③ 보통의 외상투자기업이 증자를 할 때에는 주관 상무부서로부터 비준을 받으면 된다. 그와 달리 외상투자부동산개발기업이 증자를 하려면 주관 상무부서로부터 증자비준을 받음과 아울러 국무원 상무부에서 증자등록을 마쳐야 한다. 이러한 증자등록 제도는 외상투자부동산개발기업에 대한 규제의 일환이다. 이에 대해서는 〈제3부 외상

투자기업의 투자와 회수 Ⅲ 외상투자부동산개발기업의 증자와 차입〉에서 상세히 다루기로 한다.

3. 기업법인 영업집조

(1) 공상행정관리부서

① 공상행정관리부서의 구성

중국의 공상행정관리부서는 크게 국무원의 국가공상행정관리총국과 각 지역의 공상행정관리국으로 나뉜다. 국가공상행정관리총국은 중앙부서의 하나로서 각 지역 공상행정관리국의 업무를 총괄 관리한다. 지역 공상행정관리국은 법령에 따라 공상행정관리 업무(예를 들어 기업법인의 등록 업무)를 수행한다. 지역 상무국과 마찬가지로, 지역 공상행정관리국도 성급 공상행정관리국과 시급 공상행정관리국으로 세분된다.

② 공상행정관리부서의 기능 및 권한

공상행정관리부서의 대표적인 기능 및 권한은 (ㄱ) 외상투자기업의 설립, 변경, 말소 등에 대한 행정적 관리(등록을 포함) (ㄴ) 외상투자기업의 지분에 대한 질권설정 등록 (ㄷ) 외상투자기업에 대한 연도검사 (ㄹ) 외국투자자가 내자기업의 지분을 인수함으로써 외상투자기업을 설립할 때의 반독점심사 등이다.

이러한 권한은 국가공상행정관리총국, 성급 공상행정관리국, 시급 공상행정관리국에 걸쳐서 분산되어 있다. 구체적인 권한 분장은 다음과 같다(회사 등록관리조례; 2005년 개정).

국가공상행정관리총국

1 국무원 국유자산감독관리위원회가 투자자인 회사 또는 이러한 회사가 50% 이상의 출자지분을 보유하고 있는 자회사

2 외상투자기업

3 법률, 행정법규, 국무원의 결정에 따라 국가공상행정관리총국에 등록해야 하는 회사

4 국무원 국가행정관리총국의 규정에 따라 국가공상행정관리총국이 등록권한을 행사하는 회사

위와 같이 외상투자기업에 대한 공상행정 등록권한은 국가공상행정관리총국이 행사한다는 규정이 있다. 그러나 국가공상행정관리총국은 외상투자기업에 대한 공상행정 등록권한을 지역의 공상행정관리부서에 권한위임했다. 따라서 실제로는 지역의 공상행정관리부서(주로 시급 공상행정관리국)가 이를 행사하고 있다.

성급 공상행정관리국

1 성급 국유자산감독관리위원회가 투자자인 회사 또는 이러한 회사가 50% 이상의 출자지분을 보유하고 있는 자회사

2 성급 공상행정관리국의 규정에 따라 성급 공상행정관리국이 등록권한을 행사하는, 자연인이 투자해서 설립한 회사

3 법률, 행정법규, 국무원의 결정에 따라 성급 국가행정관리국에 등록해야 하는

회사

4 국가공상행정관리총국의 권한위임을 받아 성급 국가행정관리국이 등록권한을
  행사하는 회사

시급 공상행정관리국

1 국무원 국가공상행정관리총국과 성급 공상행정관리국이 등록권한을 행사하는
  회사 이외의 회사
2 국무원 국가공상행정관리총국 또는 성급 공상행정관리국의 권한위임을 받아
  시급 공상행정관리국이 등록권한을 행사하는 회사

(2) 영업집조

외상투자기업을 설립할 때에는 상무부서로부터 비준을 받은 후에 공상행정관리부서에서 회사 등록을 한다. 등록을 마치면 기업법인 영업집조를 발급받는다. 기업법인 영업집조에는 기업명칭, 기업주소, 등록자본금, 실수자본금, 법정대표인, 경영범위 등의 사항이 기재된다(회사법 제7조).

영업집조는 기재된 정식 명칭에 따라 '기업법인 영업집조' 와 '영업집조' 로 구분된다. 기업법인 영업집조는 경영자격과 법인격을 모두 갖춘 실체(예를 들어 본사)에 발급되고, 영업집조는 경영자격은 있으나 법인격이 없는 실체(예를 들어 분공사)에 발급된다. 기업은 기업법인 영업집조에 기재된 성립일로부터 경영자격과 법인격을 갖추게 된다.

기업법인 영업집조에는 정본과 부본이 있다. 정본과 부본은 동일한 효력이 있다. 일반적으로 정본은 기업 본사에 비치하고, 부본은

정부 관계기관에 어떠한 수속을 밟을 때 혹은 거래상대방에게 기업
의 신원을 증명할 때 사용한다.

여기서는 기업법인 영업집조에 기재된 항목이 중국 법률상 어떠한
의미가 있는지를 살펴보겠다.

외상투자기업 영업집조(한글번역본)

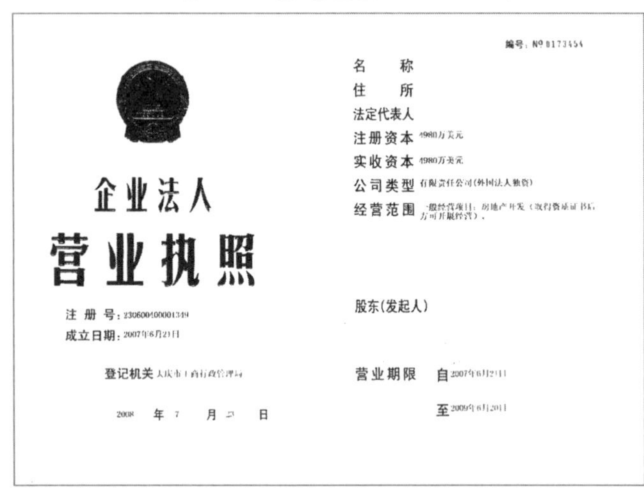

북경대봉부동산개발유한회사

	주소	북경시 조양구 대봉빌딩 1호
	법정대표인	
	등록자본금	
등록번호	실수자본금	
성립일	회사유형	부동산 개발
등록기관	경영범위	
발급일	주주(발기인)	
	경영기간	

① 등록기관

회사를 설립할 때 설립등록을 했던 공상행정관리국을 말한다. 이러한 공상행정관리국을 '주관 공상행정관리국'이라고 부른다.

② 성립일

영업집조에 기재된 성립일이 회사의 설립일이다. 이를 기준으로 자본금 납입 기한이 설정된다. 구체적인 내용은 〈제3부 외상투자기업의 투자와 회수 I 외상투자기업의 자본금 납입〉에서 해당 부분을 참조하기 바란다.

③ 법정대표인

법정대표인은 정부기관에 어떠한 신청을 하거나 타인과 계약을 체결하는 등의 방법으로 회사를 대표하는 회사의 내부 조직기구이다. 합자·합작기업에서는 동사장·집행동사가 법정대표인을 담당한다. 외자기업에서는 동사장·집행동사 외에도 총경리28가 법정대표인을 담당할 수 있다. 동사장·집행동사 또는 총경리 중 누가 법정대표인을 담당할지는 정관에 명확히 규정되어야 한다.

④ 등록자본금과 실수자본금

등록자본금이란 투자자들이 납입하기로 한 자본금의 총액이다. 실수자본금이란 투자자들이 어느 시점까지 실제로 납입한 자본금의 누적 금액이다. 외상투자기업을 설립할 때 투자자는 수 회에 걸쳐 자본금을 분할납입할 수 있다. 또한 이러한 분할납입 제도로 자본금을 유연성 있게 조달할 수 있다. 외상투자기업의 경영에 필요한 자금을 시기별로 구분하여 산정한 후, 각 시기별로 필요한 자금만큼 자본금을 납입함으로써 자본금 전액을 일시에 납입할 경우에 발생하는 금리손실을 피할 수 있다.

투자자는 자본금을 납입할 때마다 회계법인으로부터 자본금납부검사보고서[29]를 작성받고, 자본금납부검사보고서가 포함된 서류를 주관 공상행정관리부서에 제출해야 한다. 주관 공상행정관리부서는 관련 서류를 검토한 후 실수자본금의 누적 금액을 기재한 새로운 영업집조를 재발급한다. 이러한 절차를 거쳐 실수자본금이 영업집조에 기재되고, 이를 통해 투자자들이 해당 기업에 실제로 납입한 자본금의 누적 금액을 확인할 수 있다. 투자자들이 출자의무를 모두 이행하면 등록자본금과 실수자본금의 금액은 일치하게 된다.

⑤ 주주

대부분 지역의 기업법인 영업집조에는 주주(=투자자)의 명칭과 지분율이 기재되지 않는다[30]. 단, 북경시에서 발급되는 기업법인 영업집조에는 주주(=투자자)의 명칭과 지분율이 기재된다.

⑥ 연도검사

연도검사란 기업에 매년 실시하는 정기검사이다. 내자기업의 연도검사는 '기업연도검사' 라 하고, 주관 공상행정관리부서가 담당한다. 외상투자기업의 연도검사는 '연합 기업연도검사' 라 하고, 주관 상무부서가 담당하며 내자기업보다 엄격하다. 외상투자기업이 연도검사

관련 서류를 주관 상무부서에 제출하면 상무부서는 공상행정부서, 재정부서, 세관, 세무부서, 외환관리부서와 공동으로 연합 기업연도검사를 진행한다.

중국 내의 모든 기업은 연 1회 연도검사를 받아야 한다. 주관 정부기관은 연도검사를 통해 기업의 경영상황과 등록사항을 검사한다.

기업이 연도검사를 받지 않으면, 주관 공상행정관리부서는 기한을 정해 연도검사를 받도록 명한다. 그럼에도 기업이 기한 내에 연도검사를 받지 않으면, 주관 공상행정관리부서는 그 사실을 공고한다. 그리고 공고일부터 60일이 지날 때까지도 연도검사를 받지 않으면 영업집조를 취소한다[31]. 영업집조가 취소된 기업은 법률에 따라 청산절차를 밟아야 하고, 이를 마치면 영업집조가 말소된다.

영업집조의 취소와 영업집조의 말소

영업집조의 취소와 영업집조의 말소는 중국 법률상 구별되는 개념이다. 영업집조가 취소된 기업은 경영자격을 상실하지만 법인격은 소멸되지 않는다. 다시 말해 영업집조가 취소된 기업은 더 이상 경영활동을 할 수 없으나, 채권자는 당해 기업을 상대로 소송을 제기할 수 있다. 그와 달리 영업집조가 말소되면 경영자격과 법인격이 모두 소멸된다. 이러한 경우에는 채권자라고 해도 더 이상 그 기업을 상대로 채권추심을 할 수 없다.

(3) 변경등록

영업집조의 사항을 변경할 때에는 주관 공상행정관리부서에서 변경등록을 마친 후에 변경된 기업법인 영업집조를 발급받아야 한다.

4. 외환등기증

(1) 외환관리부서

외환관리부서는 중국 내의 실물거래와 자본거래에 관해 외환관리 책무를 수행한다. 아울러 외환관리에 관한 법령, 정책을 제정할 권한이 있다. 중국의 외환관리부서는 중앙부서인 국가외환관리총국을 중심으로 2개 지역에 외환관리부를, 34개 지역에 외환관리국 분국을, 28개 지역에 외환관리국 중심지국을, 96개 지역에 외환관리국 지국을 두고 있다.

외환관리부는 북경시와 중경시에만 설립되어 있다. 그리고 외환관리국 분국은 성, 자치구, 직할시, 기타 주요 시에 설립되어 있으며, 외환관리국 중심지국 및 지국은 외환 업무가 많은 시, 현, 구에 설립되어 있다. 북경시에는 별도의 중심지국이나 지국이 없기 때문에 북경시외환관리부가 모든 외환업무를 담당하고 있다.

(2) 외환등기증

외상투자기업은 주관 외환관리부서에서 외환등기를 마쳐야만 외국투자자로부터 자본금을 납입받을 수 있다. 구체적으로 말하면, 주관 외환관리부서에서 외환등기증과 외환계좌 개설허가증을 교부받고 시중 은행32에서 외환자본금계좌33를 개설한다. 이와 같이 개설된 외환자본금계좌를 통해 외국투자자로부터 자본금을 납입받고, 납입된 자본금을 인민폐로 환전할 수 있다. 한편, 외상투자기업은 인민은행으로부터 인민폐계좌 개설허가증을 교부받고 시중 은행에서 인민폐 기본계좌(운영계좌)를 개설한다.

　외환등기는 외상투자기업을 설립하는 데 매우 중요한 절차이다. 외환등기에 필요한 소요서류를 정리하면 다음과 같다. 단, 각 지역의 외환관리부서에서 요구하는 서류가 다소 다를 수 있다.

외환등기에 필요한 소요서류

	소요서류	주요내용 및 유의사항
1	외환등기 신청서	외국투자자를 실질적으로 지배하는 자가 누구인지 기재하고, 외국투자자의 주요 경영실적을 기재해야 함**34**
2	기업법인 영업집조 부본	기업법인 영업집조 부본의 사본을 제출함(법인인감 날인)
3	비준증서	비준증서 사본을 제출함(법인인감 날인)
4	계약 및 정관	주관 상무부서의 비준을 거쳐 효력을 발생한 계약(예를 들어 합자계약, 합작계약) 및 정관을 제출함
5	바코드증서	
6	외상투자기업 기본상황등기표	법인인감이 날인되어야 함

(3) 외환등기의 변경 및 말소

　외환등기를 마친 후에 기업명칭, 기업주소, 경영범위 등의 사항이 변경되거나 지분양도, 증자, 합병 등의 사유가 발생하면 주관 외환관리부서에서 외환등기의 변경절차를 밟아 새로운 외환등기증을 발급받아야 한다. 경영기간 만료 등의 사유로 해산할 경우 주관 외환관리부서에서 외환등기 말소절차(외환등기증의 반납을 포함)를 밟은 후에 외환계좌를 말소해야 한다.

外商投资企业

外汇登记证

国家外汇管理局

用 证 须 知

一、企业办理外汇业务时，须出其外汇登记证。

二、企业办理外汇登记后，如企业名称、投资者、注册资本、经营范围等事项发生变更，应在审批机关批准或办理工商登记变更后，及时持有关材料到外汇局办理外汇登记变更手续。

三、企业的外汇登记证不得伪造、涂改，不得出卖、出借、转让给其他企业使用。

四、企业遗失外汇登记证，应及时向外汇局报告，经外汇局审查情况属实后给予补发。

五、外汇局每年通过联合年检核验一次，时间为每年的1月1日至4月30日。经核验的外汇登记证为有效的外汇登记证，有效期一年。

基本情况登记表 （企业填写）

证号：2108w07-759G

企业名称（公章）		企业代码	797668955
企业地址		企业类型	外商企业
工商注册日期	2007年2月15日	经济性质	00%
中方投资者			
外方投资者			
投资总额	武壹仟万美元	外方国家（地区）	韩国
注册资本	壹仟万美元		其中外方占100%
出资方式			
	中方		
	外方	壹仟万美元	
经营范围	香港住宅开发、特境开发及其物业管理		

注册资本到位情况 （外汇局填写）

币种			
	金额		
	汇率		
	金额		
	到位日期		
	金额		
	有关单据编号		
	金额		
	批准文号		
作价使用权			
其他			
本次出资合计			
累计出资			
占注册资本比例			

4

外汇账户开户记录

外汇局填写			
账号			
币别	美元		
用途	周转金		
限额	100万		
开户文号	04汇北2007061		
银行填写			
备注			

外汇局填写			
账号			
币别			
用途			
限额			
开户文号			
银行填写			
备注			

5

Ⅳ
주주간약정 서류
-합자계약서, 합작계약서, 회사정관

1. 합자계약서와 합작계약서

합자·합작기업을 설립할 때 외국투자자와 중국투자자는 미리 기업 경영에 관한 기본 사항에 대해 계약서를 작성하는데, 이것이 합자·합작계약서이다. 합자·합작계약서는 외국투자자와 중국투자자 간에 권리의무를 확정하는 중요한 계약서이다.

합자·합작계약서는 외상투자기업 설립 과정에서 주관 상무부서로부터 설립비준을 받기 위해 제출해야 하는 소요서류이자, 동시에 주관 공상행정관리부서에서 설립등록(영업집조 취득)을 하기 위해 제출해야 하는 소요서류이다[35].

합자·합작계약서는 외상투자기업 설립 과정에서 주관 상무부서로부터 비준을 받아야 효력이 발생한다. 주관 상무부서로부터 비준을 받은 후, 그 합자·합작계약서를 주관 공상행정관리부서에 제출한다. 외상투자기업이 설립된 후 기존에 체결한 합자·합작계약서를 수정하거나 내용을 추가하는 합의서를 체결할 수 있다. 이러한 수정합의서 또는 추가합의서도 주관 상무부서의 비준을 받아야 효력이 발생한다.

합자·합작기업을 설립하는 과정에서 주관 상무부서가 합자·합작계약서의 내용에 대해 수정을 요구하는 경우가 있다. 실무상 외국투자자와 중국투자자의 투자 목적 자체가 훼손되지 않는 한, 보통은 주관 상무부서의 수정 요구를 수용한다. 비준을 받은 계약서는 주관 공상행정관리부서에 제출해야 한다. 주관 공상행정관리부서도 합자·합작계약서에 대해 심사권한이 있으나, 주관 상무부서로부터 비준을 받은 계약서에 대해 수정 의견을 제시하는 경우는 드물다.

2. 합자·합작계약서의 필수조항

다음은 합자·합작계약서에 반드시 기재되어야 하는 필수조항이다.

합자계약서 (합자기업법 실시조례 제11조)	합작계약서 (합작기업법 실시세칙 제12조)
(1) 각 투자자의 명칭, 등록국, 법정소재지, 각 투자자 법정대표인의 성명, 직무, 국적	(1) 각 투자자의 명칭, 등록지, 주소, 각 투자자 법정대표인의 성명, 직무, 국적
(2) 합자기업의 명칭, 법정소재지, 취지, 경영범위 및 경영규모	(2) 합작기업의 명칭, 주소, 경영범위
(3) 합자기업의 투자총액 및 등록자본금, 투자자의 출자액, 출자비율, 출자방식, 출자금 납입 기간, 출자액 미납에 관한 규정, 출자액 양도에 관한 규정	(3) 합작기업의 투자총액 및 등록자본금, 합작조건의 방식 및 기한
(4) 각 투자자의 이익분배 및 결손부담의 비율	(4) 중·외 투자자 쌍방의 투자 양도 또는 제공된 합작조건의 양도
	(5) 중·외 투자자 쌍방의 수입, 손해의 분배
	(6) 동사회 또는 연합관리위원회의 조직에 관한 사항, 그 구성원의 역할

(5) 동사회의 구성, 동사 정원의 배정, 총경리 · 부총경리 · 기타 고급관리인원의 직책, 권한, 채용방법

(6) 주요 생산설비, 생산기술과 조달원

(7) 원자재 구매와 제품판매의 방식

(8) 재무 · 회계 · 감사의 처리원칙

(9) 노무관리 · 임금 · 복리 · 노동보험 등의 사항에 관한 규정

(10) 합자기업의 경영기간, 해산 및 청산에 관한 절차

(11) 계약위반의 책임

(12) 투자자 간 분쟁을 해결하는 방식 및 절차

(13) 계약의 본문에 포함되는 문자, 계약발효의 조건

분배, 총경리 및 고급관리인원의 직책, 채용 및 해임 방법

(7) 생산설비, 생산기술 등의 출처

(8) 국내판매 및 국외판매의 할당비율

(9) 합작기업 외환수입의 안배

(10) 합작기업의 경영기한, 해산 및 청산의 방법

(11) 중 · 외 투자자 쌍방의 의무 및 계약불이행 시의 책임

(12) 재무 · 회계 · 심사의 처리원칙

(13) 쟁의의 처리

(14) 계약의 수정절차

KEY POINT

합자 · 합작계약서의 작성 언어

외국투자자가 한국법인인 경우 보통은 중문본과 한글본을 같이 작성한다. 그런데 중문본과 한글본 간에 해석상 차이점이 있으면 어느 것을 우선하는지가 문제된다. 이에 대해 중국법상 명확한 규정은 없으나, 실무상 중문본이 우선한다고 보는 경우가 많다. 주관 상무부서로부터 비준을 받거나 주관 공상행정관리부서에서 등록할 때 중문본을 제출하므로 중문본에 공시적 효력이 있다. 따라서 합자 · 합작계약서를 작성할 때에는 중문본과 한글본이 정확하게 일치하도록 유의해야 한다. 특히 합자 · 합작계약서에는 전문 법률용어가 많이 사용되므로 중국어와 한국어에 모두 능통한 변호사에게 업무를 위임하는 것이 바람직하다.

3. 회사정관

(1) 회사정관의 의의

　외상투자기업의 정관에는 회사의 조직·경영에 관한 기본 사항이 기재되는 동시에, 외국투자자와 중국투자자 간의 권리의무를 정하는 내용이 포함된다. 따라서 회사정관은 합자·합작계약서와 더불어 외국투자자와 중국투자자 간에 권리의무를 확정하는 중요 문서이다. 회사정관에는 투자자들이 서명날인을 해야한다. 그로 인해 회사정관은 회사의 내부 규범으로서의 성격뿐만 아니라 투자자간약정의 성격도 갖추게 된다.

　회사정관은 합자·합작계약서와 마찬가지로 외상투자기업 설립 과정에서 주관 상무부서의 비준을 받기 위해 제출해야 하는 소요서류이자 동시에 주관 공상행정관리부서에 등록(영업집조 취득)을 하기 위해 제출해야 하는 소요서류이다. 회사정관 또는 정관수정안도 주관 상무부서의 비준을 거쳐야 효력이 발생된다.

(2) 회사정관의 필수조항

　회사정관에 기재된 사항은 필수조항과 임의조항으로 나뉜다. 외상투자기업의 정관에 기재되어야 하는 필수조항은 대부분 합자·합작계약서의 필수조항과 같다. 외자기업법상 외자기업의 정관에 기재되어야 하는 필수조항은 합자·합작기업의 것과 대동소이하다. 따라서 여기서는 합자·합작기업의 정관에 기재되어야 하는 필수조항을 소개한다.

합자기업 (합자기업법 실시조례 제13조)	합작기업 (합작기업법 실시세칙 제13조)
(1) 합자기업의 명칭 및 법정소재지	(1) 합작기업의 명칭 및 주소
(2) 합자기업의 취지, 경영범위, 합자기간	(2) 합작기업의 경영범위 및 합작기한
(3) 각 투자자의 명칭, 등록국, 법정소재지, 각 투자자 법정대표인의 성명, 직무, 국적	(3) 중·외 투자자 쌍방의 명칭, 등록지, 주소 그리고 투자자의 법정대표인 성명, 직무, 국적
(4) 투자총액 및 등록자본금, 각 투자자의 출자액 및 출자비율, 출자액의 양도에 관한 규정, 각 투자자 간에 이익분배 및 결손부담의 비율	(4) 합작기업의 투자총액 및 등록자본금, 합작조건의 방식 및 기한
(5) 동사회의 구성, 직권, 의사규칙, 동사의 임기, 동사장·부동사장의 직책	(5) 중·외 투자자 쌍방의 수입, 상품, 손해의 분배
(6) 경영관리기구의 설치 및 그 직무규칙, 총경리·부총경리·기타 고급관리인원의 직책 및 임명방법	(6) 동사회 또는 연합관리위원회의 구성, 직급, 회칙, 동사회 또는 연합관리위원회 구성원의 임기, 동사장·부동사장과 주임·부주임의 직책
(7) 재무·회계·감사제도의 원칙	(7) 경영관리기구의 설치 및 그 직권, 노동규칙, 총경리 및 고급관리인원의 직책, 채용 및 해임 방법
(8) 해산 및 청산 방법	(8) 직공의 채용 및 훈련, 노동계약, 임금, 사회보험, 복지, 직원의 안전 및 위생 등 노동관리 사항
(9) 정관의 개정절차	(9) 재무, 회계, 회계조사에 관한 사항
	(10) 해산 및 청산 방법
	(11) 정관의 개정절차

회사정관 작성 시 주의사항

1 회사법 또는 외상투자 관련 법률에서는 회사의 조직 및 경영에 관한 사항을 회사정관에 위임하는 경우가 많다. 이러한 위임 사항에 대해 회사정관에 명확한 규정을 두지 않으면 투자자 간에 권리의무를 확정하기 곤란한 상황이 발생할 수 있다. 일부 외상투자기업의 정관에는 "본 정관에 규정되지 않은 사항은 회사법 규정에 따른다"는 문구가 기재되기도 하지만, 회사법에서는 어떠한 사항에 관해 회사정관에서 구체적으로 정한다고 규정하는 경우가 있으므로 규정의 미비가 발생하기도 한다.

2 회사법 또는 외상투자 관련 법률상 회사정관의 필수조항은 아니지만, 명확하게 규정해야 할 필요가 있는 조항은 다음과 같다.
- 주주회 정기회의를 개최하는 시기
- 주주회 및 동사회의 의사정족수, 의결정족수
- 출자가액에 비례해서 의결권을 행사할 것인지
- 출자가액에 비례해서 이익배당 및 잔여재산분배를 할 것인지
- 지분양도에 대한 제한 또는 지분양도에 대해 동의할 의무

(3) 합자·합작계약서와 회사정관이 충돌하는 경우

합자·합작계약서를 체결한 후에 이를 근거해서 회사정관을 작성하는 것이 일반적인 절차이다. 따라서 합자·합작계약서와 회사정관 사이에 충돌이 발생하는 경우는 드물다. 그러나 충돌이 발생한다면 어느 것이 우선하는지가 문제될 수 있다.

합작기업은 합작계약서의 내용이 회사정관에 우선한다는 명문의 규정이 있다(합작기업법 실시세칙 제10조 제4항)[36]. 그와 달리 합자기업은

이러한 별도의 규정을 두지 않고 있으며, 이에 관해 확립된 실무적 해석도 없는 것으로 보인다.

V
외상투자기업의 조직기구

1. 서론

중국의 외상투자기업 관련 법률과 회사법은 특별법과 일반법의 관계에 있다. 다시 말해 외상투자기업에는 외상투자 관련 법률이 우선 적용되고, 외상투자 관련 법률에 특별한 규정이 없으면 회사법이 적용된다(회사법 제218조). 합자기업법과 합작기업법에서는 내부 조직기구에 대한 별도의 규정을 두고 있지만, 외자기업법과 외상주식회사법에서는 별도의 규정을 두지 않고 있다. 따라서 외자기업과 외상주식회사의 조직기구에는 회사법이 적용된다.

중국 법률상 회사의 내부 조직은 크게 주주회·주주총회37, 동사회, 감사회, 경영관리기구로 구성된다. 주주회·주주총회와 동사회는 의사결정기구에, 경영관리기구는 업무집행기구에 해당한다. 경영관리기구는 총경리, 부총경리, 경리, 재무총감으로 구성되고, 주주회·주주총회 및 동사회의 의결에 따라 회사의 일반적 업무를 집행한다.

2. 외자기업의 조직기구

(1) 주주회

외자기업의 최고의결기관은 주주회이다(회사법 제37조). 단, 주주가 1인이라면 따로 주주회를 둘 수 없고, 주주 1인이 서면결정을 하는 방법으로 의사결정을 한다(회사법 제62조). 회사법에서는 주주가 1인인 경우 '1인 유한책임회사'라 정의하며 별도의 규정을 두고 있다. 이에 대해서는 항을 바꾸어 다룬다.

주주회 회의는 정기회의와 임시회의로 나뉜다. 정기회의는 정관의 규정에 따라 개최되고, 임시회의는 10% 이상의 의결권을 갖는 주주, 1/3 이상의 동사, 감사회(감사회를 따로 설치한 경우) 또는 집행감사(감사회를 설치하지 않은 경우)가 제의할 경우에 개최된다(회사법 제40조). 주주회의 주요 권한은 다음과 같다(회사법 제38조). 주주회 결의에 따라 주주회의 권한을 동사회에게 권한위임할 수도 있다.

1 회사의 경영방침과 투자계획의 결정
2 동사·감사의 선임, 해임(단, 직원대표가 담당하는 동사·감사는 제외) 및 동사·감사의 보수 결정
3 동사회 또는 집행동사의 보고에 대한 심사비준
4 감사회 또는 집행감사의 보고에 대한 심사비준
5 회사의 연도재무예산방안 및 결산방안에 대한 심사비준
6 회사의 이익배당방안 및 적자보전방안에 대한 심사비준
7 회사 등록자본금의 증가 또는 감소 결의
8 회사채 발행 결의
9 회사의 합병, 분할, 해산, 청산 또는 회사형태 변경 결의

10 회사정관의 개정 결의
11 기타 회사정관에서 정한 사항

주주회 회의를 개최할 때에는 회의개최일 15일 전에 모든 주주에게 통지해야 한다. 단, 회사정관이나 주주간약정에 의해 주주회 소집 절차에 관한 별도의 규정이 있다면 이를 따른다(회사법 제42조).

주주회 회의에서 주주는 출자비율에 따라 의결권을 행사한다. 단, 회사정관에서 주주들의 의결권 비율에 대한 별도의 규정이 있다면 이를 따른다(회사법 제43조). 정관 개정, 등록자본금 증가 또는 감소, 합병, 분할, 해산, 회사형태 변경 등의 법정 특별결의사항에 대해서는 반드시 2/3 이상의 의결권을 대표하는 주주의 동의를 거쳐야 한다. 그 외의 일반결의사항에 대한 의결정족수는 회사정관에서 따로 정한다(회사법 제44조).

법정 특별결의사항에 관한 규정은 강행규정이므로 회사정관에서 법정 특별결의사항을 없애거나 법정 특별결의사항의 결의요건을 낮추는 것은 무효이다. 단, 회사정관에서 특별결의사항을 추가하거나 결의요건을 가중할 수는 있다.

(2) 1인 유한책임회사

회사법에서는 유한책임회사의 주주가 1인인 경우 '1인 유한책임회사'라 정의하며 별도의 규정을 두고 있다. 1인 유한책임회사의 등록자본금은 인민폐 10만 RMB 이상이어야 하고 설립 당시에 1차적으로 출자금 전액을 납입해야 한다(회사법 제59조). 1인 유한책임회사의 정관은 주주 1인이 단독으로 정한다(회사법 제61조). 1인 유한책임회사는 별도로 주주회를 둘 수 없고, 주주회가 결의해야 할 사항은 주주 1인이 서면 형식으로 결정한다(회사법 제62조).

'집행의견' 제2조에서는 회사법의 위 규정이 주주가 외국인(외국자연인, 외국법인) 1인인 유한책임회사(=외자기업)에 어떻게 적용되는지를 구체화했다. 이에 따르면 ① 주주가 1인인 외자기업의 등록자본금도 인민폐 10만 RMB 이상이어야 하고 ② 외국자연인도 중국 내에 여러 개의 1인 외자기업을 설립할 수 있으며(이상 내자기업과 같음) ③ 외국인이 설립한 1인 외자기업이 주주가 되어 1인 유한책임회사를 설립할 수 있고 ④ 외국인 주주가 1인인 외자기업의 등록자본금을 분할납부할 수 있다(이상 내자기업과 다름).

(3) 동사회와 법정대표인

외자기업에는 원칙적으로 동사회를 설치해야 한다. 단, 주주의 숫자가 적거나 회사규모가 작으면 따로 동사회를 설치하지 않고 1명의 집행동사를 둘 수 있다(회사법 제51조).

동사회는 3명 내지 13명의 동사로 구성된다(회사법 제45조). 동사장은 1명이고, 부동사장은 여러 명을 둘 수 있다(회사법 제45조). 동사의 임기는 정관에서 정하되 3년을 초과할 수 없고, 연임이 가능하다(회사법 제46조). 동사회 회의는 동사장이 소집 및 주재한다(회사법 제48조). 동사회 회의에서 동사들은 1인 1표의 의결권을 갖는다. 동사회 회의의 의사정족수 및 의결정족수는 정관에서 별도로 정하는 바에 따른다. 다음은 동사회의 주요 권한이다(회사법 제47조).

> 1 주주회 회의를 소집하고 주주회에 업무보고
>
> 2 주주회에서 결의한 사항 집행
>
> 3 회사의 경영계획 및 투자방안 결정
>
> 4 회사의 연도재무예산방안과 결산방안 입안
>
> 5 회사의 이익배당방안과 적자보전방안 입안
>
> 6 회사의 등록자본금 증가 또는 감소에 대한 안건 입안, 회사 채권 발행 방안 입안
>
> 7 회사의 합병, 분할, 해산, 회사형태 변경의 방안 입안
>
> 8 회사 내부관리기구를 설치
>
> 9 회사 총경리의 선임 또는 해임, 총경리의 보수 사항 결정, 총경리가 추천한 부총경리나 재무책임자의 선임 또는 해임, 부총경리나 재무책임자의 보수 사항 결정
>
> 10 회사의 기본 관리제도(예를 들어 급여규정, 징계규정 등)를 제정
>
> 11 기타 회사정관에서 정한 사항

외자기업은 회사를 대외적으로 대표하는 법정대표인을 두어야 한다(외자기업법 제24조). 법정대표인은 동사장·집행동사, 총경리 중에서 1인이 담당하되, 그 중에서 누가 법정대표인을 담당할 것인지는 회사정관에서 정한다(회사법 제13조). 법정대표인의 성명은 기업법인 영업집조에 기재되는 사항이므로, 법정대표인을 교체할 때에는 주관 공상행정관리부서에서 변경등록을 해야 한다.

(4) 감사회

외자기업의 감사회는 3명 이상의 감사로 구성된다. 단, 주주 숫자가 적거나 회사규모가 작으면 감사회를 설치하지 않고 1~2명의 감사를 둘 수 있다(회사법 52조 제1항). 감사회의 감사는 주주가 파견한 감

사와 직원이 선임한 감사로 구성되어야 하는데, 직원이 선임한 감사는 전체 감사의 1/3 이상이어야 한다**38**. 주주가 파견하는 감사와 직원이 선임하는 감사의 구체적인 비율은 정관에서 정한다(회사법 제52조 제2항). 감사회의 감사 과반수에 의해 감사회 주석을 선출한다. 감사회 주석은 감사회를 소집, 주재한다(회사법 제52조 제3항). 감사의 임기는 3년이고 연임이 가능하다(회사법 제53조).

(5) 경영관리기구

외자기업에서는 회사의 경영관리기구로 총경리를 둘 수 있다. 총경리를 선임, 해임할 권한은 동사회에 있다(회사법 제50조). 총경리는 동사회의 지휘감독에 따라 동사회 결의사항을 집행하고, 동사회에 사업보고를 한다. 다음은 총경리의 주요 직권이다(회사법 제50조).

1 회사의 생산, 경영, 관리를 지도하고 동사회 결의를 집행

2 회사의 연도 경영계획과 투자계획을 집행

3 회사 내부관리기구의 조직 방안을 작성하여 동사회에 상정

4 회사의 기본 관리제도를 입안하여 동사회에 상정

5 회사의 구체적인 내규를 작성

6 부총경리, 재무책임자의 채용과 해임을 동사회에 제안

7 동사회에서 채용·해임하는 인원을 제외한 기타 인원의 채용·해임을 결정

8 기타 동사회에서 수권한 사항을 수행

총경리를 교체할 때에도 주관 공상행정관리부서에서 변경 등록을 해야 한다(집행의견 제18조). 실무상 동사회에서 총경리 교체에 관한 결

의를 한 후, 주관 공상행정관리부서에서 변경등록을 한다. 변경등록을 할 때에 변경등록 신청서, 수속대행 위임장, 동사회 결의서, 영업집조 부본 및 사본(회사 인감 날인)을 제출한다.

총경리 외에 경영관리기구인 부총경리, 경리, 재무통감 등은 통상적으로 총경리의 추천을 받아 동사회가 임명한다.

3. 합자기업의 조직기구

(1) 동사회의 구성

'집행의견' 제3조에 따르면, 합자기업의 최고의결기관은 동사회이다. 따라서 합자기업에는 반드시 동사회를 설치해야 한다. 합자기업은 동사회를 최고의결기관으로 두고 있기 때문에 별도로 주주회를 설치할 수 없다는 것이 일반적 해석이자 실무례이다.

동사회는 3명 내지 13명의 동사로 구성된다(합자기업법 실시조례 제31조 제1항, 회사법 제45조). 단, 주주의 숫자가 적고 회사규모가 작으면 동사회를 설치하지 않고 1명의 집행동사를 둘 수도 있다(회사법 제51조). 외국투자자와 중국투자자 간 협상에 따라 각 투자자가 파견하는 동사의 숫자를 결정하고, 이러한 협상 내용은 합자계약서 또는 정관에 기재된다. 각 투자자가 파견하는 동사의 숫자는 반드시 출자가액에 비례해야 하는 것은 아니고, 투자자 간 합의에 따를 수 있다. 동사의 임기는 4년이고 연임이 가능하다(합자기업법 실시조례 제31조 제2항).

동사와 마찬가지로, 동사장과 부동사장도 외국투자자와 중국투자자 간 협상을 거쳐서 정한다. 외국투자자와 중국투자자 중에서 일방이 동사장을 파견할 때에는 다른 투자자가 부동사장을 파견한다(합자기업법 제6조).

(2) 동사회의 회의

합자기업법과 합자기업법 실시조례 등에서는 동사회의 구성, 회의, 의사정족수 및 의결정족수에 관해 구체적인 규정을 두고 있다.

동사회 회의는 매년 1회 이상 개최되어야 하고, 동사장이 소집 및 주재한다. 동사장이 소집 및 주재할 수 없을 경우에는 동사장이 위임한 부동사장 또는 기타 동사가 동사회 회의를 소집 및 주재한다. 그리고 1/3 이상의 동사가 제의하면 임시 동사회 회의를 소집할 수 있다(합자기업법 실시조례 제32조 제1항).

합자기업의 동사회 회의는 2/3 이상의 동사가 출석해야만 개최될 수 있다. 단, 동사가 출석하지 못할 경우에는 타인에게 출석과 표결을 위임할 수 있다(합자기업법 실시조례 제32조 제2항).

동사회의 결의사항은 특별결의사항과 일반결의사항으로 나뉜다. 특별결의사항은 출석 동사 전원이 찬성해야만 의결될 수 있다. 합자기업법 실시조례에 따르면 ① 합자기업 정관의 수정 ② 합자기업의 중지 및 해산 ③ 합자기업 등록자본금의 증가 또는 감소 ④ 합자기업의 합병 또는 분할을 특별결의사항으로 명시하고 있다(합자기업법 실시조례 제33조 제1항). 일반결의사항에 대해서는 외국투자자와 중국투자자 간 협상에 따라 의결정족수를 정하고, 이를 정관에 기재해둔다(합자기업법 실시조례 제2항)**39**. 실무상, 일반결의사항은 전체 동사의 과반수로 의결한다고 정하는 경우가 많다.

(3) 법정대표인, 감사회, 경영관리기구

전술한 대로 외자기업의 법정대표인은 동사장·집행동사 또는 총경리가 맡을 수 있다. 그러나 합자기업의 법정대표인은 동사장·집행동사가 맡도록 규정되어 있다(합자기업법 실시조례 제34조). 합자기업의 감사회와 경영관리기구는 외자기업의 경우와 같다.

4. 합작기업의 조직기구

(1) 조직기구의 특징

합작기업은 법인격이 있는 합작기업과 법인격이 없는 합작기업으로 나뉜다. 법인격이 있는 합작기업의 최고의결기관은 동사회이고, 법인격이 없는 합작기업의 최고의결기관은 연합관리위원회이다. 법인격이 없는 합작기업의 경우, 투자자가 합작기업의 채무에 대해 연대책임을 부담한다는 점에 유의해야 한다(합작기업법 실시세칙 제50조).

실무상의 합작기업은 보통 법인격이 있는 것으로 설립되므로, 이 책에서 따로 언급하지 않는 한 합작기업은 법인격이 있는 것을 지칭한다. 단, 여기서는 법인격이 없는 합작기업의 조직기구인 연합관리위원회에 대한 내용도 함께 다루기로 한다.

(2) 동사회 또는 연합관리위원회의 구성

합작기업법 실시세칙에서는 합작기업의 최고의결기관이 동사회 또는 연합관리위원회라는 명문의 규정을 두고 있다(합작기업법 실시세칙 제24조). 따라서 합작기업에는 반드시 동사회 또는 연합관리위원회를 설치해야 한다. 합작기업은 동사회 또는 연합관리위원회를 최고 의결기관으로 두고 있기 때문에 별도로 주주회를 설치할 수 없다는 것이 일반적 해석이자 실무례이다.

동사회는 동사로 구성되고, 연합관리위원회는 관리위원으로 구성된다. 합작기업법에서는 합작기업의 동사 또는 관리위원을 '구성원'이라고 통칭한다. 동사회 또는 연합관리위원회의 구성원은 최소 3명 이상이어야 한다(합작기업법 실시세칙 제25조). 동사회 또는 연합관리위원회의 구성원은 외국투자자와 중국투자자가 임명하는데, 구성원 중에서 몇 명을 누가 임명할 것인지는 합작계약서 또는 정관에서 정한다. 어느 구성원을 임명한 투자자는 그 구성원을 해임할 수도 있다(합작기업법 실시세칙 제26조 제1항). 구성원의 임기는 3년을 초과할 수 없지만, 연임이 가능하다(합작기업법 실시세칙 제27조).

동사회에는 동사장과 부동사장을 두고 연합관리위원회에는 주임과 부주임을 둔다. 동사장과 부동사장 또는 주임과 부주임의 선출방법은 정관에서 정한다(합작기업법 실시세칙 제26조 제1항). 외국투자자와 중국투자자 중에서 일방이 동사장과 주임을 임명할 때에는 다른 투자자가 부동사장과 부주임을 임명한다(합작기업법 실시세칙 제26조 제2항).

(3) 동사회 또는 연합관리위원회의 회의

동사회 또는 연합관리위원회의 회의는 매년 1회 이상 개최되어야 하고, 동사장 또는 주임이 회의를 소집 및 주재한다. 동사장 또는 주임이 회의를 소집 및 주재할 수 없을 경우, 동사장이 위임한 부동사장, 주임이 위임한 부주임, 동사장 또는 주임이 위임한 기타 구성원이 회의를 소집 및 주재한다. 그리고 구성원 1/3 이상의 제의에 따라 동사회 또는 연합관리위원회가 개최될 수도 있다(합작기업법 실시세칙 제28조 제1항, 제2항).

합작기업의 동사회 또는 연합관리위원회 회의는 2/3 이상의 구성원이 출석해야만 개최될 수 있다. 단, 구성원이 출석하지 못할 경우에는 타인에게 출석과 표결을 위임할 수 있다(합작기업법 실시세칙 제28조 제3항).

동사회 또는 연합관리위원회의 결의사항은 일반결의사항과 특별결의사항으로 나뉜다. 일반결의사항은 전체 구성원 과반수의 찬성으로 의결된다(합작기업법 실시세칙 제28조 제4항). 특별결의사항은 출석 구성원 전원이 찬성해야만 의결된다. 합작기업법 실시세칙에 따르면 ① 합작기업 정관의 수정 ② 합자기업의 해산 ③ 합작기업 등록자본금의 증가 또는 감소 ④ 합작기업의 합병, 분할, 회사형태 변경 ⑤ 합작기업의 자산에 대한 저당권 설정 ⑥ 외국투자자와 중국투자자가 특별히 정한 기타 사항을 특별결의사항으로 명시하고 있다(합작기업법 실시세칙 제29조).

KEY POINT

동사가 동사회에 출석하지 않을 경우

외상투자기업에서는 동사가 동사회에 출석하지 않아 동사회가 제대로 운영되지 못하는 경우가 종종 있다. 예를 들면 외상투자기업의 동사가 행방불명되는 경우, 외상투자기업의 투자자 간에 분쟁이 있는 경우, 일방 투자자가 임명한 동사들이 동사회에 출석조차 하지 않는 경우이다. 동사가 행방불명이라면 해당 동사를 파견한 투자자가 동사를 교체하면 된다. 이 경우에는 주관 공상행정관리부서에서 변경등록을 마쳐야 하는데(집행의견 제18조), 동사 변경등록에는 약 10일이 소요된다. 그와 달리 투자자 간 분쟁으로 동사회가 운영되기 어렵다면, 투자자들은 소송을 제기하거나 중재를 신청할 수밖에 없다. 그러나 이 경우 많은 시간과 비용이 소요되므로 현실적인 해결방안이 되지 못한다. 따라서 미리 정관에서 다음과 같은 규정을 두는 것이 좋다.

정관 규정(예시)

1 동사가 동사회 회의에 출석하지 못할 경우, 서면위임장을 제출해서 타인에게 동사회 회의에 출석하도록 위임해야 한다. 위임을 받은 대리인은 동사와 동일한 권한을 가진다.

2 동사가 출석하지도 않고 타인에게 동사회 회의에 출석하도록 위임하지도 않을 경우, 불출석 동사를 파견한 투자자를 제외한 다른 투자자는 불출석 동사와 그 동사를 파견한 투자자에게 차회 동사회 개최일 10일 전까지 우편으로 독촉공문을 발송한다. 불출석 동사와 그 동사를 파견한 투자자가 위 독촉공문을 받은 날로부터 5일 내에 출석에 관한 회신을 하지 않거나 제삼자에 대한 위임장을 회사에 송부하지 않을 경우, 해당 동사는 차회 동사회 회의의 의사정족수와 의결정족수를 산정할 때 제외된다.

3 또한 연간 1회라도 동사회 회의에 직접 출석하지 않거나 타인에게 동사회 회의에 출석하도록 위임하지 않을 경우, 해당 동사를 파견한 투자자는 신임 동사를 파견해서 기존 동사를 교체해야 할 의무를 부담한다.

(4) 법정대표인, 감사회, 경영관리기구

합작기업의 법정대표인은 동사장 또는 주임이 맡는다(합작기업법 실시세칙 제31조). 합작기업의 감사회 및 경영관리기구는 외자기업법의 경우와 같다.

5. 외상주식회사의 조직기구

(1) 서론

외상주식회사 설립의 근거 규정은 외상투자주식유한회사 설립에 관한 잠정규정(이하 '잠정규정')이다. 그런데 잠정규정에는 외상주식회사의 조직구조에 관한 별도의 규정이 없다. 따라서 외상주식회사의 조직구조에 대해서는 회사법상의 주식유한회사에 관한 일반적인 규정이 적용된다. 외상주식회사는 주주총회, 동사회, 감사회, 경영관리기구로 구성된다.

(2) 주주총회

주주총회는 외상주식회사의 최고의결기관이며, 전체 주주로 구성된다(회사법 제99조). 주주총회의 권한에는 유한책임회사의 주주회에 관한 규정이 그대로 적용된다(회사법 제100조, 제38조). 그러므로 외상주식회사 주주총회의 권한에 대해서는 외자기업 주주회에 관한 부분을 참조하기 바란다.

외상주식회사는 매년 1회 이상의 정기 주주총회를 개최해야 한다. 다음 사유가 발생하면 사유 발생일로부터 2개월 내에 임시 주주총회를 개최해야 한다(회사법 제101조).

1 동사의 숫자가 5명 미만이 된 경우 또는 정관에 정한 동사 숫자의 2/3에 미달된 경우

2 보완하지 못한 적자 금액이 실수자본금의 1/3에 달한 경우
3 단독 또는 합계로 10% 이상의 주식을 보유한 주주가 요구할 경우

4 동사회에서 필요하다고 인정할 경우

5 감사회에서 주주총회의 개최를 제안할 경우

6 정관에 정한 기타 사유가 발생한 경우

주주총회는 동사회가 소집하고 동사장이 주재한다. 주주총회를 개최해야 하는 사유가 발생했는데도 동사회가 이를 시행하지 않으면 감사회가 주주총회를 소집 및 주재한다. 감사회도 이를 시행하지 않으면 연속 90일 이상의 기간 동안에 단독 또는 합계로 10% 이상의 주식을 보유한 주주가 주주총회를 소집 및 주재한다(회사법 제102조 제2항). 한편, 동사장이 주주총회를 주재하지 않거나 주재할 수 없을 경우에는 부동사장이 주재하고, 부동사장도 그러할 경우에는 과반수 이상의 동사가 추천한 동사 1명이 주재한다(회사법 제102조 제1항).

주주총회에서 주주는 1주식당 1표의 의결권을 행사할 수 있다(회사법 제104조). 주주는 타인에게 위임하여 주주총회에 참석해서 의결권을 행사하도록 할 수 있다. 이때 대리인은 회사에 권한위임장을 제출해야 한다(회사법 제107조).

정기 주주총회를 개최할 때에는 개최일로부터 20일 전까지 그리고 임시 주주총회를 개최할 때에는 개최일로부터 15일 전까지 모든 주주에게 날짜, 장소, 의제 등을 기재해서 통지해야 한다(회사법 제103조 제1항). 단독 또는 합계로 3% 이상의 주식을 보유한 주주는 주주총회 개최일로부터 10일 전까지 동사회에 서면으로 임시제안을 제출할 수 있다. 동사회는 임시제안 접수일로부터 2일 이내에 다른 주주에게 이를 통지해야 한다(회사법 제103조 제2항).

주주총회의 결의사항은 일반결의사항과 특별결의사항으로 나뉜다. 특별결의사항인 정관 개정, 등록자본금 증감, 합병, 분할, 해산, 회사형태 변경을 결의할 때에는 주주총회에 출석한 주주의 의결권 2/3 이상의 찬성이 있어야 한다. 그 외의 일반결의사항은 출석 주주의 의결권 과반수의 찬성으로 결의한다(회사법 제104조).

(3) 동사회

외상주식회사의 동사회는 5명 이상 19명 이하의 동사로 구성된다(회사법 제109조 제1항). 동사는 주주총회에서 선임하고, 이를 위해서는 주주총회 출석 주주의 의결권 과반수가 찬성해야 한다(회사법 제100조, 회사법 제38조 제2호). 동사의 임기는 3년을 초과할 수 없다(회사법 제109조 제2항, 제46조). 동사회의 권한에는 유한책임회사의 동사회 규정이 그대로 적용된다(회사법 제109조 제2항, 회사법 제47조). 따라서 외상주식회사 동사회의 권한에 대해서는 외자기업 동사회에 대한 부분을 참조하기 바란다.

동사회에는 1명의 동사장을 두고, 여러 명의 부동사장을 둘 수 있다(회사법 제110조 제1항). 동사장과 부동사장은 전체 동사의 과반수 찬성으로 선임된다(회사법 제110조 제2항).

동사회 회의는 매년 2회 이상 개최되어야 하고(회사법 제111조), 동사장이 소집 및 주재한다. 동사장이 직무를 이행하지 않거나 이행할 수 없을 경우에는 부동사장이 소집 및 주재하고, 부동사장도 그러할 경우에는 과반수 이상의 동사가 선출한 동사 1명이 소집 및 주재한다(회사법 제110조 제2항, 제3항). 한편, 10% 이상의 주식을 보유한 주주,

1/3 이상의 동사 또는 감사회가 제의하면 임시 동사회 회의를 개최할 수 있다(회사법 제111조 제2항).

동사회 회의는 전체 동사의 과반수가 출석해야 개최될 수 있고, 동사회 결의는 전체 동사의 과반수가 동의해야 한다(회사법 제112조 제1항). 동사는 타인에게 동사회에 출석하여 의결권을 행사하도록 권한을 위임할 수 있다. 이때 대리인은 회사에 권한위임장을 제출해야 한다(회사법 제113조).

동사장 또는 총경리가 외상주식회사의 법정대표인을 담당한다(회사법 제13조).

(4) 감사회

외상주식회사는 감사회를 두어야 하고, 감사회는 3명 이상의 감사로 구성되어야 한다(회사법 제118조 제1항). 감사회는 주석 1명과 여러 명의 부주석을 둔다. 주석과 부주석은 전체 감사 과반수의 찬성으로 선임된다(회사법 제118조 제4항). 감사의 임기는 3년이고 연임이 가능하다(회사법 제118조 제6항, 제53조). 감사회의 권한에는 유한책임회사의 감사회 규정이 그대로 적용된다(회사법 제119조, 제53조, 제54조). 따라서 외상주식회사 감사회의 권한에 대해서는 외자기업 감사회에 관한 부분을 참조하기 바란다.

감사회의 주석은 감사회를 소집 및 주재한다. 주석이 직무를 이행하지 않거나 이행할 수 없을 경우에는 부주석이 감사회를 소집 및 주재한다. 부주석도 그러할 경우에는 과반수 이상의 감사가 동의하는 감사 1명이 감사회를 소집 및 주재할 수 있다(회사법 제118조 제5항).

(5) 경영관리기구

외상주식회사는 총경리를 둔다. 총경리는 동사회에서 선임, 해임한다(회사법 제114조). 총경리의 권한에는 유한책임회사의 총경리에 대한 규정이 그대로 적용된다(회사법 제114조, 제50조). 따라서 외상주식회사 총경리의 권한에 대해서는 외자기업 총경리에 관한 부분을 참조하기 바란다.

외상투자기업의 의결권 정리	
외자기업 주주회	원칙적으로 주주는 출자비율에 따라 의결권을 행사하지만, 정관에서 별도의 규정을 두었다면 그에 따라 의결권 비율을 달리할 수 있음 의결정족수 　1 일반결의사항에 대한 의결정족수 – 정관에서 따로 정함 　2 특별결의사항에 대한 의결정족수 – 2/3 이상의 의결권을 대표하는 주주의 동의
외자기업 동사회	의사정족수와 의결정족수를 정관에서 별도로 정할 수 있음
합자기업 동사회	의사정족수 : 전체 동사 2/3 이상의 출석 의결정족수 : 　1 일반결의사항에 대한 의결정족수 – 정관에서 따로 정함 　2 특별결의사항에 대한 의결정족수 – 출석 동사 전원의 찬성
합작기업 동사회 · 연합관리위원회	의사정족수 : 전체 구성원 2/3 이상의 출석 의결정족수 : 　1 일반결의사항에 대한 의결정족수 – 전체 동사 과반수의 찬성 　2 특별결의사항에 대한 의결정족수 – 출석 동사 전원의 찬성
외상주식회사 주주총회	의사정족수 : 별도의 규정은 없고, 정관에서 정할 수 있음 의결정족수 　1 일반결의사항에 대한 의결정족수 – 출석 주주 의결권의 과반수가 찬성 　2 특별결의사항에 대한 의결정족수 – 출석 주주 의결권의 2/3 이상 찬성
외상주식회사 동사회	의사정족수 : 전체 동사 과반수의 출석 의결정족수 : 전체 동사 과반수의 찬성

※ 합자·합작기업에는 주주회가 없음

6. 동사, 감사, 고급관리인원의 자격과 의무 및 책임

(1) 동사, 감사, 고급관리인원의 자격

동사, 감사, 고급관리인원의 자격에는 일정한 제한이 있다. 고급관리인원이란 회사의 총경리, 부경리, 재무책임자, 기타 회사정관에서 정한 자를 말한다(회사법 제217조 제1호). 다음 각 호에 해당하는 자는 회사의 동사, 감사, 고급관리인원이 될 수 없다. 또한 기존의 동사, 감사, 고급관리인원에게 다음 사유가 발생하면 그 직무를 해제해야 한다(회사법 제147조).

1 민사행위능력이 없거나 민사행위능력제한자인 경우
2 횡령, 뇌물공여, 재산 점유, 유용 또는 사회주의 시장경제질서 파괴로 형벌을 받았고 그 형집행만료일로부터 5년이 도과되지 않았거나, 범행으로 정치권리를 취소당했고 그 형집행만료일로부터 5년이 도과되지 않은 경우
3 파산, 청산된 회사나 기업의 동사, 공장장, 경리직을 담당했고 동 회사나 기업의 파산에 개인적 책임이 있으며, 동 회사나 기업의 파산, 청산 완료일부터 3년이 도과되지 않은 경우
4 불법행위로 영업집조가 취소되었거나, 폐업명령을 받은 회사 혹은 기업의 법정대표인을 담당했고 그에 대해 개인책임이 있으며, 동 회사나 기업의 영업집조 취소일부터 3년이 도과되지 않은 경우
5 액수가 비교적 큰 개인적 채무를 만기도래된 때까지 변제하지 못했을 경우

(2) 동사, 감사, 고급관리인원의 의무 및 책임

동사, 감사, 고급관리인원은 법률, 행정법규, 회사정관을 준수할 의무가 있으며, 회사에 대해 충실의무와 근면의무를 부담한다(회사법

제148조). 동사, 감사, 고급관리인원은 다음 각 호의 행위를 할 수 없고, 이러한 행위로 취득한 소득은 회사의 소유로 귀속된다(회사법 제 149조).

1 회사 자금 유용

2 회사 자금을 자신의 개인 명의 또는 타인 명의로 개설한 계좌에 예치

3 회사정관의 규정을 위반하고 주주회, 주주총회 또는 동사회의 동의 없이 회사의 자금을 타인에게 대여하거나 회사 재산으로 타인을 위해 담보를 제공

4 주주회 또는 주주총회의 동의 없이, 직무상 편의를 이용해서 회사에게 귀속되는 사업기회를 자신이 취득하거나 타인을 위해 취득하거나, 재직하고 있는 회사의 업무와 동일한 유형의 업무를 자신이 경영하거나 타인을 위해 경영

5 타인과 회사 간 거래에서 발생된 커미션을 착복

6 회사 비밀을 임의로 공개

7 회사에 대한 충실의무를 위반하는 기타 행위

동사, 감사, 고급관리인원이 회사 직무를 수행할 때 법률, 행정법규 또는 회사정관의 규정을 위반하여 회사 또는 주주에게 손해를 입혔다면, 그에 대해 손해배상책임을 부담한다(회사법 제150조, 제153조). 이에 대한 상세한 설명은 이하 〈Ⅵ 주주의 권리 4. 주주의 기타 권리〉에서 다룬다.

7. 공회

공회란 한국의 노동조합에 해당한다. 공회법에 따르면, 급여를 주요 생활수단으로 하는 체력노동자와 지식노동자는 민족, 종족, 성별, 직업, 종교 신앙, 학력에 관계 없이 공회를 결성하거나 공회에 참가할 권리가 있다(공회법 제3조). 외상투자 관련 법률에서도 직원은 공회를 결성하거나 공회에 참가할 권리가 있다고 명시적으로 규정한다.

외상투자기업은 공회와 관련해서 일정한 의무를 부담한다. ① 공회활동을 위해 사무실과 시설을 지원해야 하고 ② 매월 실제 지급되는 임금총액의 2%에 해당하는 금원을 공회비로 제공해야 한다(공회법 제42조). 공회비 지출은 외상투자기업에 대한 준조세의 성격을 갖는다. 그러나 외상투자기업이 직원을 위해 적극적으로 공회를 결성해야 할 의무는 없다.

현재 중국 사회에서는 공회가 제대로 기능을 발휘하지 못하고 있다. 그러나 중국에 진출한 외상투자기업의 규모가 날로 커가면서 그 소속 직원의 수도 증가하고 있어 직원의 권리와 이익을 보호하는 것이 중국 정부의 중요한 과제로 대두되고 있다. 중국 정부는 사회보험료 납부, 근로자 처우 보호 등의 정책을 수행하는 데 공회가 더욱 실효적인 역할을 발휘할 수 있다는 점을 고려하여, 기업에 공회가 결성되도록 하는 것을 중요한 정책 과제로 삼고 있다.

Ⅵ
주주의 권리

1. 주주의 지위를 증명하는 서류

(1) 외자기업, 합자기업, 합작기업의 경우

외자기업, 합자기업, 합작기업은 주주에게 출자증명서를 발급해야한다. 증자, 감자 또는 지분양도 등의 사유로 출자증명서의 기재사항이 변경될 경우 출자증명서를 재발급한다. 출자증명서에는 ① 회사명칭 ② 회사등록일 ③ 회사 등록자본금 ④ 주주의 성명 또는 상호, 주주가 납입한 출자액 및 출자일 ⑤ 출자증명서의 번호와 발급일이기재된다(회사법 32조).

그리고 해당 기업은 주사무소에 주주명부를 비치해야 한다. 외자기업, 합자기업, 합작기업의 주주명부에는 ① 주주의 성명 또는 상호, 주주의 주소 ② 주주의 출자액 ③ 출자증명서 번호가 기재된다(회사법 제33조 제1항). 나아가 해당 기업은 주주의 성명 또는 명칭, 주주의 출자액을 주관 공상행정관리부서에 등록해야 한다(회사법 제33조제2항). 이를 등록하지 않으면 제삼자에게 대항할 수 없다(회사법 제33조 제3항).

위와 같이 주주의 지위를 입증할 수 있는 서류에는 출자증명서, 주주명부, 공상행정 등록서류가 있다. 위 3개 서류에 기재된 사항이 서로 다를 경우, 예를 들어 주주가 다르거나 주주의 출자액이 다를 경우 어느 서류에 기재된 것이 우선하는지에 대해서는 회사법상 별도의 규정이 없다. 그러나 공상행정 등록서류에는 공시적 효력이 있다는 것이 일반적 해석이고, 회사법상 공상행정관리부서의 등록서류에는 제삼자에 대한 대항력이 있다고 규정된 점(회사법 제33조 제3항)에 비추어 볼 때 공상행정 등록서류가 우선한다는 견해가 타당해 보인다. 이와 같이 공상행정 등록서류로 주주의 지위가 증명될 수 있기 때문에, 주주에게 출자증명서를 발급하지 않거나 주주명부를 주사무소에 비치하지 않는 경우가 많다[40].

(2) 외상주식회사의 경우

외상주식회사 주주의 지위를 입증할 수 있는 서류에는 주권, 주주명부, 공상행정 등록서류가 있다. 위 3개 서류에 기재된 사항이 서로 다를 경우에도 공상행정 등록서류가 우선하는 것으로 보인다. 이와 같이 공상행정 등록서류로 주주의 지위가 증명되기 때문에, 주주에게 주권을 발급하지 않거나 주주명부를 주사무소에 비치하지 않는 경우가 많다.

2. 의결권

외자기업의 주주는 원칙적으로 출자가액에 비례하여 의결권을 행사하되, 정관에 별도의 규정이있다면 이를 따른다. 합자·합작기업의 최고의결기관은 동사회이고 따로 주주회를 두지 않으므로, 합자·합작기업의 주주는 자신이 임명한 동사를 통해 간접적으로 의결권을 행사하게 된다. 외상주식회사에는 주주총회를 두어야 하고, 주주는 주주총회에서 1주식당 1표의 의결권을 행사한다.

외상주식회사의 주주는 1주식당 1표의 의결권을 행사하므로, 외상주식회사의 의결권은 출자가액에 비례한다. 그러나 외자기업, 합자기업, 합작기업에서 주주의 의결권이 반드시 출자가액에 비례하는 것은 아니다. 외자기업이 정관에 출자가액과 다른 비율로 의결권을 행사한다는 규정을 두었다면 그에 따라 주주 간 의결권이 배분된다. 합자기업과 합작기업은 주주가 파견한 동사의 숫자에 따라 의결권이 결정되므로, 출자비율이 적은 주주가 회사 경영권을 가질 수도 있다.

KEY POINT

중국 기업활동의 맥脈 – 유연한 의결권 제도

1 전술한 대로 외자기업, 합자기업, 합작기업에서 주주의 의결권이 반드시 출자가액에 비례하는 것은 아니다. 이는 중국 외상투자 관련 법률이 갖는 유연성이며, 이로써 외국투자자는 더 다양한 방법으로 경영지배를 할 여지가 있다.

2 외자기업의 외국투자자는 실제 경영을 담당할 외국투자자와 자본을 제공하는 외국투자자로 구성되는 경우가 많다. 합자기업과 합작기업도 외국투자자가 자본을 제공하고 중국투자자가 경영을 담당하는 경우가 많다. 이러한 경우에는 일반적으로 경영을 담당하는 투자자에게 일상 경영권을 부여하고, 자본을 제공하는 재무적 투자자는 중요한 경영사안에 동의권한을 행사한다.

3 예를 들면 법정 특별결의사항(합병, 분할, 회사형태 변경, 해산, 등록자본금 증감 등) 외에도, 회사정관에서 ① 자회사 또는 지점의 설립 ② 일정 금액 이상의 계약 체결 ③ 일정 금액 이상의 채무 부담 ④ 특정 직원의 보직 변경, 전근, 징계, 해고 등의 사항에 대해 특별결의사항에 준하도록 결의 요건을 가중할 수 있다. 그로써 재무적 투자자가 중요한 경영사안에 결정권한을 행사한다.

3. 이익배당권과 잔여재산분배권

(1) 이익배당권

회사법에 따르면 유한책임회사의 주주는 원칙적으로 출자가액에 비례하여 이익배당을 받으나, 주주 간에 다른 약정을 한 경우에는 이를 준수해야 한다(회사법 제35조). 주식유한회사 역시 원칙적으로 주식비율에 따라 배당해야 하지만 정관에서 달리 정할 수 있다는 규정이 있다(회사법 제167조 제5항).

외자기업법, 합작기업법, 외상투자주식유한회사 설립에 관한 잠정규정에는 위 회사법의 규정과 배치되는 규정이 없으므로, 차등배당이 가능하다는 것이 일반적 해석이다. 그와 달리 합자기업법에는 출자가액에 비례하여 투자수익을 배분한다는 명시적 규정이 있으므로(합자기업법 제4조 제3항, 제8조 제1항), 합자기업의 주주 간에 차등배당을 할 수 없다는 것이 일반적 해석이다.

한편, 합작기업의 경우 합작기간 만료 후에 중국투자자가 잔여 고정자산을 소유한다고 약정하면 외국투자자가 합작기간 내에 우선적으로 투자금을 회수받을 수 있다(합작기업법 제21조 제2항, 합작기업법 실시세칙 제44조). 그러므로 중국투자자가 잔여 고정자산을 소유한다고 약정하면 합작기업의 외국투자자는 시간적 우선 배당권을 가질 수 있다.

> ### 중국 기업활동의 맥 – 차등배당
>
> 1 외자기업, 합작기업, 주식유한회사에서는 주주 간에 차등배당이 가능하다. 이러한 차등배당은 주주들 상호 간에 투자금 회수의 순서를 조정할 때 매우 유용하다. 실무상 투자자 상호 간에 투자금 회수의 순서를 정한 후, 선순위 주주가 일정 금액의 배당금 또는 일정 비율의 배당금을 먼저 지급받고 후순위 주주가 나머지 배당금을 지급받는 것으로 약정한다.
> 2 주주 간에 차등배당을 하기로 한 경우, 차등배당받은 배당금을 대외송금(중국 ⇒ 한국)할 때 은행의 서류심사를 받게 된다. 이때 차등배당에 관한 사항이 명시된 주주간약정서, 정관, 차등배당을 결의한 동사회 결의서를 제출해야 한다.

(2) 잔여재산분배권

외상투자기업을 청산한 후에 투자자에게 잔여재산을 분배한다. 회사법에서는 유한책임회사와 주식유한회사 모두 출자가액에 비례하여 잔여재산을 분배해야 한다는 규정을 두고 있다(회사법 제187조 제2항). 외자기업, 합자기업, 외상주식회사는 외상투자 관련 법률에서 이와 다른 규정을 두고 있지 않다.

그러나 합자기업법에서는 합자계약 및 정관에 별도로 규정된 경우 출자가액과 무관한 차등분배가 가능하다는 명문의 규정을 두고 있다(합자기업법 실시조례 제94조). 따라서 합자기업은 잔여재산을 차등분배할 수 있다고 본다.

4. 주주의 기타 권리

(1) 알 권리

유한책임회사의 주주는 회사정관, 동사회결의서, 감사회결의서, 재무제표 등을 열람하고 복사할 권리가 있다(회사법 제34조 제1항). 또한 회사의 회계장부도 열람할 수 있는데, 이때 회사에 서면으로 열람신청서를 제출하고 열람목적을 설명해야 한다(회사법 제34조 제2항).

주주가 부당한 목적으로 회계장부를 열람하고자 하며, 그로 인해 회사의 합법적 이익에 손해를 끼칠 수 있다고 인정되면 회사는 주주의 요구를 거부할 수 있다. 이 경우 회사는 열람 신청서 제출일로부터 15일 이내에 서면으로 답변하고 그 이유를 설명해야 한다(회사법 제34조 제3항). 이때 주주는 회사를 상대로 회계장부의 열람을 구하는 소송을 제기할 수 있다(회사법 제34조 제4항).

외상주식회사의 주주도 회사정관, 주주명부, 회사채권의 부본, 주주총회 회의록, 이사회결의서, 감사회결의서, 재무회계보고서를 열람할 수 있다(회사법 제98조).

(2) 결의취소 내지 결의무효를 구할 권리

주주회, 주주총회, 동사회의 결의 내용이 법률, 행정법규를 위반하면 그 결의는 무효이다(회사법 제22조 제1항). 또한 주주회, 주주총회, 동사회의 소집절차 내지 의결방식이 법률, 행정법규, 정관의 규정을 위반하면, 또는 그 결의내용이 정관을 위반하면 주주는 결의일로부터 60일 이내에 결의 취소 소송을 제기할 수 있다(회사법 제22조 제2항). 회사가 이미 공상행정의 변경등록절차를 마친 후에 법원이 결의 무효 또는 취소를 선고할 경우, 회사는 법원의 선고에 따라 주관 공상행정 관리부서에 변경등록한 내용의 취소를 신청해야 한다(회사법 제22조 제 3항).

(3) 감독권

주주회 또는 주주총회는 동사, 감사, 고급관리인원에게 주주회 또는 주주총회에 출석할 것을 요구할 수 있다. 이 경우 해당 동사, 감사, 고급관리인원은 주주회 또는 주주총회에 출석해서 주주의 질의에 답변해야 한다(회사법 제151조).

(4) 손해배상 청구권

동사, 감사, 고급관리인원이 직무를 집행하는 데 법률, 행정법규 또는 회사정관을 위반해서 회사에 손해를 가하면, 그에 대해 배상해야 한다(회사법 제150조). 동사 또는 고급관리인원이 회사에 손해를 가하면, 주주41는 감사회(감사회를 설치한 경우) 또는 감사(감사회를 설치하지 않은 경우)에게 소송을 제기할 것을 서면 요구할 수 있다. 감사가 회사에 손해를 가하면, 주주는 동사회·집행동사에게 소송을 제기할 것을 서면 요구할 수 있다.

감사회·감사 또는 동사회·집행동사가 소송 제기를 거부하거나, 당해 서면요구를 받은 날로부터 30일 이내에 소송을 제기하지 않거나, 긴급한 상황에서도 즉시 소송을 제기하지 않음으로 회사의 이익에 치명적인 손실을 초래하면, 주주는 회사의 이익을 위해 자신의 명의로 법원에 소송을 제기할 수 있다(회사법 제152조 제2항).

동사 또는 고급관리인원이 법률, 행정법규 또는 회사정관을 위반해서 주주의 이익에 손해를 초래하면, 주주는 그를 상대로 손해배상 소송을 제기할 수 있다(회사법 제153조)

(5) 증자분의 우선구매권

주주는 실제로 납입한 출자금의 비율에 따라 증자분의 우선구매권을 행사할 수 있다. 이는 한국 상법상 주주의 신주인수권에 대응하는 개념이다. 단, 주주 전원이 우선구매권에 대해 별도의 약정을 했다면 이를 따른다(회사법 제35조).

(6) 지분인수 청구권

주주회가 다음과 같은 결의를 할 때, 반대의견을 제시한 주주는 자신이 보유한 지분을 회사가 합리적인 가격으로 인수하도록 요구할 수 있다(회사법 제75조 제1항).

> 1 회사가 연속 5년간 이익을 창출해서 회사법상 이익배당 조건에 부합함에도 주주에게 연속 5년간 이익배당을 하지 않을 경우
> 2 회사가 합병, 분할을 하거나 주요 자산을 양도할 경우
> 3 정관에서 정한 경영기간이 만료되거나 정관에서 정한 해산사유가 발생했음에도 주주회 결의에 따라 경영기간을 연장할 경우

주주회 결의일로부터 60일 이내에 주주와 회사 간에 지분인수 합의가 이루어지지 않으면, 주주는 주주회 결의일로부터 90일 내에 법

원에 소송을 제기할 수 있다(회사법 제75조 제2항).

(7) 해산 청구권

① 통상의 해산 청구권

법률, 주주간약정, 회사정관에서 정한 해산사유가 발생하면, 주주
는 회사에 해산을 요구할 수 있다. 회사가 주주의 해산요구에 응하면
통상의 청산절차에 들어가게 된다. 통상의 청산절차에 대해서는 다
음 〈Ⅶ 외상투자기업의 해산과 청산〉을 참조하기 바란다.

② 소송에 의한 해산 청구권

회사의 경영관리에 심각한 문제가 있어 회사가 계속 존속해도 주
주의 이익에 중대한 손실을 초래할 수 있으며 다른 방법으로는 이를
해결하기 어렵다고 판단되는 경우 10% 이상의 의결권을 보유하는 주
주는 법원에 회사의 해산을 청구할 수 있다(회사법 제183조). 법원이 해
산청구를 인정하면 법원의 주도 하에 회사의 청산절차가 진행된다.

최고법원의 유권해석에서는 소송에 의해 해산청구를 할 수 있는 사
유를 더 상세화하고 있다. 이에 따르면 ① 주주회·주주총회를 연속
2년 이상 개최하지 못했고, 그로 인해 회사 경영에 심각한 문제가 발
생한 경우 ② 법률 또는 정관에서 정한 정족수에 도달하지 못해 주주
회·주주총회에서 연속 2년 이상 유효한 결의가 없었고, 그로 인해
회사 경영에 심각한 문제가 발생한 경우 ③ 동사 간에 장기간 분쟁이
있었으나 주주회·주주총회를 통해 해결할 수 없었고, 그로 인해 회

사 경영에 심각한 문제가 발생한 경우 ④ 회사의 경영에 다른 문제가 발생해서 회사가 계속 존속하면 주주의 이익에 중대한 손실을 초래할 경우에 해산청구를 할 수 있다. 그러나 위 사유 외에 주주의 알 권리 혹은 이익배당권이 침해받았거나, 회사가 적자 상태이거나, 회사 재산으로 채무를 변제할 수 없거나, 회사가 영업집조를 취소당한 경우에는 회사가 청산절차를 개시하지 않는다는 이유만으로 소송해산을 청구할 수는 없다.

소송해산을 청구하는 주주는 당해 소송에서 원고가 되고, 다른 주주는 제삼자 신분으로 참여한다. 회사 또는 다른 주주가 원고인 주주의 출자지분을 인수하는 등의 조치가 이루어지지 않으면, 법원은 해산판결을 내린다. 해산판결은 모든 주주에게 구속력이 있다.

Ⅶ
외상투자기업의 해산과 청산

1. 외상투자기업의 해산사유

(1) 해산, 청산, 영업집조 말소의 관계

해산이란 기업의 청산절차가 개시되는 사유이고, 청산이란 해산사유가 발생한 기업의 법률관계를 정리하는 절차이다. 따라서 해산사유가 발생한 즉시 기업의 법인격이 소멸되는 것이 아니라, 청산절차를 거쳐 공상행정등록을 말소해야 법인격이 소멸한다. 다시 말해 기업의 법인격이 소멸하는 시점은 공상행정등록이 말소(=영업집조의 말소)되는 때이다.

(2) 회사법상의 해산사유

회사법 제181조에서는 다음 해산사유를 열거하고 있으며, 이는 유한책임회사(외자기업, 합자기업, 합작기업)와 주식유한회사(외상주식회사)에 모두 적용된다.

해산사유

	해산사유	비고
1	회사정관에서 정한 경영기간이 만료되거나, 회사정관에서 정한 기타 해산사유가 발생한 경우	① 유한책임회사에서는 전체 의결권이 있는 주주 2/3의 찬성으로 ② 주식유한회사에서는 주주총회에 출석한 의결권 있는 주주 2/3 이상의 찬성으로 정관을 개정함으로써 해산하지 않을 수 있음(회사법 제182조)
2	주주회 또는 주주총회	해산결의의 의결정족수*42* – 외자기업 : 2/3 이상의 의결권을 대표하는 주주의 동의 – 합자기업 : 출석 동사 전원의 찬성(특별결의) – 합작기업 : 출석 동사 전원의 찬성(특별결의) – 주식유한회사 : 출석 주주 의결권 2/3 이상의 찬성
3	합병 또는 분할로 인한 해산	합병 또는 분할로 해산할 때에는 별도의 청산절차를 거치지 않음
4	영업집조가 취소, 폐쇄*43*된 경우	

(3) 외상투자 관련 법률상의 해산사유

회사법상의 해산사유와 별도로, 외상투자 관련 법률에서도 해산사유를 정하고 있다.

① 외자기업의 해산사유(외자기업법 실시세칙 제72조)

  1) 경영기간이 만료될 경우

  2) 경영부진에 따른 심각한 손실로 외국투자자가 해산을 결정할 경우

  3) 자연재해, 전쟁 등 불가항력으로 심각한 손실을 입어 경영을 계속할 수 없을 경우

  4) 파산

5) 법률 및 행정법규를 위반하거나 사회 공공이익을 해함으로 외자기업이 폐쇄될
경우

6) 회사정관에 정한 기타 해산사유가 발생할 경우

② 합자기업의 해산사유(합자기업법 실시조례 제90조)

1) 경영기간이 만료될 경우

2) 합자기업에 중대한 손실이 발생해서 경영을 계속할 수 없을 경우

3) 일방 투자자가 합자계약서 및 회사정관에 정한 의무를 이행하지 않아 경영을
계속할 수 없을 경우

4) 자연재해, 전쟁 등 불가항력으로 심각한 손실을 입어 경영을 계속할 수 없을
경우

5) 경영목적을 달성하지 못하고 있으며, 또한 발전 전망이 없을 경우

6) 합자계약서 또는 회사정관에 정한 기타 해산사유가 발생할 경우

③ 합작기업의 해산사유(합작기업법 실시세칙 제48조)

1) 경영기간이 만료될 경우

2) 합작기업에 중대한 손실이 발생하거나 불가항력으로 경영을 계속할 수 없을
경우

3) 일방 당사자 또는 여러 당사자가 합작계약서 및 회사정관에 정한 의무를 준수
하지 않아 경영을 계속할 수 없을 경우

4) 합작계약서 및 회사정관에 정한 기타 해산사유가 발생할 경우

5) 법률 및 행정법규를 위반해서 합작기업이 폐쇄된 경우

2. 외상투자기업의 청산절차

(1) 청산절차의 개관

기존에는 유한책임회사 형태의 외상투자기업(외자기업, 합자기업, 합

작기업)에 '외상투자기업 청산방법'이라는 별도의 규정이 적용되었다. 외상투자기업 청산방법에서는 청산절차를 일반청산과 특별청산으로 구분했다. 그러나 2008년 1월 15일에 외상투자기업 청산방법이 폐지되고, 모든 외상투자기업의 청산절차에는 회사법이 적용되었다.

현재 청산절차는 회사법상의 청산절차와 파산법상의 파산청산절차로 구분된다. 파산법상의 파산청산절차는 해당 기업이 채무를 변제할 능력이 없을 때 적용된다. 여기서는 일반적 청산절차인 회사법상의 청산절차를 소개하겠다.

(2) 청산절차의 세부 내용

① 해산결의 및 비준신청

법률 또는 회사정관에서 정한 해산사유가 발생하면, 외상투자기업의 최고의결기관이 해산결의를 한다. 외상투자기업은 주관 상무부서에 해산결의서를 제출해서 청산에 관한 비준을 신청한다. 청산에 관한 비준을 받은 때로부터 청산절차가 개시된다고 본다.

그런데 합자·합작기업에서 외국투자자가 청산을 원하지만 중국투자자는 청산을 원하지 않을 경우 문제가 발생한다. 만일 일방 투자자가 합자·합작계약서 또는 정관에 정한 의무를 이행하지 않아 경영을 계속할 수 없다면(=법정 해산사유), 의무를 이행한 투자자가 판결문(법원) 또는 재결서(중재기구)를 얻은 후 주관 상무부서에 해산 신청서를 제출할 수 있다(외상투자기업의 해산과 청산에 관한 지도의견 제2조).

② 청산위원회의 구성

외상투자기업은 주관 상무부서로부터 청산에 관한 비준을 얻으면,
비준일부터 15일 내에 청산위원회를 구성해야 한다(외상투자기업의 해
산과 청산에 관한 지도의견 제2조). 해산사유가 발생했음에도 외상투자기
업이 청산위원회를 구성하지 않으면, 채권자는 법원에 청산위원회의
구성원을 지정해줄 것을 청구할 수 있다(회사법 제184조).

외자기업의 청산위원회는 법정대표인, 채권자대표, 주관 상무부
서의 담당자, 회계사, 변호사 등으로 구성된다(외자기업법 실시세칙 제
74조). 합자기업의 청산위원회는 동사로 구성하되, 동사가 담당할 수
없거나 동사가 담당하는 것이 적합하지 않으면 회계사, 변호사 등으
로 구성할 수 있다(합자기업법 실시조례 제92조). 합작기업의 청산위원회
는 합작계약이나 회사정관에서 정한 자로 구성된다(합작기업법 실시세
칙 제49조).

청산위원회가 수행하는 업무는 ① 외상투자기업의 재산을 정리하
고(채권채무관계 정리) ② 외상투자기업의 대차대조표 및 재산명세서를
작성하고 ③ 채권신고에 관한 통지, 공고를 하고 ④ 청산에 관련된
외상투자기업의 업무를 처리하고 ⑤ 청산개시 전에 미납된 세금과
청산과정에서 발생되는 세금을 납부하고 ⑥ 외상투자기업의 채무를
변제한 후에 잔여재산을 처리하고 ⑦ 외상투자기업을 대표하여 소송
을 수행하는 것이다.

③ 채권신고 관련 통지 및 공고

청산위원회는 청산위원회 구성일로부터 10일 내에 이미 알고 있는

채권자에게 채권신고 관련 통지를 해야 하고, 청산위원회 구성일로부터 60일 내에 일간신문에 채권신고 관련 공고를 해야 한다(회사법 제186조). 추후에 공상행정등록을 말소할 때 이와 같이 공고한 일간신문을 주관 공상행정관리부서에 제출해야 한다.

통지를 받은 채권자는 통지일로부터 30일 내(채권신고 기간)에 청산위원회에 채권신고를 해야 한다. 혹 통지서를 받지 못한 채권자는 공고일부터 45일 내(채권신고 기간)에 청산위원회에 채권신고를 해야 한다(회사법 제186조). 청산위원회는 채권자가 제출한 채권신고 및 증명서류를 검토해서 채권을 확정하고, 이를 등록한다. 또한 위 채권신고 기간에 채권자의 채무를 변제할 수 없다.

④ 청산서류의 작성

청산위원회는 청산방안, 재무제표, 재산명세서, 재산평가가격 및 계산근거 등의 청산서류를 작성하고 외상투자기업 최고의결기관의 확인을 받아야 한다(회사법 제187조).

⑤ 채무변제 및 청산재산의 처분

청산개시 당시의 재산과 미수금채권이 청산재산을 구성한다. 청산재산에서 청산비용, 직원급여, 사회보험료, 세금, 채무의 순서로 변제된다. 이와 같이 변제한 후에도 잔여재산이 있으면 이를 투자자에게 배분하고, 변제하기에 부족하면 파산절차로 이행한다.

⑥ 청산보고서의 작성

청산위원회는 청산방안에서 정한 사항을 완료한 후, 회계법인을 통해 청산보고서를 작성하고 외상투자기업 최고의결기관의 확인을 받아야 한다(회사법 제189조).

⑦ 행정등록의 말소

청산위원회는 최고의결기관으로부터 청산보고서를 확인받은 후, 이를 포함한 관련 서류를 주관 상무부서, 세무부서, 세관부서, 공상행정관리부서에 제출해 세무등기, 세관등기, 공상행정등록을 말소한다. 공상행정등록이 말소(=영업집조의 말소)되면 외상투자기업의 법인격은 소멸된다. 특별한 문제가 없는 한, 청산절차를 마치는 데 약 6개월이 소요된다.

주석

제2부

1 외상투자기업이 중국 내에 분공사를 설치할 때에는 통상적으로 별도의 비준을 받을 필요가 없으나, 외상투자보험기업과 같은 일부 기업은 별도의 비준을 받아야 한다.

2 국유기업은 국유독자기업, 국유지분지배기업, 국유지분참여기업으로 구분된다.

3 외국조직이란 외국의 학회, 협회, 학원 등을 말한다.

4 회사법에 따르면, 중국 회사는 유한책임회사와 주식유한회사로 구분된다(회사법 제2조). 유한책임회사는 한국 상법상 유한회사와 유사하고, 주식유한회사는 한국 상법상 주식회사와 유사하다.

5 외국투자자가 수인인 외자기업을 외상합자기업이라 부르기도 한다. 그러나 외상합자기업이라는 용어는 실무상 널리 쓰이지는 않는 것으로 보인다. 외상독자기업은 주주간약정이 없으나, 외상합자기업은 주주간약정이 존재할 수 있다. 외상합자기업의 주주간약정에 대해 별도로 주관 상무부서의 비준을 받을 필요는 없으나, 주주간약정이 있다면 주관 상무부서에 이를 등록해야 한다.

6 중국의 정부부서는 통지 또는 의견이라는 명칭의 규범을 공표하는 경우가 있는데, 이러한 통지 또는 의견은 법령으로서의 효력이 있다.

7 중국 법률상 '부동산개발'이라 함은 부동산개발기업이 도시규획구역 내에서 기초시설, 상품방 등을 신축하여 그 상품방을 매각 또는 임대하는 행위 혹은 부동산개발사업 자체를 양도하는 행위를 말한다(도시부동산개발경영관리조례 제2조).

8 부동산 2급 시장 거래란 중고주택을 상업적으로 거래하는 사업이다. 그와 달리 부동산 1급 시장 거래란 부동산개발기업이 신축한 주택을 수분양자에게 분양하는 사업이다.

9 1997년도 외상투자산업지도목록에는 ˚ '일반 주택 건설' 이 권장형으로 분류되었으나, 2007년에 개정되면서 일반 주택 건설은 외상투자산업지도목록에서 삭제되었다. 따라서 2007년 개정 이후로 일반 주택 건설은 허용형으로 분류된다. 한편, 현재 외상투자산업지도목록에서 부동산개발사업 중 권장형으로 따로 분류된 것은 없다.

10 합자 · 합작기업을 설립할 때에는 외자기업에 비해 더 많은 서류(예를 들어 합자 · 합작계약서)를 제출해야 한다.

11 설립절차를 마치는 데에는 통상 30~40일 정도의 기간이 소요된다. 설립절차를 마친 후에는 외환등기, 세무등기, 재정등기, 통계등기, 인감제작 등의 후속절차를 밟아야 한다. 이러한 후속절차를 완료하는 데에는 약 1개월이 추가로 소요된다.

12 공상행정관리국이란 회사에 관한 등기 · 등록기관으로서, 한국의 상업등기소와 유사하다. 단, 형식적 심사권한만 있는 한국의 상업등기소와 달리 공상행정관리국은 등기 · 등록 여부에 대해 실질적인 심사권한을 행사한다.

13 한국의 외국인투자등록 제도는 인허가적 성격이 거의 없지만, 중국의 외상투자비준 제도는 인허가적 성격이 강하다. 그러므로 중국 정부의 정치 · 정책적 판단에 따라 비준이 유보되는 경우도 있다.

14 합자 · 합작기업 설립에 관한 비준증서를 취득할 때에는 합자 · 합작계약서를 추가로 제출해야 한다.

15 영리활동을 하는 법인을 '기업법인' 이라 통칭하고, 기업법인에는 '기업법인 영업집조' 를 발급한다. 그와 달리 영리활동을 하지만 법인격이 없는 '분공사' (한국의 지점)에는 단순한 '영업집조' 를 발급한다. 다시 말해 기업법

인 영업집조와 영업집조의 발급대상은 법인격이 있는지 없는지에 따라 다르다. 단, 실무상 기업법인 영업집조를 가리켜 영업집조라고 약칭하는 경우가 많다. 그와 달리 학교, 협회 등의 비영리법인에는 '사업단체 법인증서' 가 발급된다.

16 합자 · 합작기업의 영업집조를 취득할 때에는 합자 · 합작계약서를 추가로 제출해야 한다.

17 외환등기는 이하 〈Ⅲ 외상투자기업의 3대 증서 – 비준증서, 영업집조, 외환등기중〉에서 상세히 다루고, 자본금 납입 및 환전은 〈제3부 외상투자기업의 투자와 회수 Ⅰ 외상투자기업의 자본금 납입〉에서 다루기로 한다.

18 공안기관이란 한국의 경찰에 대응하는 치안기관이다.

19 제130호 문건은 외상투자부동산개발기업의 설립뿐만 아니라 증자와 외채차입도 규율하고 있다. 이에 대해서는 〈제3부 외상투자기업의 투자와 회수 Ⅲ 외상투자부동산개발기업의 증자와 차입〉에서 별도로 다루었고, 제130호 문건의 전문(한글본)도 덧붙였다.

20 경영자격에 대응하는 중국 법률상의 문언은 경영자질이다. 따라서 경영자격을 경영자질이라 부르기도 한다.

21 기업주소가 속해 있는 행정구역은 해당 기업명칭의 제일 앞에 둘 수도 있고, 기업명칭 중에서 상호의 바로 뒤에 둘 수도 있다. 예를 들면 '상해삼성전자부품유한공사' 로 할 수도 있고, '삼성전자부품(상해)유한공사' 로 구성할 수도 있다.

22 부동산개발기업이 4급 경영자격을 취득하려면 등록자본금이 최소한 인민폐 100만 RMB 이상이어야 한다. 최저 등록자본금은 1급 경영자격이 인민폐 5,000만 RMB, 2급 경영자격이 2,000만 RMB, 3급 경영자격이 800만 RMB 이다. 이에 대해서는 〈제2부 외상투자기업의 설립과 경영 Ⅱ 외상투자기업의 설립절차 2. 외상투자부동산개발기업의 특별 설립절차 (3) 경영자격 취득〉을 참조하기 바란다.

23 외채한도는 비준증서에 따로 기재되지 않으므로, 이와 같이 별도로 계산해
야 한다.

24 외상투자기업이 중국 내에서 차입하는 인민폐대출에는 이러한 제한이 없다.

25 비준증서에 기재되는 경영범위와 영업집조에 기재되는 경영범위는 일치한
다. 단, 세무등기증에서는 보통 경영범위 중 핵심 사업 1~2개만 기재한다.

26 단, 경영범위를 일탈한 행위가 법령상의 제한·금지를 위반한 경우에는 이
를 제한·금지하는 법령에 따라 그 행위의 효력이 제한·금지될 수 있다.

27 증자로 인해 등록자본금의 액수가 증가할 때에는 투자총액이 연동되어 증가
한다.

28 중국에서의 총경리는 회사의 운영, 관리 등 일상 업무를 주관하는 고위 임원
이다. 따라서 중국의 총경리는 회계사무나 급여사무를 담당하는 한국의 경
리와는 다른 개념으로, 한국의 CEO와 유사하다.

29 자본금납부보고서의 중문 명칭은 험자보고서(驗資報告書)이다.

30 외상투자기업의 영업집조에는 통상 투자자의 명칭과 지분율이 기재되지 않
는다. 그와 달리 외상투자기업의 비준증서에는 투자자의 명칭과 지분율이 기
재된다.

31 실무상 영업집조가 취소된 기업이라 해도 위법사항을 시정하고 자격을 갖춰
다시 연도검사를 받으면 취소된 영업집조가 부활되기도 한다.

32 중국 내 주요 시중은행은 중국공상은행, 중국건설은행, 중국농업은행, 중국
은행, 중국교통은행이다.

33 외상투자기업의 외환결제계좌는 외환자본금계좌, 외채전용계좌, 외환경상계
좌 등으로 구분된다.

34 외국투자자의 주요 경영실적이 명확하지 않을 경우 신청서에 다음 문구를 기
재해야 한다. "내국 자연인, 내국 기구는 당사의 외국투자자에 대해 직접적
또는 간접적으로 지분을 보유하거나 기타 지배관계를 갖고 있지 않다. 허위

및 오도성 진술로 외환등기를 행할 경우 당사 및 법정대표인은 이에 대해 법률 책임을 부담한다는 것에 동의한다."

35 외상독자기업에서는 주주간약정이 있을 수 없으나, 외상합자기업에서는 주주간약정이 존재할 수 있다. 외상합자기업의 주주들 간에 반드시 주주간약정이 체결되어야 하는 것은 아니며, 혹 주주간약정이 있다면 주관 상무부서에 이를 등록해야 한다.

36 단, 합작계약서가 회사정관에 우선한다 하더라도 이러한 우선적 효력은 주주간에만 적용되고, 제삼자에 대해서는 회사정관이 우선한다는 해석론도 있다.

37 유한책임회사의 최고의결기관은 주주회이고, 주식회사의 최고의결기관은 주주총회이다.

38 실무상 직원들이 감사를 파견하는 경우는 드물고, 대체로 주주가 모든 감사를 파견한다.

39 합자기업법 실시조례 제33조 제2항에서는 합자회사정관에서 동사회 일반결의사항의 의결정족수를 정해야 한다고 규정한다. 따라서 회사정관에 이러한 의결정족수에 대해 별도의 규정을 두지 않으면, 회사정관에 대해 주관 상무부서가 비준을 하지 않을 가능성이 있다.

40 2006년 1월 1일 시행된 회사법에는 사회 공중의 누구나 회사의 공상행정 등록서류를 열람·등사할 수 있다는 규정을 두고 있다(회사법 제6조). 그러나 회사법 시행 이후에도 일부 지역의 공상행정관리부서는 공상행정 등록서류의 열람 시설을 갖추지 못했다. 그래서 일부 지역의 공상행정관리부서는 공상행정 등록서류를 열람·등사할 수 있는 자를 주주, 회사, 법원, 변호사로 제한했다. 또한 공상행정 등록서류를 열람·등사하려면 직접 공상행정관리부서를 방문해야 했다. 그로 인해 거래 상대방이 회사인 경우에 거래 상대방의 공상행정 등록사항을 파악하는 데 불편함이 있었다. 2006년 5월 27일 북경시 공상행정관리국은 공상행정 등록서류를 인터넷으로 열람할 수 있게 하는 시스템을 구축했고, 그 이후로 다른 지역에서도 차츰 인터넷 열람 시스템

을 마련하고 있다. 그러나 인터넷으로 열람할 수 있는 사항은 기업명칭, 법
정대표인, 등기주소지 등의 기본 사항으로 한정되어 있다. 지분질권이 설정
되어 있는지 여부 등의 상세한 사항을 확인하려면 주주, 회사, 법원, 변호사
를 통해 직접 각 지역의 공상행정관리부서를 방문해야 한다.

41 감사회에 손해배상 소송 제기를 요구할 수 있는 주주는 ① 유한책임회사에
서는 주주이고 ② 주식유한회사에서는 연속 180일 이상 단독 또는 공동으로
회사의 1% 이상의 주식을 소유한 주주이다(회사법 제152조 제1항)

42 외상투자기업의 해산결의 의결정족수(특별결의사항의 의결정족수)에 대한 상
세한 내용은 앞서 〈V 외상투자기업의 조직기구〉의 해당 부분을 참조하기 바
란다.

43 영업집조의 취소란 연도검사 불합격, 기업관련 법률 위반 등으로 주관 공상
행정관리부서가 영업집조를 취소하는 것이다. 영업집조의 폐쇄란 해당 기업
이 법률, 행정법규를 중대하게 위반해서 관련 정부부서(예를 들어 공상행정
관리부서)로부터 폐쇄명령을 받은 것이다.

외상투자기업의 투자와 회수

I
외상투자기업의 자본금 납입

1. 출자의 대상 – 화폐, 실물, 지적재산권, 토지사용권

주주는 화폐 또는 비화폐재산으로 출자할 수 있다. 비화폐재산이란 화폐로 가치를 표시할 수 있고, 법률에 따라 양도할 수 있는 재산이다. 대표적인 비화폐재산으로 실물, 지적재산권, 토지사용권을 들 수 있다(회사법 제27조 제1항). 그러나 노무, 신용, 자연인의 성명, 상업신용, 프랜차이즈, 이미 담보가 설정된 재산으로는 출자할 수 없다(회사등기 관리조례 제14조 제3항).

회사등기관례조례에 따르면 노무, 신용, 자연인의 성명, 상업신용, 프랜차이즈, 이미 담보가 설정된 재산 등 출자가 금지되는 재산을 제외한 '기타 비화폐재산'은 원칙적으로 출자 가능한 재산에 해당한다. 기타 비화폐재산으로 출자할 때 구체적인 회사등기 방법은 국가공상행정관리총국이 국무원의 관련 부서와 공동으로 제정한다. 그런데 기타 비화폐재산으로 출자할 때 구체적인 회사등기방법에 관한 규정이 별도로 제정되지 않아 주관 공상행정관리부서에서 회사등기를 하기 곤란한 경우가 많았다.

이러한 상황에서 국가공상행정관리총국은 기타 비화폐재산 중에

서 지분으로 출자할 때 등기방법에 관해 '지분출자등기관리방법'
(2009년 3월 1일부터 시행)을 공표했다. 그 내용을 정리하면 다음과 같다.

① 투자자는 중국 내의 유한책임회사 또는 주식유한회사(이하 '지분회사')에
대해 보유하고 있는 지분으로 출자하여 유한책임회사 또는 주식유한회사
(이하 '피투자회사')를 설립하거나 증자분을 인수할 수 있다(지분출자등기관리방
법 제2조). 단, 자본금이 완납되지 않은 지분, 질권설정된 지분, 재산보전된
지분, 지분회사의 정관에서 양도를 허용하지 않는 지분 등으로 출자할 수
없다(지분출자등기관리방법 제3조).
② 피투자회사를 설립하면서 지분으로 출자할 경우, 투자자는 피투자회사
설립일로부터 1년 내에 출자의무를 이행해야 한다. 피투자회사의 증자분
을 인수하면서 지분으로 출자할 경우, 투자자는 피투자회사가 증자 관련
변경 등록을 밟기 전에 출자의무를 이행해야 한다(지분출자등기관리방법 제6조).
③ 투자자가 유한책임회사에 대해 보유하는 지분으로 출자할 경우, 지분회
사는 주관 공상행정관리부서에서 주주변경의 수속을 밟아야 한다. 투자자
가 주식유한회사에 대해 보유하는 주식으로 출자할 경우, 지분회사는 증권
등기결산기구의 규정 또는 법률에서 정한 기타 방식에 따라 주식 이전의
수속을 밟아야 한다(지분출자등기관리방법 제7조).

2. 외상투자기업 설립 시의 자본금 납입

(1) 설립 시 자본금 납입절차

외상투자기업을 설립할 때에는 ① 기업명칭 사전 등기 ② 등기 주
소지 확보 ③ 외상투자기업 비준증서 취득 ④ 기업법인 영업집조 취
득의 절차를 거친다. 기업법인 영업집조를 취득한 후에는 외환등기,

세무등기, 바코드등기, 재정등기, 통계등기, 인감등록의 후속절차를 거친다.

외상투자기업의 주주가 자본금을 납입하는 시기는 외환등기를 마친 후이다. 외상투자기업이 주관 외환관리부서에서 외환등기증 및 외환계좌1 개설허가증을 취득하고 시중은행에서 외환자본금계좌를 개설하면, 외국투자자는 외상투자기업 명의의 외환자본금계좌에 자본금을 납입한다. 외국투자자는 자본금을 외화로 납입해야 한다. 납입된 자본금을 인민폐로 환전하는 절차는 아래에서 항을 달리하여 다룬다.

(2) 외자기업, 합자기업, 합작기업 - 출자기간

외자기업, 합자기업, 합작기업의 주주는 정관의 규정에 따라 등록자본금을 일시납입하거나 분할납입할 수 있다. ① 일시납입할 때에는 회사설립일2로부터 6개월 내에 등록자본금 전액을 납입해야 한다. ② 분할납입할 때에는 회사설립일부터 3개월 내에 각 주주 본인이 납입할 등록자본금의 15% 이상을 제1회 출자금으로 납입하고, 나머지는 정관에서 정하는 바에 따라 회사설립일부터 2년 내에 분할납입하면 된다(집행의견 제9조). 단, 투자회사3는 5년 내에 분할납입할 수 있다.

자본금을 납입할 때마다 주관 공상행정관리부서에서 변경등록을 하고, 그에 따라 실수자본금의 액수가 변경 기재된 영업집조를 발급받는다.

(3) 외상주식회사 – 출자기간

외상주식회사의 경우 ① 발기방식으로 주식유한회사를 설립할 때 전체 발기인은 등록자본금의 20% 이상을 제1회 출자금으로 납입하고, 나머지는 회사설립일부터 2년 내에 납입해야 한다. 단, 투자회사는 회사설립일부터 5년 내에 분할납입할 수 있다(회사법 제81조 제2항). ② 모집방식으로 주식유한회사를 설립할 때 전체 발기인은 총 주식의 35% 이상을 인수해야 한다(회사법 제85조 제1항).

3. 외상투자기업 증자 시의 자본금 납입

(1) 증자절차 개관

설립 시의 등록자본금만으로는 경영에 필요한 자금이 부족한 경우, 기업은 기존 주주 또는 제삼자로부터 추가 출자를 받거나 자금을 차입하여 자금을 마련한다. 추가 출자를 통해 자금을 마련하는 경우 외상투자기업은 등록자본금 증자절차를 거치게 된다.

외상투자기업이 등록자본금을 증자할 때에는 ① 주관 상무부서로부터 변경비준을 받고 ② 주관 외환관리부서에서 기존 외환등기를 변경하는 외환변경등기 및 기존 외환자본금계좌의 한도액을 증가하는 자본계정 하의 외환결제 수속을 밟고 ③ 증자분 등록자본금을 납입한 후 ④ 주관 공상행정관리부서에서 변경등록을 해야 한다.

등록자본금은 비준증서, 외환등기증, 영업집조 모두에 기재된 사항이므로, 위 서류를 발행한 부서 모두에서 등록자본금을 변경하는 절차를 거친다. 각 절차가 완료되면 등록자본금이 변경된 비준증서,

외환등기증, 영업집조를 발급받는다.

증자절차

	주관 부서	업무 내용	소요 시간(통상)
1	주관 상무부서	증자사항에 관한 증자 비준	서류 접수일로부터 30영업일
2	주관 외환관리부서	– 외환변경등기 – 자본계정 하의 외환결제 수속	서류 접수일로부터 20영업일
3	투자자	자본금 납입(송금)	
4	회계법인	자본금납입검사보고서	서류 접수일로부터 10영업일
5	주관 공상행정관리부서	– 변경등록 – 변경된 영업집조 발급	서류 접수일로부터 7영업일

등록자본금을 변경할 때에는 원칙적으로 설립비준을 한 주관 상무부서로부터 변경비준을 받는다. 그러나 증자로 인해 외상투자기업의 투자총액이 일정 금액 이상이 되어 상급의 상무부서로부터 변경비준을 받아야 할 경우가 있다. 예를 들면 권장형 또는 허용형의 외상투자기업이 증자로 인해 총 투자액이 USD 1억 달러 이상이 되는 경우, 또는 제한형의 외상투자기업이 증자로 인해 총 투자액이 USD 5,000만 달러 이상이 되는 경우에는 국무원 상무부의 변경비준을 받아야 한다[4].

(2) 증자 시의 등록자본금 납입방법

증자 시의 등록자본금 납입방법은 외자기업, 합자기업, 합작기업, 발기방식으로 설립된 외상주식회사에서 동일하다. 증자분 등록자본금을 인수하는 주주는 ① 주관 상무부서로부터 증자비준을 받은 후 증자분 전액을 일시납입하거나 ② 증자분 중에서 20% 이상을 제1회 증자금으로 분할납입해야 한다. 제1회 증자금을 납입해야만 주관 공상행정관리부서에서 변경등록을 마치고, 변경된 영업집조(실수자본금 금액이 증가된 영업집조)를 발급받을 수 있다. 제1회 증자금을 제외한 나머지 증자분은 정관에서 정한 바에 따라 변경된 영업집조를 취득한 날로부터 2년 이내에 전액납입해야 한다(집행의견 제15조, 회사법 제26조, 제81조 제2항).

등록자본금을 완납하기 전에도 증자가 가능한가

영업집조에는 등록자본금과 실수자본금의 액수가 기재된다. 따라서 영업집조를 통해 주주들이 등록자본금을 납입완료했는지 여부를 용이하게 알 수 있다. 이와 관련해 기존 등록자본금이 완납되기 전에도 새로이 증자비준을 받을 수 있는지가 문제된다. 현재 중국 법률상 이에 대해 명확한 규정은 없다. 실무상, 북경시를 포함한 일부 지역에서는 기존 등록자본금이 완납되지 않은 상황에서도 증자절차를 마친 사례가 있기는 하다. 그러나 일부 지역의 주관 상무부서에서는 주주들이 기존 출자의무도 이행하지 않은 상황에서 새로이 등록자본금을 증자하는 것을 불허하는 경향이 있다.

4. 자본금 납입 및 환전 절차

(1) 자본금의 납입절차

외상투자기업을 설립할 때에는 신규로 외환등기를 하고, 외환자본금계좌 개설에 관한 외환계좌 개설허가를 받아야 한다. 한편, 외상투자기업이 증자를 할 때에는 기존 외환등기증을 변경하는 외환변경등기를 하고, 기존 외환자본금계좌의 한도를 증액하는 자본계정 하에서의 외환결제 수속을 해야 한다. 외상투자기업을 설립·증자할 때 외국투자자가 납입하는 자본금은 위와 같이 개설·증액된 외환자본금계좌에 입금되어야 한다.

(2) 자본금의 환전 및 인출 절차

납입된 자본금은 임의로 인출할 수 있는 것이 아니라, 먼저 인민폐로 환전(예를 들어 USD ⇒ RMB)한 후에 인출할 수 있다.

납입자본금의 환전절차에 대해서는 국가외환관리총국이 2008년 8월 29일에 공표한 '외상투자기업의 외환자본금지급결제관리 업무수행 문제 강화에 관한 통지'에서 상세히 규정하고 있다. 다음은 환전신청을 할 때 외환자본금계좌 개설은행에 제출해야 하는 서류이다.

환전 신청에 필요한 서류

	제출서류	비 고
1	외환등기IC카드	외환등기증을 발급받을 때 주관 외환관리부서로부터 수령한 외환등기IC카드
2	지급지시서	(이하에서 상술함)
3	인민폐용도증명서류	납입된 등록자본금(USD)을 환전해서 어떠한 용도로 사용할 것인지를 증명하는 서류로, 통상의 인민폐용도증명서류는 계약서 또는 지급통지서임
4	자본금납부검사보고서	회계법인이 발급하는 서류
5	영수증,사용상황명세서	현재의 인민폐 환전을 하기 이전에 이미 인민폐 환전을 한 사실이 있을 경우, 이전에 환전된 인민폐를 비준받은 용도로 사용했음을 소명하는 자료
6	기타 서류	기타 은행에서 요구하는 서류

(3) 지급지시서와 사용상황명세서

국가외환관리총국의 2008년 8월 29일자 통지(외상투자기업의 외환자본금지급결제관리 업무수행 문제 강화에 관한 통지)에 따르면, 일정 금액(현재 USD 5만 달러) 이상의 납입자본금을 환전·인출할 때 이를 외상투자기업 명의로 개설된 인민폐계좌로 직접 이체받을 수 없고, 환전된 자본금을 은행이 외상투자기업의 채권자 등 제삼자에게 직접 지급해야 한다. 이를 위해 1회 5만 달러 이상의 자본금을 환전·인출하려는 외상투자기업은 은행에 동 자금을 지급받을 수취인, 지급금액, 자금의 용도 등을 기재한 지급지시서를 제출해야 한다.

한편, 일정 금액(현재 USD 5만 달러) 이하의 자본금을 환전·인출할 때에는 지급지시서 대신에 사용상황명세서를 작성해서 제출해야 한다. 사용상황명세서에는 전회에 환전·인출한 자본금의 지급금액, 수취인, 자금사용용도를 구체적으로 기재해야 한다. 사용상황명세서를 제출해서 환전한 USD 5만 달러 이하의 자본금은 외상투자기업은행의 인민폐계좌로 직접 이체받게 된다.

다음 장에 지급지시서 및 사용상황명세서의 양식을 소개한다.

外商投资企业资本金资汇支付命令函

________银行：

本次资本金账户外汇资金资汇金额为____(美元, 港元, 欧元, 日元等)**请贵行按照以下路径划结汇资金并支付：**

收款人	支付金额	收款人开户银行名称	收款人账号	支付资金用途

注：支付资金用途填写时，先填写大类(存货, 固定资产, 无形资产, 其他等)，再填写具体的开支内容。

합계

本公司承诺此次申请资本金结汇的外汇资金已办理验资，其使用完全符合经批准的经营范围和申报用途。如擅自改变结汇资金用途，依照《中华人民共和国外汇管理条例》及相关法规，本公司及其法定代表人将承担改变结汇资金用途的法律责任。

________________ 公司(盖章)

年　月　日

외상투자기업 자본금 환전 지급지시서

＿＿＿＿＿＿＿＿＿＿은행

이번 자본금계좌 외환자금 환전금액은 ＿＿(달러, 홍콩달러, 일본엔 등)이다. 귀 행에서 아래 도표에 따라 인민폐환전 및 지급을 해주기 바란다 :

수취인	지급금액	수취인 거래은행 명칭	구좌번호	지급자금용도

주 : 지급자금용도는 우선 재고, 고정자산, 무형자산, 기타 등을 기재한 후 구체적인 내역을 기재함

당사는 이번에 신청하는 외환자금에 대해 자본금검사를 했으며, 그 사용이 비준을 거친 경영범위와 신고용도에 사용됨을 확인한다. 만일 사사로이 사용용도를 변경할 경우 〈중화인민공화국 외환관리조례〉와 관련 규정에 따라 당사와 법정대표인은 법적책임을 지도록 하겠다.

＿＿＿＿＿＿＿＿＿＿ 회사 (날인)

년　　　월　　　일

上次资本金结汇所得人民币资金使用情况明细清单

________银行：

本公司承诺以下提供的信息真实, 完整:

本公司上次资本金账户资金结汇金额为____(美元, 港元, 欧元, 日元等),结汇所得人民币资金元。实际支付路径如下：

收款人	支付金额	收款人开户银行名称	收款人账号	支付资金用途	备注

注：支付资金用途：先填写大类(存货, 固定资产, 无形资产, 其他等)，再填写具体的开支内容。

本公司知悉， 如果上次资本金结汇不符合相关要求的， 贵行不得为本公司办理资本金账号新的外汇资金结汇手续。

________________ 公司(盖章)

年　月　日

전회 자본금 환전으로 취득한 인민폐자금 사용상황명세서

_______________은행:

당사는 아래 정보의 진실성과 완전성을 확인한다.

당사가 전회에 자본금계좌에서 인민폐로 환전한 금액은 ____(달러, 홍콩달러, 일본엔 등), 취득한 인민폐는 ____RMB이다. 실제지급상황은 다음과 같다:

수취인	지급금액	수취인 거래은행 명칭	구좌번호	지급자금용도	비고
합계					

주 : 지급자금용도는 우선 재고, 고정자산, 무형자산, 기타 등을 기재한 후 구체적인 내역을 기재함

당사는 전회 인민폐환전이 관련 요구에 부합되지 않을 경우 귀행에서 인민폐환전 수속을 하지 않는 것을 인지하고 있다.

_________________ 회사 (날인)

년   월   일

Ⅱ
외상투자기업의 차입

1. 외상투자기업의 외채차입

(1) 외채등기 제도

외상투자기업이 경외기구(해외기구)로부터 차입을 하려면 먼저 외채 등기를 마쳐야 한다. 그렇지 않으면 설령 외채차입금을 송금받더라도 적법하게 환전·인출할 수 없다. 이는 외상투자기업이 주주로부터 차입을 하거나 해외 금융기관으로부터 차입을 하더라도 마찬가지이다. 따라서 외채차입을 할 때에는 반드시 외채등기를 마쳐야 하고, 또한 외채전용계좌를 통해 송금·환전·인출해야 한다. 외채등기 제도는 중국 외환관리에서 핵심 제도이며, 이에 대한 근거 법령은 외채관리잠정방법, 외채통계검측 실시세칙이다.

외채를 차입하는 절차는 외채등기표 발급, 외채전용계좌 개설, 외채자금 인출등기, 외채자금 결제수속으로 진행된다. 이하에서는 먼저 외채차입의 요건을 설명한 후에 절차를 상술한다.

(2) 외채차입의 요건

외상투자기업이 외채등기를 하려면 차입하려는 외채금액이 외채한도액을 초과해서는 안 된다. 한편, 외상투자부동산개발기업이 외채등기를 하려면 추가 요건이 필요한데, 이에 대해서는 이하 『Ⅲ 외상투자부동산개발기업의 증자와 차입』에서 다룬다.

외상투자기업 비준증서에는 투자총액과 등록자본금이 기재되는데, 투자총액과 등록자본금의 차액이 바로 외채한도액이다. 외채차입을 할 때에는 잔여 외채한도액을 초과해서는 안 된다. 잔여 외채한도액이 부족하면 외채등기를 마칠 수 없고, 결국 외채를 차입하지 못한다. 이러한 경우 외채차입을 하려면 주관 상무부서에서 투자총액을 증액하는 변경비준을 받아야 한다.

잔여 외채한도액을 계산하려면 먼저 중장기외채와 단기외채의 개념을 이해해야 한다. 중장기외채란 대출기간이 1년 이상인 외채이고, 단기외채란 대출기간이 1년 미만인 외채이다. 중장기외채는 당초 승인받은 용도로 사용해야 하고, 승인받은 용도를 변경할 때에는 다시 주관 외환관리부서로부터 변경승인을 받아야 한다. 단기외채도 승인받은 용도대로 사용해야 하는데, 단기외채를 승인받을 수 있는 용도는 대부분 유동자금5에 국한된다. 단기외채로 고정자산을 취득할 수 없다(외채관리잠정규정 제26조, 제27조).

외채관리잠정방법에 따르면, 외상투자기업의 중장기외채와 단기외채 합계액은 외채한도액(투자총액 − 등록자본금)을 초과해서는 안 된다(외채관리잠정방법 제18조). 외채한도액을 계산할 때에는 중장기외채는 현재까지 차입했던 '누계액'으로 계산하고, 단기외채는 상환되지 않고 남아 있는 '잔액'으로 계산한다. 다시 말해 중장기외채의 경우 중장기외채가 상환되었는지 여부를 불문하고 외채한도액은 중장기외채차입금만큼 줄어든다. 그와 달리 단기외채의 경우 차입을 하면 일단 외채한도액이 차입금만큼 줄어들지만, 이를 상환하면 상환한 금액만큼 회복된다. 이하 외채한도액 계산의 사례를 참조하기 바란다.

[사례] **외채한도액 계산**

1 외상투자기업 A의 투자총액이 USD 1,000만 달러이고 등록자본금이 USD 600만 달러일 경우, A기업의 외채한도액은 USD 400만 달러이다. 다시 말해 USD 400만 달러의 한도 내에서 외채차입을 할 수 있다.

2 A기업이 USD 100만 달러의 단기외채를 차입한 경우 USD 300만 달러의 외채한도가 남아 있으므로, 그 외채한도 범위에서 추가로 외채차입을 할 수 있다. 한편, 위와 같이 차입한 단기외채 USD 100만 달러를 상환할 경우 외채한도는 다시 USD 400만 달러로 회복된다.

3 그와 달리 A기업이 USD 100만 달러의 중장기외채를 차입한 경우, 그 중장기외채 USD 100만 달러를 전액 상환하더라도 외채한도는 USD 400만 달러로 회복되지 않는다. 따라서 A기업이 차입한 중장기외채의 누적액이 USD 400만 달러일 경우, A기업은 그 USD 400만 달러를 모두 상환하더라도 다시는 외채를 차입할 수 없다. A기업이 추가로 외채를 차입하려면 투자총액 증액절차를 밟아야 한다.

다른 외상투자기업과 달리 외상주식회사의 비준증서에는 투자총액이 기재되지 않는다. 투자총액이 없는 상태에서는 외채한도액을 확정할 수 없고, 이러한 상태에서는 외채등기를 할 수 없다. 따라서 외상주식회사가 외채를 차입하려면 외채한도를 확정하는 별도의 절차를 밟아야 한다.

이와 관련해서 국무원 상무부의 '실무의견'(商办法函[2006]76号)에 따르면, 외상주식회사의 신청에 따라 상무부서가 별도로 투자총액을 비준할 수 있다. 외상주식회사는 위 실무의견에 따라 주관 상무부서에 신청해서 외상주식회사의 투자총액을 확인하는 내용의 증명서를 발급받아 이를 통해 외채등기를 할 수 있다.

(3) 외채차입의 절차

① 외채등기표 발급

외상투자기업이 경외기구로부터 외채를 차입하는 계약서를 체결한 경우, 체결일로부터 15일 이내에 주관 외환관리부서에서 외채등기를 신청해야 한다(외채통계검측 실시세칙 제8조). 주관 외환관리부서는 차입계약서의 계약당사자, 차입금액, 차입기한, 차입이자, 차입용도, 준거법을 중점적으로 심사한다. 실무상 차입계약서의 준거법을 중국법으로 하지 않아 주관 외환관리부서가 외채등기를 유예하는 경우가 많으므로 주의를 요한다.

외채의 차입금리에 대해서는 중국 법률상 특별한 제한이 없으므로 국제 금리관행에 따라 협의해서 정하면 된다. 단, 외채금리가 지나치게 높으면 주관 외환관리부서가 수정을 요구할 수 있다.

다음은 외채등기를 신청할 때 제출해야 하는 서류이다. 외채등기를 마치면 외채등기표를 발급받는다.

외채등기 신청 시 제출서류

	제출서류	비 고
1	외채등기 신청표	
2	채무자 기본상황 설명서	
3	차입계약서 원본 및 사본	차입계약서는 중문으로 작성되어야 하거나, 중문 번역본이 첨부되어야 함
4	외환등기증 원본 및 사본	주관 외환관리부서로부터 발급받은 외환등기증의 원본 및 사본
5	자본금납부검사보고서	
6	기타 서류	

외채등기표(제1면)

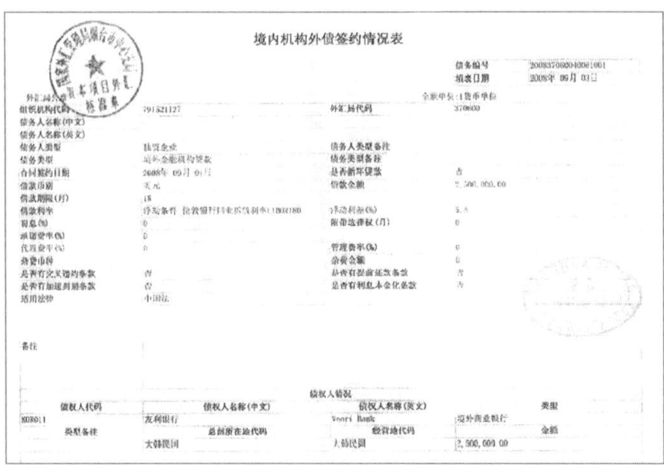

외채등기표(제2면)

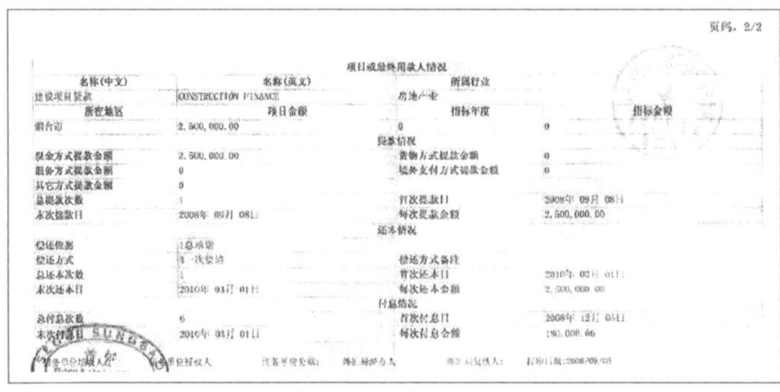

② 외채전용계좌 개설 및 외채송금

외채등기표를 발급받고, 주관 외환관리부서로부터 별도로 외채전용계좌 개설허가증을 발급받는다. 외채전용계좌 개설허가증을 소지하여 지정된 은행에서 외채전용계좌를 개설할 수 있다. 차입계약서에 따른 외채차입은 외채전용계좌에 입금되어야 한다.

(4) 외채 환전 및 인출 절차

① 외채자금 인출등기

차입자인 외상투자기업은 외채등기표와 외채전용계좌 입금 증빙서류를 소지하여 주관 외환관리부서에서 외채자금 인출등기를 한다.

② 외채자금 환전 및 인출

외채자금 인출등기를 한 후, 외채전용계좌가 개설된 은행에서 외채자금 환전절차를 거쳐 외채차입금을 인출한다. 외채자금은 차입계약서에 정한 최초 인출일로부터 3개월 내에 인출해야 한다. 이 기한까지 인출하지 않으면 외채등기가 무효로 된다.

(5) 외채 상환

외상투자기업이 외채의 차입원리금을 상환해야 할 경우 외채등록증, 차입계약서, 지급통지서[6] 등의 서류를 주관 외환관리부서에 제출해서 대외송금의 승인을 얻은 후, 지정된 은행을 통해 대외송금을 하면 된다. 외채 상환이 실체관계에 부합하면 주관 외환관리부서는 외채차입원리금의 송금에 대해 특별한 제한을 하지 않는다.

2. 외상투자기업의 인민폐대출

(1) 인민폐대출

중국 내의 경내기구로부터 대출받는 것을 통틀어 인민폐대출이라 한다. 외채차입과 달리, 외상투자기업이 인민폐대출을 받을 때에는 특별한 제한이 없다. 단, 외상투자부동산개발기업이 인민폐대출을 받는 데에는 매우 엄격한 요건이 요구된다. 이에 대해서는 이하 〈Ⅲ 외상투자부동산개발기업의 증자와 차입〉에서 다룬다. 인민폐대출과 관련해 실무상 주로 문제가 되는 것은 기업 간 대출과 외국계은행의 대출이므로, 이 항목에서는 이에 대해 상술하겠다.

(2) 기업간 대출

중국인민은행이 1996년 6월 28일에 공표한 대출통칙에 따르면, 금융기관을 제외한 일반 기업의 대출은 허용되지 않는다(대출통칙 제61조). 중국 최고법원이 1996년 9월 23일에 공표한 의견(기업 차입금계약의 차입자가 기한 이내에 차입금을 변제하지 않을 경우 어떻게 처리해야 하는지에 관한 의견)에서도 기업 간 대출이 실행된 경우 그 대출은 무효이고, 대주가 대출원금을 반환받을 수 있지만 대출이자를 몰수해야 한다고 명시한다.

이와 같이 중국에서 기업 간 대출은 법적으로 허용되지 않고 있으나7, 실제로는 광범위하게 이용되고 있다. 실무상 기업 간 대출계약서를 체결할 때, 계약서 제목을 차입금계약이 아니라 합작계약으로 기재하고, 계약서 본문에서도 이자 대신에 자금사용료 또는 합작배당금이라는 용어를 사용하기도 한다. 또한 대주와 차주 간에 신탁회사를 브릿지로 이용하는 구조, 다시 말해 대주는 신탁회사에게 금전을 신탁하고, 신탁회사는 신탁받은 자금으로 차주에게 대출을 하는 거래구조가 이용되기도 한다.

중국 정부는 현재 기업 간 대출이 법률상으로는 허용되지 않으나 실제 경제활동에서는 광범위하게 사용되고 있는 점을 감안하여 이를 합법화하는 입법절차를 진행 중이다.

(3) 외국계은행의 인민폐대출

중국 내에는 많은 외국계은행이 진출해 있다. 한국의 은행으로는 하나은행, 우리은행, 외환은행, 기업은행 등이 북경, 상해, 심양, 연태 등의 지역에 진출해 있다. 외국계은행으로부터 대출을 받을 때 지역제한이 있는지에 대해 실무상 많은 질의가 있으므로, 이 항목에서는 외국계은행 대출의 지역제한에 대해 다루기로 한다.

당초 중국 정부는 외국계은행에 외환업무만을 허용하고 인민폐업무를 허용하지 않았다. 그러나 2001년 12월 11일에 중국이 WTO에 가입하면서 중국 정부는 아래 표의 일정에 따라 외국계은행이 인민폐업무를 할 수 있는 지역제한을 점진적으로 철폐해왔고, 그 결과 2006년 12월 11일부터는 지역제한이 완전히 철폐되었다. 중국 은행감독관리위원회도 2006년 11월 24일자 공고(銀監發[2006] 82호)를 통해 2006년 12월 11일 이후로는 외국계은행이 인민폐대출을 하는 데 지역제한을 받지 않는다는 점을 재확인했다.

외국계은행의 지역제한 철폐

개방 일정	개방 지역
가입 시(=2001년 12월 11일)	상해, 심천, 천진, 대련
가입 후 1년 내	광주, 주해, 청도, 남경, 무한
가입 후 2년 내	제남, 복주, 성도, 중경
가입 후 3년 내	곤명, 북경, 하문
가입 후 4년 내	산두, 녕파, 심양, 서안
가입 후 5년 내(=2006년 12월 11일)	모든 지역

　단, 외국계은행으로부터 대출을 받을 때에는 두 가지 유의할 점이 있다. ① 2006년 12월 11일에 시행된 '외자은행관리조례'에 따르면, 외국계은행의 중국 내 분행 및 지행에서는 중국 은행감독관리위원회의 허가를 받은 범위 내에서만 영업을 할 수 있다. 따라서 외국계은행의 분행 및 지행별로 일반 수신, 개인 여신, 기업 여신, 어음 인수 및 할인 등의 업무 중에서 영위할 수 있는 업무의 범위가 다를 수 있다. ② 2007년 9월 27일 은행감독관리위원회 및 인민은행이 공동 발표한 '상업성부동산대출관리강화 관련 통지'(제359호 문건)에 따르면, 은행이 다른 지역에 있는 부동산개발기업에 대출을 하려면 해당 은행은 먼저 은행감독관리위원회에서 등록을 해야 한다. 위 제359호 문건으로 인한 격지간 대출 문제에 관한 구체적인 내용은 이하 〈Ⅲ 외상투자부동산개발기업의 증자와 차입〉에서 다루기로 한다.

Ⅲ
외상투자부동산개발기업의 증자와 차입

1. 증자등록 – 제130호 문건 제2조

일반적인 외상투자기업이 증자를 할 때에는 주관 상무부서로부터 비준을 받아야 한다. 그러나 외상투자부동산개발기업이 증자를 하려면 주관 상무부서로부터 증자비준을 받음과 아울러 국무원 상무부에서 증자등록을 마쳐야 한다.

증자등록 제도는 2007년 7월 10일 공표된 국가외환관리총국의 제130호 문건에 의해 실시되었다[8]. 제130호 문건에서는 ① 2007년 6월 1일 이후에 주관 상무부서로부터 설립비준을 받았거나 변경비준을 받은 외상투자부동산개발기업이 증자를 하려면 국무원 상무부에서 증자에 관한 심사 및 등록을 받아야 하고(제2조) ② 국무원 상무부에서 증자등록을 마치지 않으면 주관 외환관리부서는 외환변경등기 및 자본계정 하에서의 외환결제 수속을 해주지 않는다고 규정하고 있다(제2조).

요컨대 2007년 6월 1일 이후에 설립되었거나 변경비준을 받은 적이 있는 외상투자부동산개발기업이 증자를 하려면 국무원 상무부에서 등록을 해야 한다. 그렇지 않으면 외환등기·외환변경등기를 할 수 없으므로 결국 납입된 자본금을 환전할 수 없다.

제130호 문건은 2007년에 중국 정부가 내놓은 부동산규제책 중에서 가장 강력한 규제로 평가받고 있다. 국무원 상무부는 정책적 판단에 의거하여 심사 및 등록 과정에서 까다로운 요구를 하기도 하고, 장기간 등록을 유예하기도 한다. 실제로, 외상투자부동산개발기업이 증자에 관한 등록을 마치는 데 무려 6개월이 소요된 사례도 있었다.

그런데 2008년 7월 1일에 국무원 상무부는 제130호 문건에 의한 심사권한과 등록권한 중에서 심사권한을 성급 상무국에 위임했다(외상투자부동산기업의 등록수속에 관한 통지: 商資函 2008-23호). 따라서 2007년 6월 1일 이후에 주관 상무부서로부터 설립비준 또는 변경비준을 받은 외상투자부동산개발기업이 증자를 할 경우, 2008년 7월 1일부터는 성급 상무국에서 심사를 받은 후 국무원 상무부에서 등록만 마치면 된다.

성급 상무국이 심사를 마치고 '외상투자기업 등록표'를 만들어 국무원에 품신하면, 국무원 상무부에서 등록을 한다. 국무원 상무부보다는 성급 상무국이 더 완화된 기준으로 심사할 여지가 높다. 또한 해당 성에서 지역경제 활성화를 위해 부동산개발사업을 장려하는 경우에는 심사가 더 용이할 수 있다. 이로써 제130호 문건의 규제가 완화되었다고 평가된다.

국가외환관리총국 제130호 문건(2007년 7월 10일 공표)

제1조 : 2007년 6월 1일 이후 주관 상무부서로부터 비준증서를 취득하고 상무부 등록에서 통과된 외상투자부동산기업(신설과 증자 포함, 이하 동일함)에 대해 각급 외환관리국은 외채등기와 외채결제수속을 하지 않는다.

2. 외상투자부동산개발기업의 특별한 차입 요건

(1) 특별한 차입 요건 ① – 제130호 문건 제1조

제130호 문건의 제1조에는 "2007년 6월 1일 이후 주관 상무부서로부터 비준증서를 취득하고 상무부 등록에서 통과된 외상투자부동산기업(신설과 증자 포함, 이하 동일함)에 대해 각 급 외환관리국은 외채등기와 외채결제수속을 하지 않는다"라고 규정하고 있다. 다시 말해 외상투자부동산개발기업이 2007년 6월 1일 이후에 비준받은 외채한도액에 대해서는 외채차입을 허용하지 않겠다는 것이다.

제130호 문건의 제1조로 인해 외상투자부동산개발기업이 외채를 차입하는 것은 사실상 매우 어려워졌다. 사례를 들어 설명하면 다음과 같다.

외상투자부동산개발기업	사례 설명
2007년 6월 1일 이전에 설립비준을 받은 경우	– 설립비준을 받은 당시의 외채한도액(투자총액 – 등록자본금) 범위 내에서 외채등기 및 외채결제수속이 가능함 – 예를 들면 외상투자부동산개발기업이 2007년 6월 1일 이전에 투자총액 USD 1,000만 달러, 등록자본금 USD 600만 달러로 설립비준을 받은 경우, 투자총액과 등록자본금의 차액인 USD 400만 달러 범위에서 외채차입을 할 수 있음
2007년 6월 1일 이전에 설립비준을 받았으나, 2007년 6월 1일 이후에 투자총액 및 등록자본금 증액의 비준을 받은 경우	– 설립비준을 받은 당시의 외채한도액(투자총액 – 등록자본금) 범위 내에서 외채등기 및 외채결제수속이 가능함 – 외상투자부동산개발기업이 2007년 6월 1일 이전에 투자총액 USD 1,000만 달러, 등록자본금 USD 600만 달러로 설립비준을 받았고, 2007년 6월 1일 이후에 변경비준을 통해 투자총액 USD 2,000만 달러, 등록자본금 USD 1,000만 달러가 된 경우 외채한도액은 USD 1,000만 달러가 아니라 USD 400만 달러임
2007년 6월 1일 이후에 설립비준을 받은 경우	외채등기 및 외채결제수속이 원천적으로 불가능하므로 외채차입을 전혀 할 수 없음

(2) 특별한 차입 요건 ② – 외자진입관리의견

국무원 상무부가 공표한 '외자진입관리의견'에 따르면, 외상투자부동산개발기업이 차입을 하려면 ① 등록자본금이 전액납입되었을 것 ② 프로젝트 자본금이 프로젝트 투자총액의 35% 이상일 것 ③ 국유토지사용증을 포함한 4대 허가증을 취득했을 것, 이 세 가지 요건을 충족해야 한다(외자진입관리의견 제6조).

제130호 문건과 함께 본건 통지는 외상투자부동산개발기업의 자금 조달에 제한을 가함으로써 부동산시장의 과열을 방지하려는 강력한 규제책이다. 제130호 문건은 외상투자부동산개발기업의 외채차입에 대해서만 규제하나, 외자진입관리의견에서 정한 차입 요건은 외상투자부동산개발기업의 외채차입과 인민폐대출 모두에 적용된다는 점에 주의를 요한다.

① 등록자본금이 전액납입되었을 것

등록자본금이 전액납입된 사실을 증명하기 위해 회계법인이 발행한 자본금납부검사보고서를 제출해야 한다. 일반 외상투자기업이 인민폐대출을 받을 때에는 '등록자본금이 전액납입되었을 것'이라는 요건이 필요 없으나, 외상투자부동산개발기업이 인민폐대출을 받을 때에는 위 요건이 반드시 필요하다.

② 프로젝트 자본금이 프로젝트 투자총액의 35% 이상일 것

'프로젝트'란 부동산개발사업을 말한다. 중국의 부동산개발 법령에 따르면, 부동산개발기업은 특정 프로젝트별로 주관 발전과개혁위원회로부터 프로젝트 입항을 받아야 한다. 프로젝트 입항은 한국 법률상 개발사업 실시계획승인과 유사한 인허가이다. 프로젝트 입항 비준에 대한 상세한 내용은 〈제6부 부동산개발 프로젝트 Ⅱ 프로젝트 입항〉에서 다룬다.

프로젝트 입항 서류에는 ① 프로젝트에 대한 승인 ② 프로젝트의 건설 장소 및 면적 ③ 프로젝트를 통해 신축할 건물의 종류 ④ 프로젝트 투자총액 ⑤ 프로젝트의 유효기간 등이 개략적으로 기재된다. 여기서 '프로젝트 투자총액'이란 프로젝트에 소요되는 사업비용이다. 앞서 말한 외자진입관리의견에서 언급되는 프로젝트 투자총액이란 프로젝트 입항 서류에 기재되는 프로젝트 투자총액으로 이해된다[9]. 여기에는 토지취득비용, 공사비용, 건설기간 이내의 대출이자 등이 포함된다. '프로젝트 자본금'이란 (i) 외상투자부동산개발기업의 주주가 납입한 실수자본금과 (ii) 외상투자기업이 내부 유보한 자본적립금의 합계 금액이다[10].

요컨대, 외상투자부동산개발기업이 외채를 차입하거나 인민폐대출을 받으려면 '프로젝트 자본금이 프로젝트 투자총액의 35% 이상일 것'이라는 요건을 충족해야 한다. 따라서 차입을 하기 전까지 외상투자부동산개발기업에는 총 사업비의 35% 이상에 해당하는 자본금이 실제로 납입되어 있어야 한다.

③ 국유토지사용증을 포함한 4대 허가증을 취득했을 것

4대 허가증이란 국유토지사용증, 건설용지규획허가증, 건설공사규획허가증, 건축공정시공허가증이다. 4대 허가증을 취득하기 전에는 차입을 할 수 없으므로, 이를 취득하기 전까지 외상투자부동산개발기업은 자체 자본금으로 인허가비용을 충당해야 할 것이다. 이러한 요건은 토지사용증 취득에 필요한 자금과 인허가 취득에 필요한 비용을 자본금으로 조달해야 한다는 점에서 중요한 의미가 있다.

(3) 특별한 차입 요건 ③ – 격지간 대출(제359호 문건)

2007년 9월 27일 은행감독관리위원회 및 인민은행이 공동 발표한 '상업성부동산대출관리강화 관련 통지(제359호 문건)'에는 "은행이 실행한 부동산개발대출은 원칙적으로 본 지역의 부동산개발프로젝트에만 사용할 수 있으며, 지역을 넘어 사용하지 못한다. 타지역 부동산개발 프로젝트에 사용해야 하는 확실한 필요성이 있고, 상응한 리스크 관리 조치를 취한 대출일 경우 은행은 대출을 실행하기 전에 감독부서에 보고해서 등록해야 한다"라는 규정을 두고 있다. 위 제359호 문건에서 '지역'이란 성을 말한다.

따라서 은행이 다른 성에 소재한 부동산개발기업에 대출을 하려면 먼저 해당 은행이 은행감독관리위원회에서 격지간 대출의 등록을 해야 한다는 것이다. 제359호 문건으로 인해 부동산개발사업에서 격지간 대출 등록 문제는 중요 이슈가 되었다. 중국의 공상은행, 건설은행, 중국은행, 교통은행, 농업은행 등 주요 은행은 중국 전역에 영업망을 구축하고 있으므로 제359호 문건에 따른 격지간 대출 등록을 할 필요성이 적을 것이다. 그러나 중국 전역에 영업망을 구축하지 못한 외국계은행은 제359호 문건으로 인해 영업기회를 제한받을 가능성이 있다.

Ⅳ
외국투자자의 투자금 회수

1. 이익배당을 통한 투자금 회수

(1) 이익배당의 시기

'기업소득세법'에 따르면, 기업에 대해 적용되는 납세연도는 매년 1월 1일부터 12월 31일까지로 법정되어 있다(기업소득세법 제53조). 다시 말해 기업이 임의로 회계연도를 선택할 수 없다. 한편, 주주에게 이익배당을 하려면 먼저 당해 회계연도에 관한 세금을 납부한 후의 세후수익으로써 이익배당을 해야 한다. 이러한 법리는 외상투자기업에도 동일하게 적용된다. 따라서 외상투자기업은 매 회계연도가 종료된 직후(매년 초)에만 배당을 할 수 있고, 이와 달리 중간배당은 가능하지 않다고 본다.

(2) 차등배당

외상투자기업의 주주는 원칙적으로 출자가액에 비례해서 이익배당을 받을 권리가 있으나, 합자기업 이외의 외상투자기업에서는 주주간약정 또는 회사정관에서 따로 정한 경우 출자가액에 비례하지 않은 이익배당을 할 수 있다. 따라서 외국투자자 간에 그리고 외국투자자와 중국투자자 간에 다양한 형태의 투자금 회수 구조를 설계할 수 있다. 중국 외상투자 관련 법률은 주주들에게 차등배당을 할 수 있다는 점에서 큰 유연성이 있다. 차등배당에 관한 더 상세한 내용은 〈제2부 외상투자기업의 설립과 경영 Ⅵ 주주의 권리 3.이익배당권과 잔여재산분배권〉을 참조하기 바란다.

합작기업은 합작기간 만료 후에 중국투자자가 잔여 고정자산을 소유하게 된다고 약정할 경우, 외국투자자가 합작기간 내에 우선적으로 투자금을 회수할 수 있다(합작기업법 제21조 제2항, 합작기업법 실시세칙 제44조).

KEY POINT

합작기업의 외국투자자가 먼저 투자금을 회수하는 방법

1 합작기업의 외국투자자는 합작기간 만료 후에 중국투자자가 잔여 고정자산을 소유하게 된다고 약정할 경우, 외국투자자가 먼저 투자금을 회수할 수 있다(합작기업법 제21조 제2항, 합작기업법 실시세칙 제44조).

2 선행회수 방법 : '선행회수 비준방법'은 합작기업의 외국투자자가 투자금을 먼저 회수하는 방법을 세 가지로 나누어 규정하고 있다(선행회수 비준방법 제3조).

① 이익배당의 방법으로 우선 회수

② 고정자산을 감가상각해서 발생한 이익으로 우선 회수

③ 지적재산권 등의 무형자산을 감가상각해서 발생한 이익으로 우선 회수

3 선행회수 조건 : 투자금을 우선 회수하려면 다음 다섯 가지 선행회수 조건을 충족해야 한다(선행회수 비준방법 제4조).

① 합작기간 만료 후에 중국투자자가 잔여 고정자산을 소유하게 된다고 약정할 것

② 채무변제가 투자금 회수보다 우선한다는 취지의 승낙서를 제출할 것

③ 합작기업의 외국투자자는 회수한 투자금의 범위 내에서 합작기업의 채무에 대해 연대책임을 부담한다는 취지의 승낙서를 제출할 것

④ 합작기업의 투자자들은 출자의무를 이행 완료했을 것(자본금납부검사보고서)

⑤ 합작기업의 경영 및 재무 상황이 양호하고, 전년도 적자를 보전했을 것

4 선행회수에 관한 비준 : 투자금을 우선 회수하기에 앞서 주관 재정관리부서(합작기업 소재지의 성급 재정관리부서)로부터 선행회수에 관한 비준을 얻어야 한다. 이때 주관 재정관리부서는 위 다섯 가지 선행회수 조건을 심사한다. 다음은 주관 재정관리부서에 제출해야 하는 서류이다(선행회수 비준방법 제6조).

① 합작기업 명의의 선행회수 신청서 : 선행회수할 금액, 방법, 기간을 기재

② 합작기업의 비준증서 및 영업집조

③ 합작기업의 자본금납부검사보고서

④ 합작기업의 동사회 결의서 : 선행회수에 찬성하는 동사회 결의서

⑤ 기타 서류 : 합작기업의 재무회계보고서, 만기도래 채무에 대한 설명서, 합작기업 및 외국투자자의 승낙서

5 주관 재정관리부서로부터 비준을 얻는 데에는 20~30일이 소요된다. 주관 재정관리부서는 다음 사항을 중점적으로 심사한다.

① 외국투자자가 기존에 이익배당을 받은 규모를 고려함

② 합작기업이 전년도 적자를 보전했는지 여부를 심사함

③ 외국투자자가 합작기업의 채무에 대해 연대책임을 부담해야 함

(3) 대외송금절차

외국투자자가 지급받은 이익배당금을 대외송금할 때에는 주관 외환관리부서로부터 별도의 승인을 받을 필요가 없다. 외국투자자는 외환지정은행11에 다음 각 서류를 제출해서 외환매입 및 대외송금을 신청하면 된다.

이익배당금 - 외환매입 및 대외송금 시 제출서류

	제출서류	비 고
1	서면 신청서	
2	외환등기증	외상투자기업의 기존 외환등기증
3	외상투자기업의 세금완납증명서 및 세무신고서류	세금감면 혜택을 적용받는 외상투자기업은 주관 세무부서에서 발급받은 세금감면증명서류를 제출해야 함
4	자본금납부검사보고서	
5	감사보고서	회계법인이 작성한, 당해 연도 이익 상황에 관한 감사보고서
6	주주회 또는 동사회 결의서	이익배당 방안에 관한 결의서
7	기타 서류	외환관리부서가 외환지정은행으로 하여금 추가로 요청하도록 한 기타 서류

(4) 배당소득에 대한 과세

한국투자자가 중국 내의 기업으로부터 취득하는 배당소득에 대해서는 한중 이중과세방지조약이 적용된다. 이에 따르면 ① 한국 거주자가 25% 미만의 지분을 소유한 중국 기업으로부터 지급받는 배당소득에 대해 중국 정부는 10%의 세율을 초과해서 과세할 수 없고 ② 한국거주자가 25% 이상의 지분을 소유한 중국 내 기업으로부터 취득하는 배당소득에 대해서는 5%의 세율을 초과해서 과세할 수 없다 (한중 이중과세방지조약 제10조 내지 제12조). 한중 이중과세방지조약에 따른 과세에 대한 더 상세한 내용은 〈제8부 조세 제도 II 주요 조세 8. 기업소득세 (4) 한중 이중과세방지조약〉을 참조하기 바란다.

2. 청산 후 잔여재산분배를 통한 투자금 회수

(1) 잔여재산 분배

외상투자기업의 최고의결기관에서 해산결의를 한 후 주관 상무부서의 비준을 받아 청산절차를 진행한다. 청산절차를 통해 채권을 회수하고 채무를 변제한 후에 잔여재산이 있으면 주주에게 배분한다. 청산절차에 대한 상세한 내용은 〈제2부 외상투자기업의 설립과 경영 Ⅶ 외상투자기업의 해산과 청산〉을 참조하기 바란다.

외상투자기업의 투자자들은 출자가액에 비례해서 잔여재산을 분배받는 것이 원칙이다. 단, 합자기업은 합자계약 또는 정관에 따라 주주 간에 잔여재산을 차등분배할 수 있다는 명문의 규정을 두고 있다(합자기업법 실시조례 제94조). 잔여재산 분배에 관한 더 상세한 내용은 〈제2부 외상투자기업의 설립과 경영 Ⅵ 주주의 권리 3. 이익배당권과 잔여재산분배권〉을 참조하기 바란다.

(2) 대외송금절차

청산절차를 마친 후에 잔여재산이 있을 경우, 외상투자기업은 잔여재산으로 외환을 매입해서 외국투자자에게 지급할 수 있다. 이때 주관 외환관리부서에 아래의 서류를 제출해서 외환매입 및 대외송금을 신청한다(외상투자기업의 지분 양도, 외환청산업무를 처리할 것에 관한 통지; 匯發[1999]397호 제3조). 주관 외환관리부서로부터 승인을 얻은 후에는 매입한 외환을 외국투자자의 본국에 개설된 계좌로 송금할 수 있다.

	제출서류	비 고
1	서면 신청서	
2	비준서류	주관 상무부서에서 발급받은 청산 관련 비준서류 원본 및 사본
3	외환등기증	외상투자기업의 기존 외환등기증 원본 및 사본
4	세무등기말소증명서	
5	자본금납부검사보고서	회계법인이 작성한, 등록자본금이 전액납부되어 있다는 검사보고서
6	청산보고서	회계법인이 작성한 청산보고서
7	청산결의서	외상투자기업 최고의결기관이 의결한, 잔여재산 분배방안에 관한 청산결의서
8	외환계좌 개설허가증	청산을 하는 외상투자기업의 기존 외환계좌 개설 허가증
9	외환계좌 잔고확인서	청산 완료일을 기준으로 한, 외상투자기업의 외환계좌 잔고확인서
10	기타 서류	외환관리부서가 외환지정은행으로 하여금 추가로 요청하도록 한 기타 서류

3. 출자지분의 양도를 통한 투자금 회수 [12]

(1) 출자지분의 양도가능성

1997년 5월 28일 시행된 '지분변경규정'에 따르면, 외상투자기업의 투자자는 자신의 출자지분을 타인에게 양도할 수 있다. 양도의 상대방은 다른 외국투자자 혹은 중국투자자가 될 수도 있고, 양도인의 관계회사가 될 수도 있다(지분변경규정 제1조).

(2) 출자지분의 양도요건

출자지분을 양도할 때 주의할 점은 다른 투자자의 동의를 얻어야 할 경우가 있다는 것이다. 이는 외상투자기업의 회사형태에 따라 조금씩 상이하다.

① 외자기업의 외국투자자가 여러 명일 경우, 어느 외국투자자가 자신의 지분을 타에 양도할 때 반드시 다른 외국투자자들의 동의를 얻어야 하는 것은 아니다. 단, 실무상 회사정관에서 출자지분을 양도할 때 외국투자자 주주 전원의 동의가 있어야 한다고 규정하는 경우가 많은데, 이 경우에는 외국투자자 주주 전원의 동의를 얻어야 한다. ② 합자기업은 일방 투자자가 출자지분을 제삼자에게 양도할 때 먼저 상대방 투자자의 동의를 얻어야 한다(합자기업법 제4조 제4항, 합자기업법 실시조례 제20조 제1항). 나아가, 상대방 투자자는 동일한 조건으로 선매권을 갖는다(합자기업법 실시조례 제20조 제2항, 제3항). ③ 합작기업법에서도 출자지분을 양도할 때에는 상대방 투자자의 동의를 얻어야 한다는 명문의 규정이 있다(합작기업법 제10조, 합작기업법 실시세칙 제23조). 합자기업법 및 합작기업법을 위반해서 상대방 투자자의 동의 없이 이루어진 출자지분 양도는 무효이다. ④ 외상주식회사는 회사정관에 주식을 양도할 때에는 다른 주주의 동의가 있어야 한다고 규정된 경우, 사전에 동의를 얻어야 한다.

출자지분 양도에 대해 다른 투자자가 동의하지 않을 경우

합자·합작기업의 주주가 출자지분을 양도하려고 할 때 다른 투자자가 지분양도에 대해 동의하지 않으면 주관 상무부서에서 지분양도에 관한 비준을 하지 않는다. 따라서 지분양도에 대해 다른 투자자가 정당한 이유 없이 동의하지 않아 지분양도가 제한되는 것을 방지하려면 합자·합작계약서 및 회사정관에 다음 조항을 명기해야 한다.

예시조항

1 주주가 제삼자에게 지분을 양도하려고 할 때 다른 주주로부터 동의를 얻어야 한다.

2 지분을 양도하려는 주주는 지분양도 사항을 서면으로 다른 주주에게 통지하되, 다른 주주가 서면통지를 받은 날로부터 30일 내에 회신을 하지 않을 경우 동의하는 것으로 간주한다.

3 다른 주주가 지분양도에 동의하지 않을 경우, 지분양도에 동의하지 않는 주주가 회신 마감일로부터 5영업일 내에 당해 지분을 매수해야 한다. 만일 매수하지 않으면 지분양도에 대해 동의한 것으로 간주한다.

4 다른 주주는 양도지분에 대해 동일한 매매조건으로 우선구매권을 보유한다. 2명 이상의 주주가 우선구매권을 행사할 경우 협상에 따라 매수비율을 정하되, 협상이 이루어지지 않으면 지분양도 시 보유하는 각자의 출자비율에 따라 우선구매권을 행사한다.

(3) 출자지분의 양도절차

외국투자자가 출자지분을 양도할 때에는 ① 주관 상무부서로부터 지분양도에 관한 비준을 받아야 하고 ② 주관 공상행정관리부서에서 투자자를 변경하는 등기를 해야 한다. 이러한 절차를 거치지 않은 출자지분 양도는 효력이 없다(지분변경규정 제3조). 이러한 양도절차는 외국투자자가 출자지분을 다른 외국투자자에게 양도하든 중국투자자에게 양도하든 마찬가지이고, 또한 출자지분의 대상기업인 외상투자기업이 어떤 형태이든 마찬가지이다.

다음은 외국투자자가 출자지분을 양도하기 위해 주관 상무부서 및 공상행정관리부서에 제출해야 하는 서류이다(지분변경규정 제9조).

출자지분 양도 시 주관 상무부서 및 공상행정관리부서에 제출할 서류

	제출서류	비 고
1	지분양수도 신청서	
2	지분양수도 계약서	
3	신규 정관 또는 수정 정관에 관한 보충합의서	정관에는 투자재(주주)의 성명 및 지분율이 기재되므로, 출자지분 양도로 인해 투자재(주주)가 변경될 때에는 정관 변경절차를 거쳐야 함
4	비준증서 원본과 사본	법인인감 날인
5	영업집조 원본과 사본	법인인감 날인
6	외상투자기업 최고의 결기관의 투자재(주주) 변경에 관한 결의문	
7	새로운 동사회 명부	투자재(주주)가 변경됨으로써 투자재(주주)가 파견하는 동사도 변경되는 경우, 새로운 동사회 명부를 제출함
8	기타 서류	

한편, 외국투자자가 자신의 출자지분을 양도할 때 양수인이 누구냐에 따라 양수도대금 지급절차가 상이하다. ① 양수인이 제삼의 외국투자자인 경우, 지분양도대금을 중국 내에서 수수할 수도 있고 중국 외에서 수수할 수도 있다. 이때 대외송금절차는 별도로 필요 없다. ② 그와 달리 중국투자자(내자기업 및 외상투자기업을 모두 포함)인 양수인이 외국투자자인 양도인의 해외계좌로 지분양도대금을 지급할 때에는 아래의 대외송금절차를 거친다.

(4) 대외송금절차

중국투자자인 양수인이 외국투자자인 양도인의 해외계좌로 지분

양도대금을 지급할 때, 중국투자자는 주관 외환관리부서에서 외환을 매입하여 그 외환을 외국투자자의 해외계좌에 대외송금하는 방법을 취할 수 있다. 이때 주관 외환관리부서에 아래의 서류를 제출해야 한다(외상투자기업의 지분 양도, 외환청산업무를 처리할 것에 관한 통지; 匯發 [1999] 397호 제2조).

지분양도대금의 대외송금 – 주관 외환관리부서에 제출할 서류

	제출서류	비 고
1	서면 신청서	
2	비준서류	주관 상무부서에서 발급한, 외상투자기업 투자자(주주) 변경에 관한 비준서류
3	외환등기증	외상투자기업의 기존 외환등기증
4	납세증명서	지분양도로 인해 외국투자자에게 이익이 발생할 경우, 중국투자자는 소득세를 원천징수한 후에 납세 증빙서류를 제출해야 함
5	비준증서	투자자(주주) 변경에 관해 비준을 받은 후의 비준증서
6	영업집조	투자자(주주) 변경에 관해 등록을 한 후의 영업집조
7	합자·합작계약서, 회사정관	투자자(주주) 변경의 비준을 받아 효력이 발생한 합자·합작계약서, 정관
8	자본금납부검사보고서	
9	감사보고서	
10	자산평가보고서	
11	외환계좌잔고확인서	신청일 당일을 기준으로 한, 양수인인 중국투자자의 외환계좌잔고확인서
12	기타 서류	외환관리부서가 외환지정은행으로 하여금 추가로 요청하도록 한 기타 서류

(5) 법원의 강제집행으로 인한 출자지분 양도

출자지분에 설정된 질권 또는 재산보전이 실행되는 경우, 법원의 강제집행절차에 의해 출자지분이 양도된다. 이때 법원은 외상투자기업 및 전체 주주에게 강제집행 사실을 통지한다. 강제집행을 당하는 주주를 제외한 다른 주주들은 법원의 통지를 받은 날로부터 20일 내에 우선구매권을 행사할 수 있고, 우선구매권을 행사하지 않으면 이를 포기한 것으로 간주된다(회사법 제73조).

(6) 출자지분 양도차익에 대한 과세

출자지분 양도차익을 수취한 자가 기업이면 기업소득세를 납부하고, 개인이면 개인소득세를 납부한다. 양도차익을 수취한 자가 한국 투자자이면 한중 이중과세방지조약이 적용되므로 경우에 따라 중국 정부가 과세권을 갖기도 하고 한국 정부가 과세권을 갖기도 한다. 이에 대한 상세한 내용은 〈제8부 조세 제도 Ⅱ 주요 조세 8. 기업소득세 (5) 한중 이중세방지조약〉을 참조하기 바란다.

4. 감자를 통한 투자금 회수

(1) 감자의 중국 법률상 의의

회사법 제178조에서는 회사(유한책임회사 및 주식유한회사)가 감자减資를 하는 절차에 대해 규정하고 있다. 이처럼 중국 법률상 감자가 불가능한 것은 아니다. 그러나 외상투자기업이 감자를 하고자 해도 주관 상무부서로부터 이에 관한 비준을 얻기는 어렵다.

(2) 감자의 요건 및 절차

회사법상 감자를 할 수 있다는 근거 법률이 있으나, 다음 각 호의

1에 해당되는 외상투자기업은 감자를 할 수 없다(외상투자기업의 투자총액과 등록자본금을 조정할 것에 관한 통지 제1조)

1 감자로 인해 외상투자기업이 법령 및 행정법규상의 최저 등록자본금에 미달되는 경우

2 외상투자기업이 경제분쟁사건으로 소송 또는 중재절차에 있는 경우

3 감자로 인해 외상투자기업이 계약 또는 정관에서 정한 투자총액(계약 또는 정관에서 최저 생산 및 경영규모에 관한 규정이 있는 경우의 투자총액)에 미달되는 경우

4 합작기업의 합작계약서에 선행회수가 약정되어 있는데 외국투자자가 이미 선행회수를 완료한 경우

외상투자기업은 감자를 하기 위해 ① 감자 신청서 ② 동사회 결의서(전원 동의) ③ 대차대조표 ④ 재산명세서 ⑤ 채권자 명단 ⑥ 영업집조 부본 등의 서류를 주관 상무부서에 제출해야 한다. 감자 신청서에는 생산 및 경영 규모를 축소하는 이유가 분명히 기재되어야 하고, 투자총액 및 등록자본금이 얼마나 감액되는지를 명시해야 한다(외상투자기업의 투자총액과 등록자본금을 조정할 것에 관한 통지 제2조).

주관 상무부서는 위 신청서류를 받은 날로부터 30일 이내에 서면으로 감자에 대한 의견을 통지한다. 외상투자기업은 주관 상무부서에서 의견을 받은 날로부터 10일 이내에 자신이 알고 있는 채권자들에게 개별 통지해야 하고, 30일 이내에 성급 이상의 신문에 3회 이상의 공고를 게재해야 한다.

개별 통지를 받은 채권자는 그 통지를 받은 날로부터 30일 이내에, 개별 통지를 받지 못한 채권자는 제1회 공고일로부터 90일 이내에,

각각 외상투자기업에게 채무변제를 할 것을 요구하거나 상당한 담보를 제공하도록 청구할 수 있다.

위와 같이 3회 이상의 공고를 한 후 외상투자기업은 ① 3회 이상의 공고를 했다는 증명서와 ② 채무변제 또는 담보제공의 상황에 관한 설명서를 주관 상무부서에 제출해야 한다. 주관 상무부서는 이 서류를 받은 날로부터 30일 이내에 감자에 대한 동의 여부를 결정한다. 외상투자기업은 주관 상무부서에서 감자에 관한 동의를 받은 날로부터 30일 이내에 주관 공상행정관리부서에서 변경등기수속을 해야 한다.

(3) 대외송금절차

주관 상무부서의 비준을 얻어 감자를 했다면, 외상투자기업은 주관 외환관리부서에 다음 서류를 제출해서 해당 외국투자자에게 감자대금을 지급할 수 있다.

감자대금의 대외송금 – 주관 외환관리부서에 제출할 서류

	제출서류	비 고
1	대외송금 신청서	외상투자기업의 감자대금 대외송금 신청서 (법정대표인 인감 날인)
2	비준서류	주관 상무부서에서 발급받은, 감자 관련 비준서류 원본 및 사본
3	외환등기증	외상투자기업의 기존 외환등기증 원본 및 사본
4	합의서	감자에 관한 주주간합의서
5	최고의결기관 결의서	감자에 관한 결의서
6	감사보고서	감사보고서의 원본 및 사본
7	기타 서류	주관 외환관리부서에서 요구하는 기타 서류

5. 자문료 지급을 통한 투자금 회수

(1) 기술자문 및 기술서비스 계약의 등록 제도

외상투자기업은 경외기구로부터 기술자문용역 또는 기술서비스용역을 제공받는 경우가 있다. 이때 외상투자기업과 경외기구 간에 자문료를 확정 금액으로 약정할 수도 있고, 수익에 대한 일정 비율로 약정할 수도 있다. 이러한 계약은 외상투자기업의 주주인 외국투자자와 체결될 수도 있다. 실무상으로도 외상투자기업이 외국투자자로부터 자문용역을 제공받는 경우가 있다.

외상투자기업이 경외기구와 체결한 기술자문 및 기술서비스 계약은 주관 상무부서에 등록되어야 한다. 이때 주관 상무부서는 해당 계약으로 인해 경외기구에게 지급되어야 할 연간 총 자문료를 '기술수입계약 데이터표' 라는 서류에 기입해서 관리한다. 따라서 주관 상무부서는 외상투자기업에게 연간 총 자문료의 산정 방법만큼은 명확하게 알려줄 것을 요구한다.

외상투자기업은 주관 상무부서에서 기술자문 및 기술서비스 계약을 등록할 때 다음 서류를 제출해야 한다.

주관 상무부서에서 기술자문 및 기술서비스 계약을 등록할 때 제출할 서류

	제출서류	비 고
1	기술수입계약 신청표	주관 상무부서에서 정한 서식에 입력함
2	기술수입계약 데이터표	주관 상무부서에서 정한 서식에 입력함
3	기술자문 및 기술서비스 계약서	계약 내용을 상세히 공개할 필요는 없고 개략적인 자문 내용, 방식, 시간, 인원 등에 대해서만 약정하면 됨
4	기술도입자의 신원증명서류	기술도입자(=외상투자기업)의 영업집조 사본
5	기술공급자의 신원증명서류	기술공급자(=경외기구)의 사업자등록증 사본

6	기술도입자의 동사회 결의서	기술수입 및 자문료지급에 대한, 기술도입자(=외상투자기업) 동사회 결의서
7	자문료 산정방법에 관한 설명서	
8	연도회계 감사보고서	회계법인이 작성한, 외상투자기업에 대한 감사보고서

(2) 대외송금절차

외상투자기업이 대외송금하려는 자문료(누적액)가 기술수입계약 데이터표 상의 연간 총 자문료를 초과하지 않는다면, 외환지정은행은 외상투자기업이 제출하는 대외송금 신청서류의 진실성에 대해서만 심사를 한다. 다시 말해 대외송금 신청서류가 진실하면 이러한 대외송금에는 특별한 문제가 없다.

그러나 외상투자기업이 대외송금하려는 자문료(누적액)가 기술수입계약 데이터표 상의 연간 총 자문료를 초과한다면, 외환지정은행은 대외송금을 처리하지 않는다. 이때 주관 상무부서에서 기술수입계약 데이터표의 변경수속을 밟기 전까지는 대외송금이 불가능하다(기술수입계약 외환지급관리를 강화할 것에 관한 통지 : 外經貿技發[2002]50호 제4조).

다음은 자문료를 대외송금할 때 외환지정은행에 제출하는 서류이다.

주관 상무부서에서 기술자문 및 기술서비스 계약을 등록할 때 제출할 서류

	제출서류	비 고
1	대외송금 신청서	
2	기술자문 및 기술서비스 계약서	
3	기술수입계약 등록증서	
4	기술수입계약 데이터표	
5	청구서	기술공급자의 청구서
6	세금납부증명서	외상투자기업의 주관 세무당국으로부터 발급받음
7	기타 서류	

V
투자수익의 활용방법

1. 외상투자기업의 중국 재투자

(1) 외상투자기업의 재투자

외상투자기업은 중국 내 기업활동을 통해 얻은 수익으로 중국 내에 재투자를 할 수 있다. 여기서 재투자란 외상투자기업이 중국 내 다른 기업에 대해서 하는 지분투자이다.

피투자기업이 외상투자산업지도목록[13] 상의 권장형 또는 허용형 업종에 종사하는 기업이라면, 외상투자기업은 해당 피투자기업의 주관 상무부서로부터 따로 비준을 받을 필요가 없고 주관 공상행정등록부서에서 투자 관련 등록만 마치면 된다(재투자규정 제7조). 그와 달리 피투자기업이 제한형 업종에 종사하는 기업이라면 외상투자기업은 해당 피투자기업을 관할하는 상무부서로부터 비준을 받아야 하고(재투자규정 제9조), 비준을 받은 후에 해당 피투자기업의 주관 공상행정관리부서에서 투자 관련 등록을 마쳐야 한다(재투자규정 제11조).

(2) 외상투자기업의 재투자 요건

외상투자기업의 재투자 요건에 관해서는 재투자규정에서 상세히 규율하고 있다. 이에 따르면 외상투자기업이 재투자를 할 경우 ① 외상투자기업의 등록자본금이 완납되어 있어야 하고 ② 외상투자기업 자신에게 이익이 발생했어야 하고 ③ 외상투자기업이 법령에 부합하여 경영되고 있어야 하며, 불법경영 사실이 없어야 한다고 규정하고 있다(재투자규정 제5조). 외상투자기업이 위 요건을 모두 갖추었다면 이익이 발생한 당해 연도부터 재투자를 할 수 있다. 실무상 위 요건을 '재투자 요건'이라 부른다.

기존에 주관 정부부서들(상무부서 및 공상행정관리부서)은 재투자 규정에 따라 재투자 요건을 실질적으로 심사했다. 그러나 ① 2006년 4월 26일에 시행된 집행의견 제7조에 따라 외상투자기업이 재투자할 경우 주관 공상행정관리부서가 외상투자기업에 대해 재투자 자격을 증명하는 서류를 별도로 요구하지 않게 되었고 ② 국가공상행정관리총국의 '외상투자회사의 심사등기관리 법률적용 일부 문제에 관한 집행의견을 시행함에 관한 통지' 제5조에 따라 외상투자기업이 재투자할 경우 주관 공상행정관리부서가 외상투자기업의 재투자 자격을 별도로 심사하지 않게 되었다. 위 두 가지 규정이 실시된 이후로 재투자 요건에 대한 심사가 상당 부분 완화되었다.

각 지역의 주관 공상행정관리부서가 위 규정을 준수하고 있으므로 주관 공상행정관리부서의 절차만 거치면 되는 재투자(권장형·허용형 업종에 대한 재투자)의 경우 재투자 요건에 대한 심사는 사실상 의미가 없어졌다. 그러나 주관 상무부서의 비준까지 거쳐야 하는 재투자(제한형 업종에 대한 재투자)의 경우, 주관 상무부서로부터 재투자 요건 구비 여부를 심사받게 된다.

국가외환관리총국이 2008년 8월 29일에 공표한 '외상투자기업의

외환자본금지급결제관리 업무수행 문제 강화에 관한 통지'에서는 외
상투자기업이 자신의 자본금을 사용하여 중국 내에 지분투자를 할 수
없다고 규정한다. 따라서 외상투자기업의 재투자에 사용되는 금원은
자본금을 제외한 미배당이익 등에 한정되는 것으로 볼 수 있다.

2. 외상투자기업의 해외대출

전술한 대로 외상투자기업은 1년 1회에 한해서 이익배당을 할 수
있으며, 이익배당을 하려면 먼저 세금을 납부해야 한다. 이와 같이
배당으로 투자수익을 회수하려면 법률적 제약이 존재하기 때문에 외
국투자자로서는 외상투자기업으로부터 해외대출을 받아 자금을 회
수하고 싶은 유혹을 느낄 수 있다. 그렇게 하면 배당에 의하지 않고
외국투자자가 실질적으로 투자수익을 회수하는 효과를 낳을 수 있기
때문이다. 그러나 이러한 해외대출이 만연하면 외상투자기업의 자산
건전성이 형해화되고 외상투자기업의 채권자들을 해할 위험이 있다.
따라서 중국의 주관 외환관리부서에서는 외상투자기업의 해외대출
에 대해 엄격한 입장을 견지했다.

그러나 2008년에 들어와서 중국 국가외환관리총국은 외환관리조
례를 개정해 외상투자기업이 적법하게 해외대출을 할 수 있는 근거
규정을 만들었다. 이에 따르면 ① 중국 내 금융기관은 미리 비준을
받은 범위 내에서 자유로이 해외에 상업성 대출을 할 수 있고 ② 중
국 내 비금융기관(내자기업 및 외상투자기업)이 해외에 상업성 대출을 하
려면 주관 외환관리부서로부터 비준을 받고, 또한 등록을 해야 한다

(외환관리조례 제20조). 주관 외환관리부서는 신청인의 자산, 채무 등의 상황을 고려하여 비준 여부를 결정한다. 이러한 규정에 따라 외상투자기업도 주관 외환관리부서의 비준 및 등록을 마치면 해외대출을 할 수 있게 되었다.

단, 국가외환관리총국은 위 외화관리조례 제20조와 관련된 구체적인 실시세칙을 아직 공표하지 않았으므로 외상투자기업이 '자신의 주주인 외국투자자에게' 해외대출을 하려고 할 때 주관 외환관리부서가 비준을 해줄지는 아직 분명하지 않다. 따라서 해외대출을 해야 한다면 미리 외상투자기업의 주관 외환관리부서에 대출 가능 여부를 확인하는 것이 바람직하다.

주석

1 외환계좌는 외환자본금계좌, 외채전용계좌, 외환경상계좌 등으로 나뉜다. 본문에서 언급된 '외환계좌' 란 외환자본금계좌이다.

2 회사 설립일이란 기업법인 영업집조에 회사 성립일로 기재된 날이다.

3 중국 법률상의 투자회사란 중국 내 여러 외상투자기업을 지배하기 위한 목적으로 설립된 회사로, 한국 법률상 지주회사와 유사하다.

4 주관 상무부서에 증자비준 신청을 하면, 주관 상무부서가 국무원 상무부에 관련 자료를 보내고, 국무원 상무부가 비준 심사를 진행한다.

5 외채관리잠정규정상 유동자금은 운영자금을 말한다.

6 '지급통지서' 란 외채의 대주가 작성해서 차주인 외상투자기업에 발송하는 것으로, 지급통지서에는 상환되어야 하는 원금, 이자율, 계산일자 등이 기재되어야 한다.

7 그와 달리 자연인의 대출은 허용되어 있다.

8 제130호 문건은 외상투자부동산개발기업을 신규 설립할 때와 외상투자부동산개발기업이 증자하거나 외채차입을 할 때 모두 적용되는 중요 규제이다. 외상투자부동산개발기업을 설립할 때 제130호 문건이 어떻게 적용되는지는 〈제2부 외상투자기업의 설립과 경영Ⅱ 외상투자기업의 설립절차 2. 외상투자부동산개발기업의 특별 설립절차〉에서 다루었다.

9 중국 법률상 '프로젝트 투자총액' 에 대해 명확한 정의규정은 없다. 그러나 실무상 발전과개혁위원회가 발급하는 프로젝트 입항서류에 프로젝트 투자총액이라고 기재된 금액을 프로젝트 투자총액으로 본다. 중국 은행들이 프로젝트 투자총액 35% 요건을 심사할 때에도 마찬가지이다.

10 이와 같이 프로젝트 투자총액 및 프로젝트 자본금이란 용어는 외상투자기업

비준증서에 기재되는 투자총액 및 등록자본금과 상이한 개념이므로 주의를 요한다.

11 외환지정은행이란 국가외환관리총국으로부터 외환업무를 처리할 수 있도록 허가받은 시중 은행이다. 현재는 시중 은행 대부분이 외환업무를 처리할 수 있다.

12 여기서는 외국투자자가 외상투자기업의 출자지분을 양도하는 절차를 설명한다. 외국투자자가 내자기업의 출자지분을 인수하는 절차는 〈제5부 외국투자자가 중국 부동산을 취득하는 방법Ⅲ 외상투자기업을 통한 부동산의 간접취득〉을 참조하기 바란다.

13 외상투자산업지도목록은 〈제2부 외상투자기업의 설립과 경영 I 외상투자기업 일반론 2. 외상투자산업지도목록 – 2007년 개정〉의 해당 부분을 참조하기 바란다.

중국의 부동산 제도와 담보 제도

I
총론

1. 토지 제도의 특징

(1) 토지소유권과 토지사용권의 분리

중국 부동산 제도의 핵심은 토지소유권과 토지사용권의 분리에 있다. 토지소유권은 국가와 농민단체만이 가질 수 있고, 그 외의 개인이나 법인은 가질 수 없다. 국가 소유의 토지를 국유토지1라 하고, 농민단체 소유의 토지를 농민집체토지라 한다. 개인이나 법인은 토지를 소유할 수 없고, 국가로부터 국유토지의 사용권을 출양, 획발, 임대2받음으로써 국유토지를 사용할 수 있다.

국유토지사용권은 중국 물권법상 용익물권으로 분류되어 있고, 용익물권으로서의 권능은 한국 민법상의 용익물권과 유사하다. 국유토지사용권자는 국가로부터 허여받은 사용기한 내에서 토지사용권을 자유롭게 매매, 저당설정, 임대할 수 있다.

(2) 토지의 양도와 양도제한

농촌의 토지는 대부분 농민집체토지이므로, 농촌에서 사인私人 간에 토지소유권이나 토지사용권을 양도하는 것은 거의 불가능하다. 도시의 토지는 대부분 국유토지이고, 도시에서 사인 간에 토지를 양도한다는 것은 국가로부터 허여받은 토지사용권을 양도한다는 의미이다.

국유토지의 사용권자인 개인이나 법인은 원칙적으로 자신의 토지사용권을 자유로이 양도할 수 있다. 단, 국유토지의 사용권을 양도하는 데에는 다음 제한이 있다.

① 획발방식으로 취득한 토지를 양도하려면 먼저 출양절차를 거쳐야 한다.
② 도시부동산관리법 제37조에 따르면 (ㄱ) 국유토지사용권에 대해 제삼자가 권리를 주장하면서 소송을 제기한 경우 (ㄴ) 국유토지사용권에 대해 재산보전[3] 조치가 된 경우 (ㄷ) 국유토지사용권의 등기부에 이의등기[4]가 기재된 경우에는 토지양도가 제한된다. 이러한 경우 주관 토지관리부서는 토지등기부의 변경등기 수속과 토지사용증의 변경발급을 하지 않는다.

획발방식으로 취득한 국유토지사용권의 양도제한은 이하 〈Ⅳ 토지사용권 취득방식 3. 획발〉에서, 도시부동산관리법 제37조에 규정된 양도제한은 〈Ⅳ 토지사용권의 취득방식 4. 양도〉에서 상세하게 다룬다.

2. 건물 제도의 특징

(1) 농촌 건물의 양도제한

농촌의 건물은 농업용 건물과 농민 주택으로 구분된다. 농업용 건물은 농민단체의 소유이므로, 이를 양도한다는 것은 거의 불가능하다. 그와 달리 농민 주택은 농민에게 완전한 소유권이 인정되어 양도가 가능하지만, 농민 주택의 부지宅基地[5]가 농민집체토지이므로 농민 주택을 양도할 수 있는 경우는 사실상 동일한 농민단체 내의 농민 간에 양

도하는 것으로 국한된다. 농민들이 택기지에 주거용 건물을 신축해서
도시민들에게 분양하는 경우도 있으나, 이러한 주거용 건물에 대해서
는 적법한 소유권이 인정될 수 없다. 요컨대, 농촌에서의 건물 양도는
사회경제적 의미가 적다.

(2) 도시 건물의 양도제한

도시의 건물은 일반 건물과 주택으로 구분된다. 개인이나 법인은 일
반 건물과 주택에 대해 완전한 건물소유권을 가지므로, 건물소유권이
있는 자는 자유롭게 자신의 건물소유권을 처분(매매, 저당설정, 임대)할 수
있다.

그러나 ① 건물소유권에 대해 제삼자가 권리를 주장하면서 소송을
제기한 경우 ② 건물소유권에 대해 재산보전 조치가 된 경우 ③ 건물
소유권 등기부에 이의등기 또는 예고등기가 기재된 경우에는 건물소
유권의 양도가 제한된다. 이러한 경우 주관 건물관리부서는 건물등기
부의 변경등기 수속과 건물소유권증의 변경발급을 하지 않는다.

참고로 중국 대도시의 경우 당해 도시의 호적을 가진 자 외에는 주
택을 구입할 수 없다고 오해할 때가 더러 있는데, 당해 도시의 호적이
없어도 상품성 주택을 구입하는 데 법률적 제한을 받지 않는다.

3. 부동산 권리증명 제도

(1) 토지의 권리증명 제도 – 토지등기와 토지사용증

① 출양·획발 방식으로 토지사용권을 취득했을 때 토지사용권자는

주관 토지관리부서에서 원시등기를 하고 토지사용증을 신규 발급받는다. ② 토지사용권의 매매 등으로 토지사용증에 기재된 사항이 변경될 경우, 주관 토지관리부서에서 변경등기를 하고 토지사용증을 변경 발급받는다. ③ 한편, 토지사용권에 저당권을 설정할 때에는 주관 토지관리부서에서 저당권설정등기를 한다. 이때 주관 토지관리부서는 토지사용증에 저당권 설정 사실을 기재해서 토지사용권자에게 교부하고, 저당권자에게는 토지사용권 타항권리증6을 발급해준다.

　토지사용권을 증명하는 제도는 토지등기 제도와 토지사용증 제도로 이원화되어 있다. 토지등기부와 토지사용증을 관리하는 부서가 토지관리부서7로 동일하기 때문에, 토지등기부와 토지사용증의 기재사항은 보통 일치한다. 만일 일치하지 않으면 토지등기부에 기재된 사항이 우선하되, 토지등기부의 기재사항이 틀렸다고 주장하는 자가 그 사실을 입증하면 기재사항을 바로잡을 수 있다(토지등기방법 제16조).

(2) 건물의 권리증명 제도 – 건물등기, 건물소유권증

　① 건물소유권을 최초로 취득했을 때 건물소유권자는 주관 건물관리부서에서 원시등기를 하고 건물소유권증을 신규 발급받는다. ② 건물의 매매 등으로 건물소유권증에 기재된 사항이 변경되면 주관 건물관리부서에서 변경등기를 하고 건물소유권증을 변경 발급받는다. ③ 건물에 저당권을 설정할 때에는 주관 건물관리부서에서 저당권설정등기를 한다. 이때 주관 건물관리부서는 건물소유권증에 저당권설정 사실을 기재해서 건물소유권자에게 교부하고, 저당권자에게는 건물소유권 타항권리증을 발급해준다.

건물소유권을 증명하는 제도는 건물등기 제도와 건물소유권증 제도로 이원화되어 있다. 그리고 건물등기부와 건물소유권증을 관리하는 부서가 건물관리부서[8]로 동일하기 때문에, 건물등기부와 건물소유권증의 기재사항은 보통 일치한다. 만일 일치하지 않으면 건물등기부에 기재된 사항이 우선하되, 건물등기부의 기재사항이 틀렸다고 주장하는 자가 그 사실을 입증하면 기재사항을 바로잡을 수 있다(건물등기방법 제26조).

(3) 권리증명의 문제점

토지 및 건물에 관한 등록서류에는 등기부와 원시등록서류가 있다. 등기부란 토지·건물의 권리상황에 대한 내용이 기재된 공적 장부이고, 원시등록서류란 등기부와 관련된 등기 신청서 및 그 첨부서류이다.

토지·건물의 등기부에 대해 권리자 외의 일반인도 열람·등사가 가능하다. 그러나 대도시(예를 들어 북경시)를 제외한 일부 지역에서는 아직 등기부가 전산화되어 있지 않기 때문에 등기부를 열람할 수는 있어도 등기부 등본을 발급받지는 못한다. 한편, 토지·건물의 원시등록서류에 대해서는 ① 권리자 및 타항권리자 ② 권리자가 허용하는 제삼자 ③ 공증기관, 중재기관, 법원, 현재 소송·중재 절차에 있는 당사자에 한해서 열람이 가능하다.

그러나 위 규정이 있음에도, 일부 지역의 주관 토지관리부서와 건물관리부서는 일반인이 등기부를 열람하는 것을 제한하는 경우가 있다. 따라서 부동산 권리자의 협조 없이는 거래 상대방이 부동산의 권리 내역을 미리 파악하기가 어렵다. 주로 토지사용증과 건물소유권증으로 권리 내역을 확인하는 것이 실무이다.

Ⅱ
토지소유권 제도

1. 국유토지

국유토지는 ① 도시의 국유토지 ② 도시 인접지역의 국유토지 ③ 농촌의 국유토지로 나뉜다(토지관리법 제8조). 토지관리법 시행조례에서는 국유토지의 유형을 다음과 같이 더 상세하게 규정하고 있다(토지관리법 시행조례 제2조). 각 지역의 주관 토지관리부서는 국가를 대리해서 이러한 국유토지에 권리를 행사한다.

국유토지의 유형

1 도시 구역의 토지

2 국가가 수용해서 사용하는 토지

3 농민단체 소유가 아닌 삼림, 잔디밭, 황무지, 간석지 및 기타 토지

4 농촌 또는 도시인접지역이라고 해도,

　가. 농촌과 도시인접지역에서 이미 법에 따라 몰수, 수용, 매입되어 국가 소유가 된 토지

　나. 농민단체의 전체 촌민이 도시 주민으로 변경등록될 경우에 기존 농민집체토지

　다. 이민 또는 자연재해 등의 사유로 촌민들이 집단 이주한 후 더 이상 사용되지 않는 농민집체토지

---

2. 농민집체토지

토지관리법에 따르면 국유토지 외의 토지는 농민집체토지에 해당한다(토지관리법 제8조). 농민집체토지가 촌 단위의 농민단체 소유인 경우, 촌의 집단경제조직 또는 촌민위원회가 이를 경영·관리한다. 농민집체토지가 향·진 단위의 농민단체 소유인 경우, 향·진의 집단경제조직이 이를 경영·관리한다.

농민집체토지를 관리하는 집단경제조직은 현급 인민정부에 해당 토지를 등록해서 해당 토지 소유증서를 발급받는데, 이러한 절차를 통해 농민집체토지의 소유권이 확정된다.

Ⅲ
토지사용권 제도

1. 토지사용권 개관

(1) 국유토지의 사용권

개인이나 법인은 출양·획발 방식으로 국가로부터 국유토지의 사용권을 취득할 수 있다. 국유토지의 사용권을 출양·획발받을 때에는 국가로부터 일정한 사용 용도를 지정받는데, 보통은 국유토지의 지상에 건물을 신축해서 주택, 상가, 공장 등의 부지로 사용하기 위한 용도로 사용권을 취득한다. 지정된 사용 용도를 위반하면 벌금 등의 제재를 받을 수 있다.

(2) 농민집체토지의 사용권

농민집체토지는 그 용도에 따라 농업지, 택기지, 자류지, 자류산으로 나뉜다. 농업지란 농업 용도의 농민집체토지로서, 집단경제조직의 구성원이 도급받아 주로 농업, 임업, 목축업, 어업 생산에 사용된다. 택기지란 집단경제조직이 농민 개인에게 사용권을 부여한 농민주택의 부지이다. 자류지와 자류산이란 집단경제조직이 구성원인 농민에게 사용권을 부여한 마당, 창고, 텃밭 등의 개인 용도 토지이다. 이와 같이 농민 개인은 집단경제조직으로부터 택기지, 자류지, 자류

산 등의 사용권을 부여받을 수 있다. 그러나 건설 목적으로 농민집체
토지의 사용권을 취득하는 것은 어렵다. 농민집체토지를 건설 목적
으로 사용할 수 있는 것은 일반적으로 ① 향진 기업을 설립하거나 ②
촌민들이 주택을 건설하거나 ③ 향진의 공공시설을 건설하는 경우이
다. 그 외에는 농민집체토지를 건설 목적으로 사용하기 어렵다.

(3) 소결

이처럼 부동산투자 및 개발과 관련해서 문제가 되는 것은 주로 국
유토지 사용권이고, 농민집체토지 사용권이 문제되는 경우는 거의 없
다. 그러므로 이 책에서는 국유토지 사용권을 중심으로 설명하기로
한다. 특별한 언급이 없는 이상, 이하에서 '토지사용권' 이라 하면 국
유토지 사용권을 의미하는 것으로 한다.

2. 토지사용권의 등기절차

(1) 토지등기의 종류

토지등기는 주관 토지관리부서에서 취급하고, 토지등기부에는 토
지사용권 및 타항권리가 기재된다. 토지등기의 종류는 크게 ① 원시
등기 ② 변경등기(매매, 기재사항 변경) ③ 저당권설정등기 ④ 시정등기
⑤ 이의등기 ⑥ 예고등기로 구분된다.

(2) 원시등기와 변경등기

출양 · 획발 방식으로 토지사용권을 신규 취득할 때, 토지사용권자

는 주관 토지관리부서에서 원시등기를 해야 한다. 원시등기를 마쳐야 토지사용증을 발급받을 수 있다.

원시등기를 한 후 ① 토지사용권이 이전되거나 ② 토지사용증에 기재된 기타 사항이 변경되는 경우 변경등기를 해야 한다.

토지사용권이 이전되는 경우 주관 토지관리부서에서 변경등기를 하고, 토지사용증의 해당 부분(소유자명)이 변경된 새로운 토지사용증을 발급받는다. 토지사용증의 기타 사항(토지사용권자의 상호·주소의 변경, 토지의 주소·면적 변경, 토지의 분할·합병 등)이 변경된 경우 토지사용권자는 변경등기를 하고, 변경 사항이 기재된 토지사용증을 다시 발급받는다.

(3) 저당권설정등기

저당권설정등기는 저당권설정자와 저당권자가 공동으로 신청하거나, 공동으로 위임한 제삼자가 신청할 수 있다. 주관 토지관리부서에서 저당권설정등기를 하면, 저당권설정자는 저당권설정 사실이 기재된 토지사용증을 재발급받고, 저당권자는 토지타항권리증을 발급받는다. 토지사용증과 토지타항권리증에는 각각 저당권 등기일·등기번호, 저당권자, 주채권금액(=피담보채권액)이 기재된다. 다음은 토지사용권에 관한 저당권을 설정할 때 제출해야 하는 서류이다. 단, 지역별로 조금씩 편차가 있으므로 저당권 설정등기 신청에 앞서 별도로 확인해야 한다.

토지사용권 저당권 설정 시 제출서류

	제출서류	비 고
1	토지저당 신청표	토지관리국에서 사용하는 양식에 따라 작성함
2	주채권계약서 및 저당계약서	각 계약서의 원본 및 사본
3	신분증명서류	① 당사자(저당권설정자, 저당권자)가 개인인 경우 : 신분증 ② 당사자(저당권설정자, 저당권자)가 법인인 경우 : 영업집조 부본 및 사본(회사인감 날인 요)
4	회사정관	저당권설정자인 회사정관의 원본 및 사본(회사인감 날인 요)
5	결의서	저당권설정자 최고의결기관에서 저당권설정을 승인하는 결의서
6	토지사용증 및 건물소유권증	– 토지사용증과 건물소유권증의 원본 및 사본 – 지상건물이 있을 경우에는 건물소유권증도 제출함
7	토지사용권 가치평가보고서	토지평가자격을 갖춘 회계법인 등이 발급함
8	기타 서류	신청대리인의 권한위임장 및 신분증

(4) 시정등기와 이의등기

시정등기란 등기부 기재에 착오가 있을 때 주관 토지관리부서가 직권 또는 권리자의 신청에 따라 이를 시정하는 등기이다. 이의등기란 등기부 기재에 착오가 있음에도 권리자가 시정하지 않는 경우, 주관 토지관리부서가 이해관계인의 신청에 따라 이를 시정하는 등기이다.

토지등기부 기재에 착오가 있으면 권리자(토지사용권자 또는 타항권리자)는 이해관계인의 동의서를 첨부해서 시정등기를 신청할 수 있다. 권리자에 앞서 주관 토지관리부서가 착오를 발견하면, 착오 사항이 권리 귀속에 영향을 미치지 않는 것에 한해 직권으로 착오를 시정하고 이를 권리자에게 통지한다. 그와 달리 착오 사항이 권리귀속에 영향을 미치는 것이라면 권리자에게 시정등기를 신청하도록 통지하고, 권리자의 신청으로 착오가 시정되기 전까지는 해당 토지에 관한 변경등기 수속을 하지 않는다.

토지등기부 기재에 착오가 있음에도 권리자가 자진하여 시정하지 않으면, 이해관계자는 주관 토지관리부서에 이의등기를 신청할 수 있다. 토지관리부서가 이의등기를 접수하면 이를 토지등기부에 기재해야 한다. 이의등기가 경료된 기간 동안에는 토지사용권의 양도 수속을 할 수 없다. 이해관계인과 권리자 간의 소송이 확정된 후에 이의등기를 말소한다.

(5) 예고등기

토지사용권 양수도계약을 체결한 후, 당사자는 주관 토지관리부서에서 예고등기를 할 수 있다. 예고등기 신청을 접수한 후 주관 토지관리부서는 이를 등기부에 기재하고 신청인에게 예고등기증명서류를 발급한다. 예고등기 후 양수도계약이 해제되거나 예고등기일부터 3개월(예고등기 기간) 내에 토지사용권 명의이전을 하지 않으면 예고등기는 효력을 상실한다. 예고등기 기간 내에는 예고등기 권리자의 동의 없이 토지사용권 명의이전 또는 저당권설정을 할 수 없다.

3. 토지사용증

(1) 토지사용증 양식

토지사용권자가 출양·획발 절차를 마치고 주관 토지관리부서에서 원시등기를 하면, 주관 토지관리부서는 토지사용권자에게 토지사용증을 발급해준다. 다음은 토지사용증 양식이다.

① 토지사용증(표지)

② 토지사용증(제1면)

营口国用（	2006第	2300号2			
土地使用权人	营口沿海开发建设有限公司				
座　落	辽宁(营口)沿海产业基地管委会新联大街东1-8号				
地　　号	06-00-00-000料-6　号		空格		
地类(用途)	工业	取得价格			
使用权类型	出让	终止日期	2056年07月30日		
使用权面积	5000000㎡	共中	独用面积		㎡
			分摊面积		㎡

根据《中华人民共和国宪法》、《中华人民共和国土地管理法》和《中华人民共和国城市房地产管理法》等法律法规，为保护土地使用权人的合法权益，对土地使用权人申请登记的本证所列土地权利，经审查核实，准予登记，颁发此证。

营口市 人民政府 (章)

2006 年 07 月 31 日

③ 토지사용증(제2면)

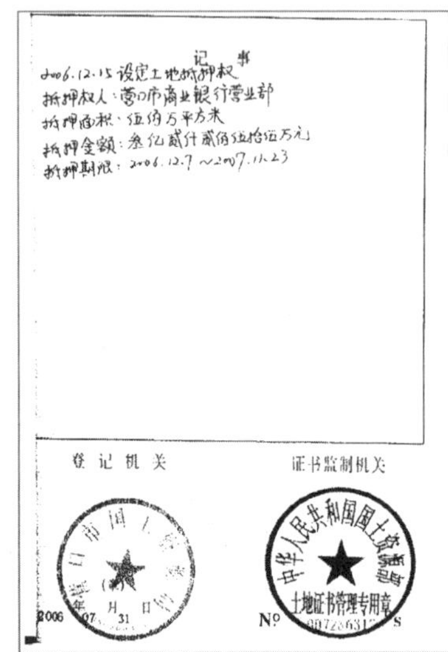

토지사용증(제1면)

토지사용권자			
주 소			
지 번		도면 번호	
용 도	공업	취득가격	
사용권 유형	출양	사용기한	
사용권 면적	50,000㎡	독용면적	
		공동면적	
생략			

토지사용증(제2면)

기 재

설정일자 :

저당권자 :

저당면적 :

저당금액 :

저당기한 :

(2) 토지 용도

'용도'란에는 공업, 주택, 상업, 종합(주택 및 상업) 등의 토지용도
가 기재된다. 토지사용권자는 지정된 용도에 따라 토지를 사용해야
한다.

(3) 토지사용권 유형

'사용권 유형'란에는 토지사용권 부여 방식에 따라 출양 또는 획
발이라고 기재된다. 출양이란 국가(현급 이상의 인민정부)가 공공기관이
나 국유기업이 아닌 사인에게 토지사용권을 부여하는 절차이다. 출
양방식으로 토지사용권을 부여받은 사인은 그 대가로 국가에 출양금
을 지급해야 한다. 획발이란 국가(현급 이상의 인민정부)가 공공건물, 군
사기지, 기초시설, 학교, 병원의 건축 등 공공사업을 위해 공공기관,
국유기업 등에게 토지사용권을 부여하는 절차이다. 개인이나 외상투
자기업을 포함한 사기업이 획발방식으로 토지사용권을 취득하는 경
우는 거의 없다. 출양과 획발은 이하 〈Ⅳ 토지사용권 취득방식〉에서
상세히 다룬다.

(4) 토지 사용기한

획발방식으로 토지사용권을 부여하는 데에는 사용기한이 별도로
존재하지 않는다. 그러나 출양방식으로 토지사용권을 부여할 때에는
국가가 법정 최대 출양기한의 범위 내에서 별도로 사용기한을 설정
하는데, 토지사용증에는 사용기한의 만기일이 기재된다. 출양기한이
만료되면 토지사용권이 국가로 회수되므로, 토지사용권을 이전받을

때에는 토지사용증에 기재된 사용기한을 반드시 확인해야 한다.

법정 최대 출양기한은 토지 용도에 따라 다르며, 아래 표와 같다.

법정 최대 출양기한

	토지 용도	최대 출양기한
1	주거용지	70년
2	공업용지	50년
3	교육, 과학기술, 문화, 위생, 체육 용지	50년
4	상업, 여행, 위락 용지	40년
5	종합용지 또는 기타용지	50년

토지사용권 출양기한이 만료된 후에도 토지사용권을 계속 보유하려면, 토지사용권자는 출양기한이 만료되기 1년 전까지 주관 토지관리부서에 기한연장을 신청해야 한다. 기한연장 신청이 있으면 주관 토지관리부서는 사회 공공의 이익을 위해 토지사용권을 회수하는 경우를 제외하고는 기한연장을 비준해야 한다.

기한연장을 할 때에는 다시 토지사용권 출양계약을 체결하고, 출양금을 납부해야 한다. 토지사용권자가 기한연장을 신청하지 않거나 기한연장 신청에 대해 비준을 얻지 못하면 토지사용권은 무상으로 회수된다. 이처럼 출양기한을 연장할 때 출양금을 다시 납부해야 하기 때문에 출양기한이 얼마나 남았는지에 따라 토지사용권 매매가격이 영향을 받게 된다.

물권법에서는 주거용지의 출양기한은 자동 연장된다고 규정하고 있다(물권법 제149조). 그런데 출양기한이 자동 연장될 때에도 별도로 출양금을 납부해야 하는지에 대해서는 규정이 없는 상태이다. 단, 주거용지의 출양기한이 70년인 반면 출양 제도가 실시된 것은 불과 30~40년이므로, 이 문제는 아직 중국에서 현실화되지 않고 있다. 만일 주거용지의 출양기한이 연장될 때에도 별도 출양금을 납부해야 한다면 일반 서민의 재정에 큰 영향을 미치게 될 것이다. 따라서 중국 정부는 이를 감안해서 입법이나 정책을 수립할 것으로 예상된다.

(5) 타항권리 기재사항

토지사용증의 제2면에는 토지사용권에 설정된 저당권(=타항권리)에 관한 사항이 기재된다. 그런데 토지사용권에 저당권을 설정하더라도 해당 토지사용증에는 그 내용이 기재되지 않는 경우가 있다. 따라서 토지사용권에 저당권이 설정되어 있는지 여부를 정확하게 확인하려면 주관 토지관리국에서 등기부를 확인해야 한다.

Ⅳ
토지사용권 취득방식

1. 서론

　국가로부터 국유토지사용권을 취득하는 방식에는 출양과 획발이 있다. 국유토지사용권은 양도가 가능하므로, 국유토지사용권이 있는 자로부터 양도·출자를 받을 수도 있다. 국가로부터 국유토지사용권을 임대받는 경우도 있는데, 이 경우 국유토지를 사용할 수 있는 권리를 갖게 되지만 국유토지사용권 자체를 취득하지는 못한다.

　외상투자기업은 일반적으로 출양, 양도, 출자 방식으로 국유토지사용권을 취득하고, 획발이나 임대 방식으로 토지를 사용하는 경우는 거의 없다.

2. 출양[9]

(1) 출양인

　국유토지사용권을 출양할 수 있는 국가기관은 현급 이상의 인민정부이다. 인민정부로부터 권한위임을 받은 주관 토지관리부서가 출양절차를 주관한다(출양규정규범 제4조). 이처럼 국유토지사용권의 출양절차를 진행하는 주관 토지관리부서를 '출양인' 이라 부르기도 한다.

(2) 출양방식 – 입찰출양, 경매출양, 공시매매출양, 합의출양

주관 토지관리부서는 입찰출양, 경매출양, 공시매매출양, 합의출양 중에서 하나의 방식을 선택할 수 있다. 입찰출양이란 불특정 다수의 입찰신청인으로부터 제출받은 입찰신청의 결과에 따라 토지사용권자를 정하는 절차이다. 경매출양이란 경매신청인들이 직접 지정된 장소에서 공개 가격경쟁을 하여 토지사용권자를 정하는 절차이다. 공시매매출양이란 토지 거래조건을 미리 공시한 이후에 최소 10일 이상의 기간 동안 경매신청인들이 가격을 제시하고 이에 따라 주관 토지관리부서가 공시가격을 수정하면서 원칙적으로 최고가격을 제시한 자를 토지사용권자로 정하는 절차이다. 합의출양이란 특정인과 거래조건을 합의해서 출양하는 절차이다.

(3) 입찰출양, 경매출양, 공시매매출양 ① – 출양계획 공표 ~ 자격 심사

① 출양계획 공표 : 주관 토지관리부서는 직권 또는 신청에 의해 출양계획을 작성한다. 주관 토지관리부서는 소속 인민정부의 비준을 받아 출양계획을 공표하고, 토지공급방식(입찰, 경매, 공시매매)을 확정한다(출양규정규범 제5조).

② 출양방안 확정 : 출양방안에는 토지의 위치, 면적, 용도, 사용기간, 사용조건, 공급일, 공급방식, 건설기간 등이 기재된다. 출양방안은 주관 토지관리부서가 작성해서 소속 인민정부로부터 비준을 받는다(출양규정규범 제6조).

③ 토지가격 평가 : '도시토지가격평가규칙'에 따라 주관 토지관리부서는 회계법인을 통해 출양토지를 감정평가해서 토지의 최저가격을 확정한다(출양규정규범 제7조).

④ 출양서류 작성 : 주관 토지관리부서는 시 또는 현급 인민정부로부터 비준받은 출양방안을 기초로 다음 출양서류(출양절차에서 사용될 공문서)를 작성한다(출양규정규범 제8조).

출양서류

출양방식	출양서류
입찰출양	입찰공고문 또는 입찰초청서, 입찰출양준칙, 입찰문서, 입찰신청서, 부지도면, 부지규획요구, 낙찰통지서, 국유토지사용권 출양계약서 등
경매출양	경매출양공고문, 경매출양준칙, 경매 신청서, 부지도면, 부지규획요구, 성교확인서10, 국유토지사용권 출양계약서 등
공시매매출양	공시매매공고문, 공시매매출양준칙, 공시매매 신청서, 공시매매 견적서, 부지도면, 부지규획요구, 성교확인서, 국유토지사용권 출양계약서 등

⑤ 출양공고문의 공표 : 주관 토지관리부서는 신문, TV, 인터넷 등을 통해 출양공고문을 공표한다. 출양공고문의 제목을 보면 출양방식을 알 수 있다. 예를 들어 입찰 출양방식에서는 출양공고문의 제목이 '국유토지사용권입찰출양공고'로 기재된다. 만일 출양방식이 확정되지 않았다면 공고문의 제목은 '국유토지사용권공개출양공고'로 기재된다. 다음은 출양공고문의 주요 기재사항이다(출양규정규범 제9조).

출양공고문의 주요 기재사항

	출양공고문의 주요 기재사항
1	주관 토지관리부서의 명칭, 주소, 연락방식
2	출양토지의 위치, 면적, 용도, 개발정도, 규획요구, 사용기간, 건설기간
3	입찰인·경매인 자격을 취득하기 위한 자격
4	입찰인·경매인 자격을 취득하기 위한 신청방법
5	입찰·경매·공시매매 서류를 받을 수 있는 기간
6	주소와 연락방식
7	입찰·경매의 개시일, 개시장소, 기간
8	낙찰인·매입자를 확정하는 표준과 방법
9	입찰·경매·공시매매 보증금의 금액11, 지급방식, 지급일

출양공고기간 중에 출양공고문의 내용을 변경할 경우, 주관 토지관리부서는 보충 출양공고문을 공표한다. 기존 출양공고문의 내용이 변경되어 토지가격에 중대한 영향을 미치게 될 경우, 보충 출양공고문은 입찰, 경매, 공시매매절차의 개시 20일 전까지 공표되어야 한다(출양규정규범 제9조 제3항).

⑥ 자격 심사 : 입찰·경매·공시매매에 참가하려는 자는 출양공고문에서 정한 기간까지 주관 토지관리부서에 입찰·경매·공시매매 보증금을 납부하고, 다음 서류를 제출해야 한다. 주관 토지관리부서는 다음 서류에 근거해서 심사를 거쳐 입찰인·경매인 자격을 심사한다. 입찰·경매·공시매매 방식으로 토지를 출양할 경우, 자격을 취득한 입찰인(입찰방식)이나 경매인(경매 또는 공시매매 방식)이 3명보다 적어서는 안 된다(출양규정규범 제10조).

입찰인 · 경매인 자격을 취득하기 위한 제출서류

	제출서류
내국신청인	신청서, 신분증(개인), 영업집조 및 법정대표인의 자격증명서류(법인), 보증금납부증명서, 출양서류에서 정한 기타 서류
외국신청인*12*	신청서, 신분증(개인), 본국의 영업허가증 및 대표자의 자격증명서류(법인), 보증금납부증명서, 출양서류에 규정한 기타 서류
연합신청	연합신청하려는 각 당사자가 공동 서명날인한 신청서, 각 당사자의 신분증명서류, 연합 입찰 · 경매 합의서(권리의무, 출자액, 출자비율 등을 명기함), 보증금납부증명서, 출양서류에 규정한 기타 서류

신청인이 토지를 출양받은 후에 별도의 부동산개발기업을 설립하고 그 기업으로 부동산개발을 하게 할 경우, 신청서에 동 기업의 설립예정일, 출자액, 출자비율 등을 기재한다. 이때 먼저 신청인의 명의로 의향서를 체결하고, 추후에 부동산개발기업이 설립되면 그 기업의 명의로 출양계약을 체결한다.

(4) 입찰출양, 경매출양, 공시매매출양 ② – 입찰절차, 경매절차, 공시매매절차

① **입찰출양 절차**(출양규정규범 제11조)

a) 입찰서류 제출 : 입찰마감일 전까지 입찰인은 주관 토지관리부서에 입찰서류를 제출해 한다. 입찰출양공고문에서 입찰서류의 우편제출을 허용하면 입찰서류를 우편방식으로도 제출할 수 있으나, 이 경우에도 입찰마감일 전까지 도착해야 한다. 입찰서류를 제출한 후에는 이를 취소할 수 없다.

b) 개찰 : 주관 토지관리부서는 입찰출양공고문에서 정한 시간, 장

소에 개찰을 해야 하고, 이때 모든 입찰인에게 통지해서 참가하
도록 해야 한다. 개찰일에 즉석에서 입찰함을 개봉해서 입찰인
들의 성명, 입찰가격, 입찰서류 등의 주요 내용을 공개해야 한
다. 입찰인이 3명 미만인 것으로 밝혀질 경우, 주관 토지관리부
서는 다시 입찰절차를 진행해야 한다.

c) 낙찰인을 결정 : 주관 토지관리부서의 담당자 또는 관련 전문가
로 구성된 입찰평가위원회가 입찰출양공고문에서 정한 평가 표
준 및 방법에 따라 입찰서류를 평가 및 심사해서 낙찰인을 결정
한다. 통상적으로 입찰가격을 포함해 종합평가 표준에서 최대 점
수를 얻은 자를 낙찰인으로 정한다. 단, 입찰가격만으로 낙찰인
을 정할 때에는 따로 입찰평가위원회를 구성할 필요가 없다.

② **경매출양 절차**(출양규정규범 제12조)

a) 경매인을 점검 : 주최자인 주관 토지관리부서 담당자가 경매인
들을 점검한다.

b) 주최자의 설명 : 주최자인 주관 토지관리부서 담당자는 ① 경매
대상 토지의 위치, 면적, 용도, 사용연한, 계획요구, 기타 관련
사항을 소개하고 ② 최저가격, 가격인상규칙, 가격인상폭을 공
표한다.

c) 경매 : 경매인들은 희망가격을 제시한다. 주최자는 경매인들이
제시한 가격을 확인한 후, 계속 가격경쟁을 하도록 한다. 경매
과정에서 경매인들이 가격을 제시하는 상황에 따라 주최자는 가
격인상폭을 조정할 수 있다. 주최자가 연속 3회에 걸쳐 동일한

가격을 부른 후에도 새로이 제시되는 가격이 없을 경우, 주최자
는 경매가 종료되었음을 공표한다.

d) 매입자를 결정 : 주최자는 최고가를 제시한 경매인을 매입자로
공표한다. 그러나 그 가격이 당초 주최자가 정한 최저가격에 도
달하지 못할 경우, 주최자는 경매절차를 종료시켜야 한다.

③ 공시매매출양 절차(출양규정규범 제13조)

a) 토지 거래조건을 공시 : 공시매매 개시일에 주최자인 주관 토지
관리부서는 토지의 위치, 면적, 용도, 사용연한, 규획요구, 최
저가격, 가격인상규칙, 가격인상폭 등의 공시매매 사항을 공시
매매 거래장소에 공시한다.

b) 경매인들의 가격 제시 : 경매인들은 수시로 가격을 제시한다.

c) 토지 거래조건(가격)을 수정 공시 : 경매인들이 제시하는 가격을
확인하면서, 주관 토지관리부서는 가격을 수정해서 공시한다.

d) 공시매매 기간 : 공시매매 기간은 최소 10일 이상이어야 한다.
공시매매 기간 동안 주관 토지관리부서는 경매인들이 가격을 계
속 제시할 것인지 여부를 지속해서 확인한다.

e) 공시매매 종결일 : 주최자는 공시매매절차의 종결일에 공시매
매 거래장소 현장에서 최고가격 및 최고가 경매인을 공표하고,
다른 경매인들에게 계속 새로운 가격을 제시할 것인지 여부를
확인한다. 만일 다른 경매인들이 더 높은 가격을 제시하면, 공
시매매절차는 현장 경매절차로 바뀐다. 그와 달리 주최자가 연
속 3회에 걸쳐 최고가격을 공표했으나 다른 경매인들이 더 높

은 가격을 제시하지 않을 경우, 다음 기준에 따라 매입자를 확
정한다.

i) 공시매매절차에 참여한 경매인이 1명인 경우 : 경매인이 제시한
가격이 당초 공고된 최저가격보다 높고 공고문에서 제시한 기타
조건에도 부합될 경우 그 경매인이 매입자가 된다.

ii) 공시매매절차에 참여한 경매인이 2명 이상인 경우 : 최고가격
을 제시한 경매인이 매입자가 된다. 최고가격을 제시한 자가 2
명 이상일 경우 먼저 최고가격을 제시한 자가 매입자가 된다.

iii) 공시매매 기간에 경매인이 한 명도 없거나, 경매인이 제시한
가격이 모두 최저가격보다 낮거나, 경매인 전원이 공고문에서
제시한 조건에 부합되지 않을 경우 : 거래 실패.

④ 낙찰통지서 또는 성교확인서 : 주관 토지관리부서는 낙찰인·
매입자에게 낙찰통지서(입찰의 경우) 또는 성교확인서(경매 또는 공시매매
의 경우)를 송부한다. 낙찰통지서 또는 성교확인서에는 주관 토지관리
부서, 낙찰인·매입자, 토지의 명세, 토지의 가격, 출양계약 체결일
및 체결장소 등이 기재된다.

출양절차에 참가할 때 납입한 보증금은 낙찰통지서 또는 성교확인
서에 의해 계약보증금으로 전환된다. 따라서 낙찰통지서 또는 성교
확인서가 교부된 후에 낙찰인·매입자가 위약을 하면 계약보증금을
몰취당할 수 있다. 낙찰통지서 또는 성교확인서는 낙찰인·매입자뿐
만 아니라 주관 토지관리부서에 대해서도 구속력이 있으므로, 이때
부터 주관 토지관리부서는 임의로 출양조건을 변경할 수 없다. 계약

보증금은 추후에 출양계약이 체결되는 단계에서 토지대금의 일부(기 납부된 토지대금)로 전환된다.

<h3 style="text-align:center">中标通知书</h3>

______(中标人名称)：

现确定你方为编号____地块的国有土地使用权招标出让中标人，有笑事项通知如下：

该地块中权单价为每平方米人民币元____(大写)(¥__)，总价为人民币____万元(大写)(¥__)。其中，出让金单价为每平方米人民币元____(大写)(¥__)，总价为人民币____万元(大写)(¥__)。

本《中标通知书》一经签发，即视为成交。你方交纳的投标保证金，自动转作受让地块的定金。你方应当于__年__月__日之前，持本《中标通知书》到(地点)与____国土资源局签订《国有土地使用权出让合同》。不按期签订《国有土地使用权出让合同》的，视为你方放弃中标资格，你方应承担相应法律责任。

本《中标通知书》一式__份，招标人执__份，中标人执__份。特此通知。

招标人：____________________(加盖公章)

__年__月__日

낙찰통지서

______(낙찰인 명칭) :

귀하가 ____(번호) 국유토지사용권 입찰출양의 낙찰인임을 확정하고, 다음 사항을 통지한다:

동 부지의 낙찰가격은 평방미터당 ____RMB이고, 총 가격은 ____만 RMB이다. 그 중, 출양금은 평방미터당 ____RMB이고, 총 출양금은 ____만 RMB이다. 본 통지서가 발급되는 시점에서 거래가 완성된다. 귀

하가 지급한 입찰보증금은 자동으로 토지인수관련 보증금으로 전환된다. 귀하는 __년 __월 __일까지 본 〈낙찰통지서〉를 소지하여 ___(주소)에서 토지자원국과 〈국유토지사용권출양계약〉을 체결해야 한다. 위 기한 내에 이를 체결하지 않으면 귀하가 낙찰자격을 포기한 것으로 간주하고, 귀하는 법률적 책임을 져야 한다.

본 〈낙찰통지서〉는 1식 __부인 바, 입찰공고인이 __부를 소지하고 낙찰인이 __부를 소지한다

입찰공고인: __________(날인)

__년 __월 __일

成交确认书

在__年__月__日______(地点)举为的国有土地使用权拍卖(挂牌)出让活动中，______(竞得人)竟得编号__地块的国有土地使用权。现将有笑事项确认如下：

该地块成交单价为每平方米人民币____元(大写)(￥__)， 总价为人民币____万元(大写)(￥__)。其中，出让金单价为每平方米人民币____元(大写)(￥__)， 总价为人民币____万元(大写)(￥__)。

竞得人交纳的竞买保证金，自动转作受让地块的定金。______(竞得人)应当于__年__月__日之前，持本《成交确认书》到____(地点)与____国土资源局签订《国有土地使用权出让合同》。 不按期签订《国有土地使用权出让合同》的， 竞得人放弃竞得资格， 竞得人应承担相应法律责任。

本《成交确认书》一式__份， 拍卖(挂牌)人执__份， 竞得人执__份。
特此确认。

拍卖(挂牌)人：________________
竞 得 人：________________
　　　　　　　　　　__年__月__日

성교확인서

__년 __월 __일 ____(주소)에서 이루어진 국유토지사용권 경매(공시매매) 출양에서 ____(매입자)는 ____(번호) 국유토지사용권을 매입한 바, 다음 사항을 확인한다:

동 부지의 낙찰가격은 평방미터당 ____RMB이고, 총 가격은 ____만 RMB이다. 그 중, 출양금은 평방미터당 ____RMB이고, 총 출양금은 ____만 RMB이다. 귀하가 지급한 입찰보증금은 자동으로 토지인수관련 보증금으로 전환되는 바, 귀하는 __년 __월 __일까지 본 〈성교확인서〉를 소지하여 ____(주소)에서 토지자원국과 〈국유토지사용권출양계약〉을 체결해야 한다. 위 기한 내에 이를 체결하지 않으면 귀하가 낙찰자격을 포기한 것으로 간주하고, 귀하는 법률적 책임을 져야 한다.

본 〈성교확인서〉는 1식__부인 바, 경매(공시매매)인이 __부를 소지하고 매입자가 __부를 소지한다

경매(공시매매)인: ___________

매입자: __________

__년 __월 __일

⑤ 출양계약 체결, 출양결과 공표 : 주관 토지관리부서는 확정된 낙찰인·매입자 간에 국유토지사용권 출양계약을 체결하고, 그에 따른 출양결과를 공표한다. 출양계약서에는 출양토지의 면적, 출양금 액수, 출양금 납부기한, 출양토지의 개발기간, 출양토지에 대한 주관 규획관리부서의 규획조건 등이 기재된다. 규획조건이란 해당 토지의 개발이 도시규획(도시계획)에 부합되도록 설정된 조건이다. 만일 출양계약서에 규획조건이 기재되지 않으면, 그 출양계약서는 무효로 간주된다. 이에 대한 상세한 내용은 〈제6부 부동산개발 프로젝트 Ⅲ부동산개발 프로젝트의 4대 허가증〉을 참조하기 바란다.

⑥ 건설용지비준서 발급: 주관 토지관리부서는 낙찰인·매입자에게 건설용지비준서를 발급한다.

⑦ 출양금 납부 ⇒ 원시등기 ⇒ 토지사용증 교부 : 낙찰인·매입자가 출양금13을 납부하고 원시등기를 마치면, 주관 토지관리부서는 토지사용증을 교부한다. 원시등기를 마침으로써 낙찰인·매입자는 토지사용권을 취득한다(권리취득시기).

출양금을 분할납부하면서 출양토지를 분할취득할 수 있는가

출양금이 다액인 경우 낙찰인·매입자는 출양계약 상의 출양금을 분할납부하면서 그에 따라 토지를 분할취득할 수 있을까? 출양규정규범에 따르면, 출양계약상의 출양금 전액을 납부하지 않은 경우 주관 토지관리부서는 토지사용증을 발급하지 못한다. 또한 주관 토지관리부서가 출양금 납부 비율에 따라 토지사용증을 분할해서 발급하지 못하도록 규정되어 있다(출양규정규범 제23조). 실무상 일부 지역에서 토지사용권증을 분할해서 발급한 사례가 있기도 하나, 이는 위 출양규정을 위반한 것이며 일반적으로 적용될 수 없는 사례이므로 주의해야 한다. 출양금을 일시에 납부하기 어려울 것으로 예상된다면, 출양계약을 여러 개로 분할해서 체결하는 것이 대안이다.

건설용지비준서(양식 및 한글번역본)

중화인민공화국 건설용지비준서 字( )號 년 월 일	사용업체		
	건설항목 명칭		
	토지사용권 취득방식	비준서류	
	사용업체 주관부서		
	건설성격	토지용도	
	부지 총면적	출양	
		획발	
	건축용적율	건축 총면적	
	토지위치 및 인근		
	착공일	준공일	
	유효기간		
	비고		

(5) 합의출양절차

합의출양에 관한 사항은 '합의출양규범'에서 따로 정하고 있다. 상업, 여행, 위락, 주택건설 등 영리 목적으로 토지를 사용할 경우 원칙적으로 입찰·경매·공시매매 방식의 출양을 거쳐야 하고, 합의출양에 의할 수 없다. 합의출양방식으로 국유토지사용권을 출양할 수 있는 경우는 다음과 같이 매우 제한적이다(합의출양규범 제4조 3항).

1 영리 목적(예를 들어 상업, 여행, 오락, 주택건설) 외의 목적으로 사용될 토지의 공급계획이 공표된 이후에 단 1명의 토지사용신청인만 있을 경우
2 획발 또는 임대 방식으로 토지사용권을 취득한 자가 비준을 받아 합의출양방식으로 다시 토지사용권을 취득하는 경우(법령, 획발결정서, 임대계약서 등에 동 토지사용권을 회수해서 다시 출양한다는 규정이 있을 경우에는 제외)
3 토지사용권을 출양받은 자가 사용기간 연장 신청을 한 경우

국유토지사용권을 합의출양할 경우 출양금 액수에 일정한 제한(하한선)이 있다. 이때 출양금은 ① 건설용지 유상사용비, 철거보상비용, 세금의 합계보다 적어서는 안 되고 ② 기준지가가 정해진 지역의 경우 출양토지의 등급에 따른 기준지가의 70%보다 적어서는 안 된다(합의출양규범 제5조).

합의출양으로 토지사용권을 취득한 후에 당해 토지의 용도를 영리목적(예를 들어 상업, 여행, 위락, 주택건설)으로 변경할 경우, 토지사용권자는 주관 토지관리부서 및 규획관리부서로부터 동의를 받은 후에 토지사용권출양계약 변경합의서 또는 새로운 토지사용권 출양계약을 체결해야 한다. 또한 토지 시장가격에 따라 출양금을 추가납부해야 한다.

합의출양 절차

1 주관 토지관리부서는 합의출양계획을 공표하고, 토지사용신청을 접수받음
2 주관 토지관리부서는 합의출양방안을 작성함
3 주관 토지관리부서는 토지사용권에 대한 감정평가를 실시해서 최저가격을 확정함
4 주관 토지관리부서는 합의출양방안과 최저가격에 대해 인민정부(합의출양에 대해 비준권한이 있는 인민정부)로부터 비준을 받음
5 토지사용 희망자와 협상하여 국유토지사용권 의향서를 체결함
6 주관 토지관리부서는 출양토지의 위치, 면적, 용도, 사용기간, 사용조건 등을 5일 이상 공시함(공시기간에 제삼자가 이의를 제기하거나 법률 혹은 행정법규 위반이 있다고 판단할 경우 합의출양 절차가 종료됨)
7 국유토지사용권 출양계약을 체결하고, 출양결과를 공표함
8 건설용지비준서 발급 ⇒ 출양금 납부 ⇒ 원시등기 ⇒ 토지사용증 교부

출양절차에 참가할 때 주의사항

1 출양자격을 확인할 것

실무상 출양자격이 없는 정부기관이 출양절차를 진행하는 경우가 있다. 예를 들어 ○○시개발구 또는 ○○시관리위원회라는 명칭을 가진 정부기관이 해당 시의 국유토지에 관한 출양절차를 진행하는데, 이러한 개발구 또는 관리위원회가 실제로는 출양권한이 없는 경우가 있다. 현지 사정에 어두운 외상투자부동산개발기업이 이처럼 출양자격이 없는 정부기관과 토지출양계약을 체결했다가 불이익을 당하기도 한다. 최고법원에서 공표한 '국유토지사용권 계약 관련 분쟁사건 심사의 법률적용 문제에 대한 해석'에 따르면, 출양자격이 없는 정부기관과 체결한 토지사용권출양계약은 무효이다. 따라서 늦어도 토지출양계약 체결 단계에서는 상대방 정부기관이 적법한 출양권한을 갖추었는지 확인해야 한다.

2 출양금의 납부시기를 확인할 것

출양계약서에서 정해진 출양금 지급시기까지 출양금을 납부하지 않으면 출양계약이 해제되고, 나아가 이미 납부한 보증금까지 몰취될 수도 있다. 따라서 토지출양계약을 체결할 때에는 반드시 출양금이 얼마인지, 출양금을 어떠한 방식으로 조달할 것인지, 자금 조달에 얼마나 시간이 걸리는지를 확인해야 한다. 특히 자금 조달을 할 때 법률적 제약 때문에 예상 외로 많은 시간이 소요될 수 있으므로 주의해야 한다.

3 가능한 착공일을 확인할 것

도시부동산관리법 제25조에 따르면, 출양방식으로 토지사용권을 취득하고 부동산 개발을 할 경우 토지사용권 출양계약에 약정된 토지용도 및 개발기한에 따라 착공해야 한다. 출양계약에 약정된 착공일로부터 만 1년이 넘도록 착공하지 않으면 토지사용권 출양금의 20% 이하에 해당되는 토지방치비용이 부과된다. 그리고 만 2년이 넘도록 착공하지 않으면 토지사용권이 무상으로 회수된다. 단, ① 불가항력 ② 정부 및 정부 관련 부서의 행위 ③ 착공에 필수적인 기초사업으로 착공이 지연된 경우는 예외로 한다. 그리고 토지출양계약서에도 일반적으로 위와 유사한 조항이 포함된다. 실제로 출양계약서에서 정한 착공일까지 착공을 하지 못해 이미 출양받은 토지를 회수당하는 사례도 있으므로 주의해야 한다.

(6) 출양금을 정하는 기준

출양금은 보통 기준지가에 따라 정해진다. 기준지가란 동일 용도, 동일 등급, 동일 출양기한이 있는 토지사용권의 평균 가격이다. 각 지역의 토지관리부서는 지역별 특성에 따라 동일 용도, 동일 등급, 동일 출양기한별로 작성된 기준지가의 표를 갖고 있다. 예를 들어 북경시의 기준지가 표에 따르면 용도는 상업용도, 주택용도, 종합용도, 공업용도, 이렇게 네 가지로 구분되어 있다. 또한 등급은 10개 등급(상업용도, 주택용도, 종합용도의 경우) 또는 9개 등급(공업용도의 경우)으로 구분되어 있다. 토지사용권을 출양하는 토지관리부서는 기준지가와 토지평가가격 등을 근거로 출양금 액수를 확정한다.

3. 획발

획발이란 현급 이상의 인민정부가 공공기관, 군사기지, 기초시설, 학교, 병원 등 공공사업을 위해 공공기관 등에게 토지사용권을 부여하는 절차이다. 획발토지의 토지사용권자는 유상(소액의 사용료) 또는 무상으로 해당 토지의 사용권을 취득한다(도시부동산관리법 제22조). 획발토지의 사용권도 국유토지사용권의 일종이며, 획발토지의 사용권자에게 토지사용증이 발급된다.

획발방식으로 취득한 토지사용권의 매매, 임대, 저당설정에는 일정한 제한이 있다. ① 획발방식으로 취득한 토지사용권을 매매, 임대하는 행위는 원칙적으로 금지된다. 단, 현급 이상 인민정부로부터 비준을 받아 새로이 토지사용권 출양계약을 체결하여 출양금을 추가 납부(매매, 임대의 수입으로 출양금을 충당할 수 있음)한 경우에 한해서 토지사용권자는 획발토지의 사용권을 매매, 임대할 수 있다. 요컨대, 획발토지의 사용권을 매매, 임대하려면 그 획발토지에 대해 다시 출양절차를 밟아야 한다. 전술한 대로 획발토지를 출양받을 때에는 입찰출양, 경매출양, 공시매매출양의 절차 없이 합의출양 절차를 거칠 수 있다. ② 한편, 획발방식으로 취득한 국유토지사용권에 대해 저당권을 설정하려면 사전에 현급 이상 인민정부의 비준을 받아야 한다.

획발토지의 저당권실행

현급 이상 인민정부의 비준을 받으면 획발토지의 토지사용권에 관해 저당권을 설정할 수 있다. 이러한 경우 저당권을 실행하려면 먼저 획발토지에 대한 출양절차를 밟아야 한다. 그런데 매각대금에서 먼저 출양금이 공제되기 때문에, 저당권자에게 돌아가는 배당금은 적어질 수밖에 없다. 따라서 저당권을 설정받거나 저당권부 채권을 양수할 때에는 해당 저당물인 토지가 획발토지인지 여부를 반드시 확인해야 한다.

4. 양도

(1) 국유토지사용권의 양도

토지사용권의 양도란 토지사용권자가 토지사용권을 재이전하는 행위로서, 구체적으로 매매, 교환 등을 말한다. 국유토지사용권은 원칙적으로 자유로이 양도할 수 있다.

토지사용권을 양도양수한 때에는 주관 토지관리부서에서 변경등기를 하고 사용권자 명의가 변경된 토지사용증을 발급받아야 한다. 변경등기를 해야 토지사용권 이전의 효력이 발생한다. 그러나 토지사용권의 사용기한(출양기한)을 다시 부여받지는 못한다. 양수인이 토지를 사용할 수 있는 기간은 잔여 사용기한에 국한되므로, 토지사용권을 양수할 때에는 잔여 사용기한을 확인해서 양수도대금을 책정해야 한다.

(2) 국유토지사용권의 양도제한

획발방식으로 취득한 토지사용권은 먼저 출양절차를 밟지 않으면 적법하게 양도할 수 없다. 이에 대해서는 전술한 바와 같다. 출양방식으로 취득한 토지사용권이라고 해도 언제나 양도할 수 있는 것은 아니다. 출양방식으로 취득한 토지사용권을 처음으로 양도할 경우, 다음 조건에 부합되어야 한다(도시부동산관리법 제38조).

① 출양계약에 따라 출양금을 전액납부했고, 토지사용증을 취득했을 것

② 출양계약에 따른 투자 및 개발이 이루어졌을 것

- 건물 건설공사의 경우, 프로젝트 투자총액의 25% 이상을 집행했어야 함

- 대면적 토지개발의 경우, 공업용도 또는 기타 건설용지 조건이 형성되었어야 함

- 토지사용권을 양도할 때 이미 건물이 준공되었다면 건물소유권증이 발급되어 있어야 함

전술한 요건을 충족하더라도 다음 각 호의 토지사용권은 양도할 수 없다(도시부동산관리법 제37조). 실무상 주로 문제가 되는 경우는 ④의 사유이다. 토지사용권에 대해 제삼자가 권리를 주장하면서 소송을 제기하여 토지사용권에 대해 재산보전 조치를 하면 양도가 제한된다.

① 사법기관 또는 행정기관이 법률에 따라 압류 또는 기타 형식으로 토지사용권을 제한하기로 결정했을 경우

② 법률에 따라 토지사용권이 회수된 경우

③ 공유의 토지사용권임에도 불구하고, 다른 공유자의 서면 동의를 받지 않은 경우

④ 토지사용권에 분쟁이 있을 경우

⑤ 법률에 따라 토지사용증을 수령하지 않았거나 토지등기를 하지 않은 경우

⑥ 법률 또는 행정법규에서 양도를 불허하는 규정이 있는 경우

5. 임대

토지사용권의 임대란 ① 사인 간의 임대와 ② 국가의 임대로 나뉜다. 토지사용권자는 제삼자에게 자신의 토지사용권을 임대하고 그로부터 임대료를 지급받을 수 있으며, 이에 대해서는 특별한 제약이 없

다. 그와 달리 국가의 임대란 국가(현급 이상의 인민정부)가 사인에게 토지사용권을 부여하는 절차의 일종으로, 이러한 국가의 임대는 출양에 대한 보완으로 평가되고 있다. 단, 영리 목적의 부동산 개발을 할 때에는 출양방식을 취해야 하고, 임대방식을 취할 수 없다(국유토지임대규범 일부 의견 제1조).

국가의 국유토지 임대는 단기임대와 장기임대로 나뉜다. 5년 이하의 단기사용 목적이거나 비영리 임시건축물을 건설할 때에는 단기임대를 해야 한다. 또한 5년을 초과하는 장기사용 목적이거나 비영리 장기건축물을 건설할 때에는 장기임대를 해야 한다. 임대기간은 국가와 사인 간의 임대계약에서 약정할 수 있으나, 동일 용도 토지의 최대 출양기한을 초과하지 못한다(국유토지임대규범 일부 의견 제4조).

6. 토지사용권의 출자

중국 법률상 주주는 화폐 또는 비화폐재산으로 출자할 수 있는데, 비화폐재산의 대표적인 예가 토지사용권이다. 실무상으로도 주주가 토지사용권을 현물로 출자하는 경우가 많다. 외상투자부동산개발기업의 경우, 외국투자자는 건설 자금을 출자하고 중국투자자는 토지사용권을 출자해서 합자기업 또는 합작기업의 형태로 부동산개발을 진행할 수 있다. 합자기업은 주주의 출자가액에 비례해서 이익배당을 해야 하지만, 합작기업은 그러한 구속을 받지 않는다. 따라서 합작기업의 형태로 외상투자부동산개발기업을 설립하는 경우가 많다.

V
건물소유권 제도

1. 건물(주택)의 종류 – 복리방, 경제사용방, 상품방

　　과거에 중국은 사회주의적 주택 공급 제도를 실시했다. 정부기관에 근무하는 근로자에게는 정부가 무상으로 주택을 공급했고, 일반 기업에 근무하는 근로자에게는 해당 기업이 주택을 신축해서 공급했다. 이와 같이 공급되는 주택에서 미리 정해진 기간 동안(약 3~10년) 거주하면, 해당 근로자는 건물소유권을 취득할 수 있었다.

　　중국이 시장경제 체제로 전환하면서 위 주택 공급 제도 역시 크게 달라졌다. 현재 도시에서 공급되는 주택은 크게 복리방, 경제사용방, 상품방으로 구분된다. ① 복리방이란 정부기관 소속의 근로자에게 공급되는 주택이다. 정부기관 소속의 근로자는 일정 기간 동안 근속할 것을 조건으로 해서 저렴하게 주택을 취득할 수 있다. 근속기간을 준수하면 정부기관은 근로자에게 건물소유권을 이전해준다. 그러나 정부기관에서 복리방을 제공하는 경우는 점차 줄어들고 있다. ② 경제적용방이란 사회경제적 약자에게 공급되는 공공주택이다. 경제사용방을 공급받은 자는 일정 기간을 거주해야 건물소유권을 취득할 수 있고, 취득 후에는 자유롭게 양도할 수 있다. ③ 상품방이란 부동산 개발기업이 신축해서 분양하는 상품성 주택이다. 상품방의 분양은 준공 이전에 분양하는 예매와 준공 이후에 분양하는 현매로 구분된다. 어느 경우에나 준공 이후에 부동산개발기업으로부터 건물소유권 이전의 변경등기를 마치면 양도할 수 있다.

2. 건물소유권의 등기절차

(1) 건물등기의 종류

국무원 건설부는 2008년 7월 1일에 건물소유권 등기에 관한 구체적인 사항이 규정된 '건물등기방법'을 공표했다. 건물등기방법에 따르면 건물등기는 주관 건물관리부서에서 취급하고, 건물등기부에는 건물소유권, 타항권리 등의 사항을 등기할 수 있다. 건물등기의 종류는 ① 원시등기 ② 변경등기(매매, 기재사항 변경) ③ 저당권설정등기 ④ 시정등기 ⑤ 이의등기 ⑥ 예고등기로 구분된다(건물등기방법 제2조).

건물등기방법에서는 주관 건물관리부서가 일정한 기간 내에 등기를 마치도록 규정하고 있다. 원시등기는 신청일로부터 30일 내에, 저당권등기와 예고등기는 10일 내에, 이의등기는 10일 내에 마쳐야 한다. 주관 건물관리부서는 기간을 연장할 수 있으나, 연장기간은 60일을 초과할 수 없다(건물등기방법 제23조).

다음 사유가 있을 때 주관 건물관리부서는 등기수속을 처리하지 않는다(건물등기방법 제22조).

1 건설공정규획허가증이나 건축공정시공허가증을 취득하지 못한 경우, 또는 허가
  받은 사항(예를 들어 면적)을 준수하지 않은 경우
2 신청인이 유효한 권리증명서류를 제출하지 못하거나, 신청인이 제출한 서류가
  사실과 불일치하는 경우
3 신청인이 신청서류에 기재한 사항과 건물등기부의 기재사항이 일치하지 않을
  경우
4 신청 건물을 특정할 수 없거나, 신청 건물에 독립적 사용가치가 없는 경우
5 법률에 의해 몰수당한 건물에 대해서 기존 권리자가 등기신청을 제기할 경우
6 재산보전된 건물에 대해서 권리자가 등기신청을 제기할 경우

(2) 원시등기

부동산개발기업 등의 건물신축자는 건물에 관한 준공합격을 받은 후에 원시등기를 신청할 수 있다. 원시등기를 신청할 때에는 다음 서류를 주관 건물관리부서에 제출해야 한다(건물등기방법 제30조). 주관 건물관리부서는 등기신청일로부터 30일 내에 건물소유권에 관한 원시등기를 한다. 원시등기를 마친 후에 건물소유권자는 건물소유권증을 발급받는다.

원시등기를 신청할 때의 제출서류

	제출서류	비　고
1	원시등기 신청서	
2	신청인의 신분증명서류	예 : 영업집조
3	토지에 관한 권리증서	토지사용증
4	건축에 관한 허가서류	건설공정규획허가증
5	준공검수합격서	
6	건물측량제도 보고서	
7	기타 서류	

부동산개발기업이 상품방을 분양할 때에는 자기 명의로 먼저 원시등기를 한 후에 수분양자들에게 이전하는 변경등기를 한다. 이때 부동산개발기업 명의로 하는 원시등기를 대산권등기라 하고, 수분양자 명의로 이전하는 변경등기를 소산권등기라 한다. 이에 대한 상세한 내용은 〈제6부 부동산개발 프로젝트 Ⅳ 상품방 예매허가〉의 해당 부분을 참조하기 바란다.

(3) 변경등기

변경등기를 해야 하는 경우는 두 가지이다. ① 건물소유권이 이전되는 경우와 ② 건물등기부 및 건물소유권증에 기재된 기타 사항이 변경되는 경우이다.

건물소유권 이전을 사유로 주관 건물관리부서에서 변경등기를 하면 건물소유권증의 해당 부분(소유자명)이 변경된 새로운 건물소유권증을 발급받는다. 다음은 건물소유권 이전의 변경등기를 하기 위해 제출해야 하는 서류이다(건물등기방법 제33조).

건물소유권 이전의 변경등기를 신청할 때의 제출서류

	제출서류	비 고
1	변경등기 신청서	
2	신청인의 신분증명서류	예: 영업집조
3	건물소유권증	
4	건물소유권 이전 증명 서류	예: 계약서, 판결문
5	기타서류	저당권이 설정된 건물을 이전할 때 – 저당권자의 신분증명서류 – 건물소유권 이전에 대한 저당권자의 동의서 – 저당권자의 건물타항권리증

건물등기부 및 건물소유권증의 기타 사항이 변경(건물소유권자의 상호·주소 변경, 건물의 주소·면적 변경, 건물의 분할·합병 등)된 경우 건물소유권자는 변경등기를 하고, 변경 사항이 기재된 건물소유권증을 다시 발급받는다.

(4) 저당권설정등기

건물에 관한 저당권은 ① 건물소유권 저당권과 ② 기성고 저당권으로 구분된다. 건물소유권 저당권이란 준공합격을 받아 원시등기를 마친 건물에 설정되는 저당권이다. 기성고 저당권이란 건축 중의 건물에 대해 설정되는 저당권이다. 다시 말해 준공합격 이전에도 건축 중인 건물에 대해 기성고 저당권을 설정할 수 있다. 이러한 경우, 건물 완성 후 준공합격을 받아 건물소유권의 원시등기를 마칠 때 기존에 설정된 기성고 저당권을 건물저당권으로 변경할 수 있다(건물등기방법 제62조).

주관 건물관리부서에서 저당권설정등기를 하면, 저당권설정자는 저당권설정 사실이 기재된 건물소유권증을 다시 발급받고, 저당권자는 건물타항권리증을 발급받는다. 건물소유권증과 타항권리증의 '타항권리 설정개요' 란에는 저당권 등기일·등기번호, 저당권자, 주채권금액(=피담보채권액)이 기재된다. 다음은 저당권설정등기를 신청할 때 제출하는 서류이다(건물등기방법 제43조, 제60조).

저당권설정등기를 신청할 때의 제출서류

	건물소유권 저당권	기성고 저당권
1	건물저당 신청서	기성고저당 신청서
2	주채권계약서 및 저당계약서(원본 및 사본)	주채권계약서 및 저당계약서(원본 및 사본)
3	저당권설정자와 저당권자의 신분증명서류	저당권설정자와 저당권자의 신분증명서류
4	저당권설정자의 회사정관(원본 및 사본)	저당권설정자의 회사정관(원본 및 사본)
5	저당권설정자 최고의결기관의 결의문	저당권설정자 최고의결기관의 결의문
6	건물소유권증 및 토지사용증(원본 및 사본)	토지사용증
7	건물가치평가보고서 원본	N/A
8	N/A	건설공정규획허가증
9	기타 서류(신청대리인의 신분증, 권한위임장)	기타 서류(신청대리인의 신분증, 권한위임장)

건물타항권리증

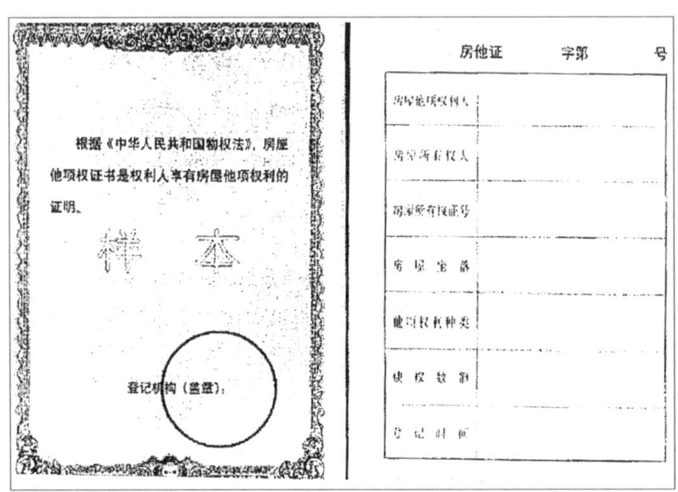

건물타항권리증(한글번역본)

‘중화인민공화국 물권법’ 에 따라, 건물타항권리증서는 권리자가 건물에 대해 타항권리를 보유하고 있음을 증명하는 서류이다.	房他證　　字第　　號	
	건물타항권리자	
	건물소유권자	
	건물소유권증 번호	
	건물위치	
	타항권리 종류	
	채권금액	
	등기일	

(5) 시정등기와 이의등기

시정등기란 등기부 기재에 착오가 있을 때 주관 건물관리부서가 직권 또는 권리자의 신청에 따라 이를 시정하는 등기이다. 이의등기란 등기부 기재에 착오가 있음에도 권리자가 시정하지 않는 경우 이해관계인의 신청에 따라 이를 시정하는 등기이다.

건물등기부 기재에 착오가 있는 경우, 권리자(건물소유권자 또는 타항권리자)는 이해관계인의 동의서를 첨부해서 시정등기를 신청할 수 있다. 권리자에 앞서 주관 건물관리부서가 착오를 발견한 경우, 착오 사항이 권리귀속에 영향을 미치지 않는 것에 한해 직권으로 착오를 시정하고 이를 권리자에게 통지한다. 그와 달리 착오 사항이 권리귀속에 영향을 미치는 것이라면 권리자에게 시정등기를 신청하도록 통지하고, 권리자의 신청으로 착오가 시정되기 전까지는 해당 건물에 관한 변경등기 수속을 하지 않는다(건물등기방법 제75조).

건물등기부 기재에 착오가 있음에도 권리자가 자진하여 시정하지 않으면, 이해관계자는 주관 건물관리부서에 이의등기를 신청할 수 있다. 건물관리부서가 이의등기를 접수하면 이를 건물등기부에 기재해야 한다. 이의등기가 경료되어 있는 기간 동안에는 건물소유권의 양도 수속을 할 수 없다(건물등기방법 제78조). 이해관계인과 권리자 간의 소송이 확정된 후에 이의등기를 말소한다(건물등기방법 제79조).

(6) 예고등기 제도

예고등기는 ① 상품방을 예매분양한 경우의 예고등기 ② 예매된 상품방에 대해 저당권을 설정하는 경우의 예고등기 ③ 건물소유권 양도·저당설정의 예고등기로 나뉜다. 예고등기란 한국 법률상 가등기와 유사한 제도이다. 예고등기가 경료되면, 예고등기상의 권리자로부터 서면 동의를 받지 않고는 해당 건물을 양도할 수 없다.

실무상 상품방 예매의 예고등기 제도가 매우 중요하다. 상품방은 준공합격 이전에도 예매를 할 수 있다. 그런데 준공합격을 받기 전까지 수분양자는 해당 상품방의 소유권을 취득할 수 없으므로 예매계약 후 건물소유권을 취득할 때까지 불안정한 지위에 있게 된다. 상품방 예매의 예고등기 제도를 활용하면 이와 같은 수분양자의 지위가 보호될 수 있다. 다시 말해 부동산개발기업과 수분양자가 주관 건설관리부서에서 상품방 예매의 등기를 해두면, 그 이후에 부동산개발기업은 해당 상품방을 타에 처분(매매, 저당설정)할 수 없다. 그리고 준공합격을 받아 부동산개발기업 명의로 원시등기(대산권 등기)를 한 후 예매등기에 의거해서 해당 상품방을 수분양자에게 이전하는 변경등기(소산권 등기)를 해야 한다. 상품방 예매, 대산권 등기, 소산권 등기에 대한 상세한 내용은 〈제6부 부동산개발 프로젝트 Ⅳ 상품방 예매허가〉의 해당 부분을 참조하기 바란다.

3. 건물소유권증

건물에 관한 원시등기를 마치면, 주관 건물관리부서는 건물소유권자에게 건물소유권증을 발급해준다. 다음은 건물소유권증의 양식이다.

건물소유권증(표지)

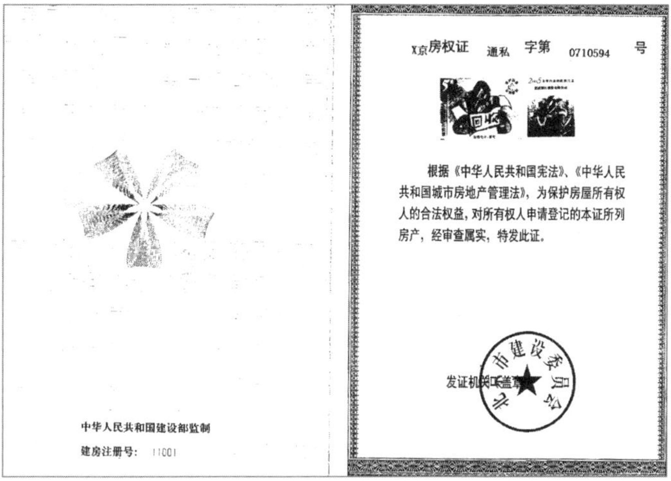

中华人民共和国建设部监制

建房注册号： 11001

X京房权证 通私 字第 0710594 号

根据《中华人民共和国宪法》、《中华人民共和国城市房地产管理法》，为保护房屋所有权人的合法权益，对所有权人申请登记的本证所列房产，经审查属实，特发此证。

发证机关（盖章）

건물소유권증(제1면, 제2면)

房屋所有权人	郑国哲						
房 屋 坐 落	通州区云景东路15号4号楼						
丘 （地） 号					产别	私有房产	

房屋状况	辐号	房号	结构	房屋总层数	所在层数	建筑面积（平方米）	设计用途
	4号楼	1910号	钢澄	20(-2)	19	78.23	住宅
	合计					78.23	

共有人	等 人	共有权证号自	至

土地使用情况摘要

土地证号		使用面积（平方米）	
权属性质	使用年限	年 月 日至 年 月 日	

设 定 他 项 权 利 摘 要

权 利 人	权利种类	权利范围	权利价值（元）	设定日期	约定期限	注销日期
顺2元贷1质质施工	抵押 合部	97拾20元	2006.1.25			

附 记

填发单位（盖章）:
填发日期: 2007 年7 月8 日

건물소유권증(한글번역본)

건물소유권자							
건물주소							
지 번				소유권 유형			
건물상황	건물번호	방번호	구조	건물층수	소재층수	건축면적	설계용도
공유인:			공유권증 번호:				
토지사용 상황개요							
토지사용증 번호			사용면적				
권리귀속성격			사용기간				
타항권리 설정개요							
권리인	권리종류	권리범위	권리가치	설정일	약정기간	말소일	

건물소유권증의 '타항권리 설정개요' 란에는 저당권과 재산보전
에 관한 사항이 기재된다. 그런데 건물에 저당권이나 재산보전을 설
정하더라도 해당 건물소유권증에는 그 내용이 기재되지 않는 경우가
있다. 따라서 건물에 저당권이나 재산보전이 설정되어 있는지 여부
를 정확하게 파악하려면 주관 건물관리부서에서 등기부를 확인해야
한다.

Ⅵ
중국의 담보 제도

1. 총론

(1) 담보 제도 개관

중국의 담보 제도는 인적담보와 물적담보로 구분된다. 인적담보란 보증을 말하며, 보증은 일반보증과 연대보증으로 구분된다. 일반보증은 주채무에 대해 먼저 집행을 한 후에 보증인에게 책임을 물을 수 있는 보증이다. 연대보증은 주채무자에게 집행을 했는지와 상관 없이 보증인에게 책임을 물을 수 있는 보증이다.

물적담보는 저당권, 질권, 유치권으로 구분된다. 저당권은 토지사용권, 건물, 기성고14, 자동차, 선박, 항공기, 기계설비 등에 관해 설정되는 물적담보이다. 질권은 유체동산, 주식 · 지분, 예금채권, 미수금채권 등에 관해 설정되는 물적담보이다. 유치권이란 수급인이나 관리인 등이 물건에 대해 채권을 갖는 경우 채권을 변제받을 때까지 당해 물건을 유치하는 물적담보이다.

중국 계약법에서는 '수급인의 우선변제권'에 대해 별도의 규정을 두고 있다. 수급인의 우선변제권은 주로 건설공사의 수급인이 공사 대금을 지급받지 못한 경우 공사 현장에 대해 주장할 수 있는 우선변제권으로서, 한국법상 유치권과 유사한 권리이다.

인적담보를 제공한 보증인은 보증금액 범위 내에서 자기재산 전부로 책임을 진다. 물적담보를 제공한 자는 담보물의 범위 내에서 책임을 진다. 인적담보를 갖는 담보권자는 보증인의 재산에 대해 청구권을 갖지만, 보증인의 다른 채권자들에 비해 우선변제를 받지는 못한다. 그와 달리 물적담보(저당권, 질권, 유치권)를 갖는 채권자는 담보물을 환가한 대금에서 다른 후순위 채권자들에 비해 우선적인 변제를 받을 수 있다.

(2) 인적담보와 물적담보의 관계

중국의 물권법에 따르면, 피담보채권에 대해 인적담보와 물적담보가 동시에 있을 경우 당사자 간에 담보권실행 순서를 약정할 수 있다. 그러나 당사자 간에 특별한 약정이 없으면 ① 채무자가 제공한 물적담보를 먼저 실행해야 하고 ② 그 다음에 제삼자가 제공한 인적담보 또는 물적담보를 임의로 실행할 수 있다(물권법 제176조). 따라서 채권자 입장에서 담보를 제공받을 때에는 해당 담보설정계약서에 "채무자가 제공한 담보가 있더라도 채권자의 선택에 따라 제삼자가 제공한 담보를 먼저 실행할 수 있다"는 취지의 특약을 해두는 것이 좋다.

(3) 경내담보, 경외담보, 대외담보

담보는 담보설정자와 담보권자의 국적에 따라 경내담보, 경외담보, 대외담보로 구분된다. 경내담보란 담보설정자와 담보권자가 모두 경내기구인 담보이다. 경외담보란 담보설정자는 경외기구이지만 담보권자는 경내기구인 담보이다. 대외담보란 경내기구가 경외기구에게 담보를 제공하는 것으로서, 여기에는 대외저당권, 대외질권, 대외보증이 모두 포함된다(대외담보관리방법 제2조).

① 대외담보의 요건 – 대외담보 비준 및 등기

경내담보와 경외담보15에 대해서는 특별한 규제가 없으나, 대외담보를 설정하려면 주관 외환관리부서의 비준을 받은 후에 대외담보등기를 마쳐야 하는 것이 원칙이다(대외담보관리방법 제12조). 단, ① 외자기업이 대외담보를 제공하거나(대외담보관리방법 제8조) ② 채무자가 자기 채무에 대해 자기 재산으로 대외담보를 제공할 때에는 주관 외환관리부서의 비준을 받을 필요가 없다(대외담보관리방법 실시세칙 제27조, 제35조). 주관 외환관리부서의 비준을 받아야 함에도 이를 받지 못한 대외담보계약은 무효이다(대외담보관리방법 제17조). 주관 외환관리부서의 비준을 받을 필요가 없는 위와 같은 경우, 담보설정자는 곧바로 대외담보등기를 할 수 있다.

② 대외담보의 요건 – 담보설정자

다음은 대외담보를 설정할 수 있는 경내기구(담보설정자)이다(대외담보관리방법 제4조, 대외담보관리법 실시세칙 제5조).

대외담보를 제공할 수 있는 중국 경내기구

	담보설정자	세부 요건
1	금융기관	금융기관의 경영범위에 대외담보 업무가 포함되어 있어야 함
2	비금융 일반기업	– 비금융 일반기업에게 채무변제능력이 있어야 함 – 비금융 일반기업인 외상투자기업도 대외담보를 제공할 수 있음
3	지 점	본점인 기업법인으로부터 권한위임을 받은 경우에 가능함
4	국가기관 및 사업단위	외국정부 또는 국제경제조직에게 대외담보를 제공하는 경우에만 가능함 ※ 중국인 자연인은 대외담보를 제공할 수 없음

대외담보관리방법 및 그 실시세칙에 따르면, 담보설정자가 대외담보등기를 하려면 다음 조건이 충족되어야 한다. 그리고 담보설정자가 외상투자기업인 경우 대외담보의 피담보채권액이 외채한도액(투자총액 – 등록자본금) 범위를 초과하지 않도록 대외담보를 제공해야 한다. 또한 대외담보에 대해서는 아래와 같은 제한이 적용된다.

① 담보설정자가 <u>비금융 기업법인</u>인 외상투자기업 또는 내자기업일 때, 대외담보 잉여액(누계)은 비금융 기업법인 순자산의 50%를 초과해서는 안 되고, 대외담보잉여액(누계)이 전년도 외환수입을 초과해서는 안 된다(대외담보관리방법 제5조, 대외담보관리방법 실시세칙 제22조, 제30조, 제37조).

② 담보설정자가 <u>내자기업</u>일 경우 담보설정자의 자회사인 외상투자기업(합자, 합작)이 차입하는 외채 중에서 중국투자자가 자회사에 갖는 지분비율에 해당되는 외채 부분에 대해서만 대외담보를 제공할 수 있다(대외담보관리방법 제6조).

③ 담보설정자가 <u>무역형 내자기업</u>일 경우 순자산·총자산 비율이 15% 미만어서는 안 되고, 담보설정자가 <u>비무역형 내자기업</u>일 경우 그 비율이 30% 미만이

어서는 안 된다(대외담보관리방법 제6조)[16].

④ 누구든지, 적자에 빠져 있는 기업의 채무를 담보하기 위해 대외담보를 제공해
서는 안 된다(대외담보관리방법 제7조).

⑤ 누구든지, 외상투자기업의 외국투자자가 외상투자기업에게 자본금을 납입하려
고 조달한 차입금 채무를 위해 대외담보를 제공해서는 안 된다(대외담보관리
방법 제8조).

③ 대외담보의 요건 – 주채무자

대외담보의 주채무자는 ① 내자기업 ② 외상투자기업 ③ 경내기구
가 해외에서 설립한 자회사 또는 해외에서 지분참여한 회사여야 한
다(대외담보관리법 실시세칙 제5조). 그리고 위 ③의 경우 (i) 주채무자가
무역형 기업이면 주채무자의 순자산·총자산 비율이 10% 미만이어
서는 안 되고 (ii) 주채무자가 비무역형 기업이면 그 비율이 15% 미
만이어서는 안 된다(대외담보관리방법 실시세칙 제17조).

(4) 담보계약의 무효에 따른 책임

담보법에 따르면 담보계약상 별도 약정이 없는 한, 담보계약은 주
계약의 종속계약으로서 주계약이 무효가 되면 담보계약도 무효로 된
다(담보법 제5조 제1항, 제2항). 그리고 담보계약이 무효가 되면 채무자,
담보설정자, 채권자가 각각 자신의 과실에 대해 민사책임을 져야 한
다(담보법 제5조 제3항). 위 규정에 대해 최고법원은 다음과 같은 유권
해석을 내린 바 있다.

주채권계약은 유효하지만 담보계약이 무효일 경우 ① 채권자에게

과실이 없으면 담보설정자와 주채무자는 채권자의 손해에 대해 연대하여 배상책임을 부담하고 ② 채권자와 담보설정자 모두에게 과실이 있으면 담보설정자는 채권자에게 배상책임을 부담하지만, 담보설정자의 배상책임은 채무자가 변제하지 못하는 부분의 1/2을 초과할 수 없다(담보법 유권해석 제7조). 한편, 주채권계약이 무효로 담보계약도 무효인 경우 ① 담보설정자에게 과실이 없으면 담보설정자는 배상책임을 부담하지 않고 ② 담보설정자에게 과실이 있으면 담보설정자는 채권자에게 배상책임을 부담하지만, 배상책임은 채무자가 변제하지 못하는 부분의 1/3을 초과할 수 없다(담보법 유권해석 제8조).

이와 같은 담보법 규정 및 최고인민법원의 유권해석에 따르면, 설령 법원이나 중재원으로부터 해당 담보계약이 무효라는 판정을 받는다고 해도 담보설정자는 채권자에 대해 배상책임을 부담하는 경우가 있다. 채권자가 담보설정자로부터 배상금을 지급받을 수 있는 경우 채권자는 ① 법원의 판결문 또는 중재원의 재결서 ② 채권자와 담보설정자 간에 작성된 배상책임에 관한 합의서 등을 주관 외환관리부서에 제출해서 대외송금의 승인을 받은 후, 담보설정자로부터 지급받은 배상금을 본국에 송금할 수 있다.

2. 보증

(1) 보증의 유형 – 일반보증과 연대보증

일반보증이란 주채무에 대해 먼저 집행을 한 후에 보증인에게 책임을 물을 수 있는 인적담보이다. 주채무자가 채무이행을 하지 않는 경우 ① 주채무에 대해 소송 또는 중재를 거쳤고 ② 주채무자의 재산에 강제집행을 했으나 주채무자로부터 변제받지 못한 채권액에 한해서 일반보증인에 대해 보증책임을 청구할 수 있다(담보법 제17조). 그와 달리 연대보증이란 주채무자에게 강제집행을 했는지와 상관 없이 보증인에게 책임을 물을 수 있는 인적담보이다. 연대보증의 경우, 주채무자가 채무이행을 하지 않는다면 채권자는 주채무자와 보증인 모두에게 채무이행을 청구할 수 있다(담보법 제18조).

외상투자기업이 중국 내에서 인민폐대출을 받을 때 외국투자자의 본국 소재 은행으로부터 Stanby L/C를 발급받는 경우가 있다. 이러한 Stanby L/C는 중국의 법률상 연대보증과 유사하게 취급된다.

(2) 보증의 실행 – 보증기간과 소송시효

주채무자에 대해 이미 강제집행을 했거나(일반보증의 경우) 주채무의 이행기가 도래한 경우(연대보증의 경우), 채권자는 보증인에게 보증채무의 이행을 청구하거나 확보하기 위해 보증인 소유의 재산에 재산보전 조치를 할 수 있다. 이러한 재산보전 조치는 소송 전 또는 소송 중에 모두 가능하다.

채권자는 보증기간 내에 보증책임 이행을 청구해야 한다. 보증기간에 대해 별도의 약정이 있는 경우 이를 따르지만17, 보증기간에 대해 별도의 약정이 없으면 주채권계약에서 정한 상환 만기일로부터 6개월이 보증기간이 된다. 보증기간이 만료될 때까지 보증인에게 보증책임 이행을 청구하지 않으면 보증인의 보증책임은 면제된다.

채권자가 보증기간 내에 보증책임의 이행을 청구(소송상·소송외)하면, 그때부터 보증채권의 소송시효(2년)가 개시된다. 소송시효를 중단시키려면 보증인에 대해 소송, 중재를 제기하거나 보증인으로부터 채무변제독촉서에 서명날인을 받아야 한다. 이러한 경우 소송시효가 다시 진행된다. 실무상 보증기간 또는 소송시효가 도과된 후에 보증인이 채무변제독촉서에 서명날인을 한 것이 유효한지가 문제된다. 이에 대해 최고법원은 해당 채무변제독촉서가 계약법 및 담보법에서 정한 담보계약 성립 요건에 부합하고, 보증인이 채무를 인정하여 서명날인했을 경우에는 새로운 보증계약으로서 유효하다는 해석을 한 바 있다(최고법원의 '법원에서 보증인이 보증기한 만료 후 변제독촉통지서에 서명한 문제에 대한 심사허가서' ; 法釋[2004]4호).

3. 저당권

(1) 저당권의 설정

저당권을 설정할 수 있는 재산권은 토지사용권, 건물소유권, 기성고(건설 중인 건물) 등이다. 저당권을 설정하려면 주관 정부부서에서 등기를 마치고, 관련 타항권리증을 발급받아야 한다. 토지사용권에 관한 저당권 설정절차는 앞서 〈Ⅲ 토지사용권 제도〉에서, 건물소유권 및 기성고에 관한 저당권 설정절차는 〈Ⅴ 건물소유권 제도〉에서 다루었으므로, 여기서는 상세한 언급을 생략한다.

(2) 일반저당과 최고액저당

중국의 저당권에는 일반저당권과 최고액저당권이 있다. 일반저당권이란 특정 금액의 주채권을 담보하기 위해 설정하는 저당권이다. 최고액저당권이란 최고한도액의 범위 내에서 일정 기간 이내에 체결되는 주채권을 담보하기 위해 설정하는 저당권이다(담보법 제59조).

최고액저당의 경우, 채권 잔액이 최고한도액 이하이면 채권 잔액 전부에 대해 우선변제권이 인정되지만, 채권 잔액이 최고한도액을 넘으면 최고한도액에 한해서만 우선변제권이 인정된다(담보법 유권해석 제83조 제2항).

(3) 주채권금액과 저당범위

주채권금액이란 주채권계약상 대출원금의 액수를 말한다. 저당범위란 주채권 및 주채권에 종된 채권 중에서 저당물의 환가대금으로부터 우선변제를 받을 수 있는 범위를 말한다. 저당범위는 당사자 간에 따로 약정할 수 있지만, 약정이 없을 경우의 저당범위는 '주채권, 이자, 위약금, 손해배상금, 담보재산의 보관비용 및 실행비용 등' 이 된다(물권법 제173조).

(4) 저당순위

저당권은 순위별로 설정할 수 있다. 동일한 저당물에 2개 이상의 저당권이 존재할 경우 ① 등기의 선후로 저당권의 순위를 정하고 ② 등기의 선후가 동일하다면 채권비율에 안분해서 우선변제권을 행사한다(물권법 제199조).

순위별 저당권을 설정하는 것이 법률적으로 허용되지만, 저당물의 가치를 초과해서 저당권을 설정할 수는 없다. 다시 말해 모든 저

당권의 주채권금액 합계가 저당물의 가치를 초과할 수 없다(담보법 제
35조). 따라서 제1순위 저당권을 설정한 후에 제2순위 저당권을 설정
하려면, 제2순위 저당권에 해당하는 저당물의 잔여가치가 충분해야
한다.

손해배상금과 저당권 실행비용까지 저당범위에 포함되면 종된 채
권 중에서 우선변제되는 범위(예를 들어 손해배상금, 저당권 실행비용)를 확
정할 수 없다는 점을 이유로 들어, 주관 정부부서가 후순위 저당권의
설정 등기를 취급하지 않는 경우가 있다. 따라서 후순위 저당권을 설
정받을 때에는 주관 정부부서에서 실무적으로 저당권설정이 가능한
지를 미리 확인하는 것이 바람직하다.

(5) 저당권의 실행

저당권자는 주채권의 소송시효 기간 내에 저당권을 행사해야 한다
(물권법 제202조). 주채권의 소송시효는 통상적으로 상환 만기일로부터
2년이다. 따라서 저당권자는 주채권의 상환 만기일로부터 2년 이내
에 저당권을 행사해야 한다. 여기 저당권을 '행사' 해야 한다는 의미
는 저당권 실행소송을 제기해야 한다는 뜻이다.

한국에서는 저당권자가 별도의 소송을 제기할 필요 없이 곧바로 집
행절차에 들어갈 수 있으나, 중국에서는 저당권 실행소송에서 승소
한 후에 집행절차에 들어가야 한다. 요컨대, 저당권자는 주채권의 상
환 만기일로부터 2년 이내에 저당권 실행소송을 제기해야 하고, 만
일 이때까지 소송을 제기하지 않으면 저당권이 존재하더라도 저당권
설정자는 저당권 실행소송에서 저당권 행사기간이 지났다는 취지의

항변을 행사함으로써 저당권자의 저당권 실행을 막을 수 있다.

저당권 실행소송에서 승소하면 저당권자는 강제집행을 신청할 수 있다. 이러한 저당권 실행을 가리켜 '소송실행' 이라고 한다. 그와 달리 저당권자와 저당권설정자 간에 합의가 성립되면, 저당권 실행소송을 거치지 않고 저당물을 경매로 처분하거나 제삼자에게 매각할 수도 있다. 이러한 저당권 실행을 가리켜 '합의실행' 이라고 한다. 합의실행에 비해 소송실행에 더 많은 시간이 소요된다.

(6) 저당물로부터의 우선변제 순서

저당권이 실행되면 저당물의 환가대금으로부터 ① 저당권 실행비용 ② 손해배상금 ③ 이자 ④ 원금의 순서로 변제된다. 저당물의 환가대금에서 채권 전액을 변제받지 못하면 채권자는 채무자의 다른 재산에서 변제받을 수 있다.

실무상 조세채권 및 임차권과 저당권과의 우열 관계가 문제된다. ① 조세채권의 경우에는 조세채권의 발생일과 저당권의 설정등기일을 비교해서 우열을 가린다. 조세채권이 저당권을 설정하기 전에 발생한 때에는 조세채권이 저당권자의 채권보다 우선한다(조세징수관리법 제45조). ② 임차권의 경우에는 임대차계약의 체결일과 저당권의 설정등기일을 비교해서 우열을 가린다. 저당권 설정 전에 저당물을 임차받은 때에는 저당권 실행에도 불구하고 해당 임차권은 계속 존속할 수 있지만, 저당권 설정 후에 임차받은 때에는 저당권 실행에 대해 임차권의 존속을 주장할 수 없다.

(7) 저당권에 관한 실무적인 문제

① 토지사용권과 건물을 동시에 저당해야 하는가

중국 물권법에 따르면, 토지사용권과 건물 중에 어느 하나의 재산에 관해서만 저당권을 설정한 경우 다른 재산에 관해서도 저당권을 설정한 것으로 간주된다(물권법 제182조). 이는 '토지와 건물의 일치'라는 원칙을 구현하려는 취지의 규정이다. 토지사용권에 저당권을 설정할 때에는 지상건물이 없었으나 저당권을 설정한 후에 건물이 신축된 경우에는 어떨까? 이러한 경우 저당권 설정 당시 지상건물이 존재하지 않았으므로 토지사용권에 관한 저당권의 효력이 지상건물에까지 미친다고 볼 수는 없지만, 토지사용권에 저당권 실행을 할 때 지상건물을 함께 처분함으로써 토지와 건물의 귀속을 일치시키고 있다(물권법 제200조).

단, 위와 같은 물권법 규정은 물권법이 시행된 2007년 10월 1일부터 적용되었으므로 그 이전에 설정된 저당권의 경우에는 토지사용권과 건물을 따로 저당하기도 했다. 이때 토지사용권과 건물을 따로 경매 처분할 수 있는지에 대해 실무상의 문제가 발생하기도 하므로, 어떠한 건물에 대한 소유권을 취득하는 데 토지 부분에 저당권이 설정되어 있는지도 확인해야 한다.

② 나대지 상태 토지인 경우에도 토지사용권에 관한 저당권 설정이 가능한가

이는 중국에 진출한 외국투자자들이 자주 하는 질문이다. 중국 법률상 토지에 지상건물이 없다고 해도 해당 토지사용권에 관한 저당권을 설정할 수 있다. 그러나 중국계 은행은 이러한 토지사용권을 처분가치가 높지 않다는 이유로 저당물로 받지 않는 경우가 있다. 반대로 지상 건물이 없더라도 해당 토지의 입지가 우수하다면 저당물로 제공받기도 한다. 다시 말해 나대지 상태의 토지사용권에 관해 저당권을 설정할 수 있는지 여부는 법률적 문제가 아니라 대상 토지의 처분가치와 은행의 재량에 따라 결정되는 문제이다.

③ 기성고저당권을 설정할 때의 실무적인 문제

전술한 대로 건축 중인 건물에 저당권을 설정하는 것도 중국 법률상 가능하다. 단, 토지사용권에 관한 저당권이 이미 설정된 상황에서 그 지상에 건축되고 있는 건물에 대해 다른 채권자에게 저당권을 설정해주고자 할 때, 주관 정부부서는 '토지와 건물의 일치'가 이루어지지 않는다는 점을 들어 기성고저당권 설정수속을 거부하는 경우가 있으므로 주의해야 한다.

4. 질권

(1) 질권의 개요

유체동산, 주식·지분, 예금채권, 미수금채권 등에 관해 질권 설정이 가능하다.

질권 실행 방법이 소송실행과 합의실행으로 나뉜다는 점, 질물의 환가대금으로부터 비용, 배상금, 이자, 원금의 순서로 우선변제받는다는 점은 저당권의 경우와 같다. 여기서는 실무상 가장 많이 이용되는 주식·지분 질권을 상세히 설명하고, 기타 질권(예금채권 질권, 미수금채권 질권)도 간단히 언급하겠다. 이하 논의의 편의상 주식유한회사의 주식질권과 유한책임회사의 지분질권을 통칭해서 '지분질권'이라 한다.

(2) 지분질권의 설정

물권법에 따르면, 양도 가능한 주식·지분에 대해 질권을 설정할 수 있다(물권법 제223조). 유한책임회사의 지분에 대한 질권과 비상장 주식유한회사의 주식에 대한 질권은 주관 공상행정관리부서에 등록한 날로부터 효력이 발생한다(물권법 제226조). 그리고 상장된 주식유한회사의 발행주식에 대한 질권은 증권거래소에 등록한 때 효력이 발생한다(물권법 제226조).

내자기업의 주주가 자기 소유의 지분에 질권을 설정하려면 주관 공상행정관리부서에서 등록만 하면 된다. 그와 달리 외상투자기업의 주주가 질권을 설정하려면 질권설정 계약에 관해 주관 상무부서의 비준을 받은 후에 주관 공상행정관리부서에서 등록절차를 밟아야 한다(지분변경규정 제12조).

외상투자기업 지분에 관한 질권설정을 위한 절차는 구체적으로 ① 외상투자기업 내부의 절차 ② 질권설정 계약 체결 ③ 주관 상무부서의 비준 ④ 주관 공상행정관리부서에서의 등록으로 나눌 수 있다.

① 외상투자기업 내부의 절차

외상투자기업의 지분에 질권을 설정할 때 주관 상무부서는 해당 외상투자기업 내부 의결기관(주주회 또는 동사회)의 결의서를 제출하도록 요구한다. 따라서 지분질권을 설정하기에 앞서 내부 의결기관의 결의를 거쳐야 한다. 한편, 외상투자기업의 주주간약정 또는 회사정관에서 질권설정에 관해 별도의 제한(예를 들어 다른 주주의 동의)을 두었다면 이 역시 준수해야 할 것이다.

② 질권설정 계약의 체결

　질권자와 질권설정자 간에 질권설정 계약을 체결한다.

③ 주관 상무부서의 비준

　질권설정의 대상이 되는 주식·지분을 발행한 외상투자기업이 주관 상무부서에 다음 서류를 제출해서 지분질권설정을 위한 비준을 얻는다.

외상투자기업 주식·지분에 관한 질권설정 비준을 신청할 때의 제출서류

	제출서류	비 고
1	질권설정비준 신청서	외상투자기업 명의로 작성한 질권설정 비준 신청서
2	영업집조 및 비준증서	외상투자기업의 영업집조와 비준증서의 부본 및 사본
3	회사정관	외상투자기업의 회사정관
4	의결기관의 결의서	외상투자기업 내부 의결기관(주주회 또는 동사회)의 결의서
5	주채권계약서	및 질권설정계약서
6	당사자들 신분증명서류	질권설정자 및 질권자의 신분증명서류 (중국의 영업집조 또는 본국의 영업허가서 등)
7	출자증명서	질권설정자의 출자증명서
8	자본금납부검사보고서	질권설정자가 자신의 출자의무를 100% 이행완료했다는 사실이 기재된 자본금납부검사보고서
9	기타 서류	주관 상무부서에서 추가로 요구하는 서류

출자의무를 완료하기 전에 질권을 설정할 수 있는가

1 출자의무를 완료하지 못한 투자자도 자신의 미납 출자지분을 양도할 수 있다. 그와 달리 출자의무를 완료하지 않은 미납 출자지분에 관해 질권을 설정할 수 있을까?

2 외상투자기업의 출자지분에 관해 질권을 설정하려면 주관 상무부서로부터 비준을 받아야 한다. 이때 주관 상무부서는 질권설정자인 투자자가 자신의 출자의무를 이행완료했음을 입증하는 서류(자본금납부검사보고서)를 제출하도록 요구한다. 또한 1997년 5월 28일 시행된 '지분변경규정' 제6조에서는 출자의무가 이행완료되지 않은 지분 부분에 관해 질권설정을 할 수 없다는 규정을 두고 있다.

3 결국 출자의무를 완료하지 않은 미납 출자지분에 대해서는 적법하게 질권을 설정할 수 없는 것으로 이해된다.

④ 주관 공상행정관리부서에서 등록

질권자와 질권설정자가 공동으로 주관 공상행정관리부서에 다음 서류를 제출해서 질권설정의 등록을 한다(지분질권설정등록방법 제6조).

외상투자기업 지분에 관한 질권설정 등록을 신청할 때의 제출서류

	제출서류	비 고
1	질권설정등록신청서	질권자와 질권설정자 공동 명의의 질권설정등록 신청서
2	영업집조 및 비준증서	외상투자기업의 영업집조와 비준증서의 각 부본 및 사본
3	회사정관	외상투자기업의 회사정관
4	의결기관의 결의서	외상투자기업 내부 의결기관(주주회 또는 동사회)의 결의서
5	주채권계약서 및 질권설정계약서	
6	당사자들 신분증명서류	질권설정자 및 질권자의 신분증명서류
		(중국의 영업집조 또는 본국의 영업허가서 등)
7	기타서류	주관 공상행정관리부서에서 추가로 요구하는 서류

(3) 지분질권의 권리증명 서류 – 질권설정 등록부, 질권설정 등록통지서

주관 공상행정관리부서가 질권설정 사항을 질권설정 등록부에 기재(등록)할 때 질권의 효력이 발생한다. 질권설정 등록을 마친 후, 주관 공상행정관리부서는 질권설정자와 질권자에게 각각 질권설정 등록통지서를 발급한다(지분질권설정등록방법 제14조). 질권설정 등록부와 질권설정 등록통지서는 질권설정 사실을 입증하는 권리증명서류이다.

지분질권설정 등록부

질권설정 등록번호:

질권설정상황 질권설정 지분
       대상회사의 명칭과 등록번호

질권설정자 명칭과 증서번호

질권자의 명칭과 증서번호

질권설정 지분 금액

피담보채권 금액

등록일

변경상황	변경일	변경등록사항	기존 등록내용
말소상황	말소일		
취소상황	취소일		

지분질권설정 등록통지서

（　）股質記設字 [ ] 第　號

신청에 의하여 당국은 __년 __월 __일에 지분질권설정 수속을 했으며, 질권은 등록일부터 설정된다. 등록사항은 아래와 같다:

질권 등록번호 :

질권설정 지분의 대상회사 :

질권설정 지분 금액 :

질권설정자 :

질 권 자 :

등록기관 날인

__년 __월 __일

순위별 지분질권설정이 가능한가

저당권의 경우에는 선순위 저당권을 설정한 후에도 저당물의 잔여가치 범위 내에서 후순위 저당권을 설정할 수 있다. 그러나 중국의 공상행정관리부서에서는 후순위 지분질권설정에 관한 등록을 취급하지 않는 것이 보통이므로 주의를 요한다.

(4) 지분질권자의 권리

질권자는 질물을 처분한 환가대금으로 우선변제를 받을 수 있다(담보법 제71조). 저당권과 마찬가지로, 질권의 실행방법은 소송실행과 합의실행으로 나뉜다. 합의실행에 의할 경우, 질권자는 질물을 경매 처분하거나 제삼자에게 매각할 수도 있고, 질물을 직접 취득하여 변제에 충당할 수도 있다. 이와 같이 질권자는 기본적으로 ① 우선변제권과 ② 질권실행권을 갖고, 이러한 권리는 지분질권뿐만 아니라 다른 형태의 질권에도 공통된다. 질권자는 다음과 같은 부수적 권리도 갖는다.

① 파생이익 수취의 권리 : 질권자는 질물에서 발생하는 파생이익(예를 들어 배당금)을 수취하여 직접 변제에 충당할 수 있다. 단, 질권설정계약에 별도의 약정이 있으면 이를 따른다(담보법 제68조).

② 질권보전의 권리 : 질물이 소멸되거나 그 가치가 심각하게 감소되어 질권자의 권리를 해할 가능성이 있을 경우, 질권자는 질권설정자에게 상당한 추가 담보를 요구할 수 있다. 질권설정자가 담보를 제공하지 않으면, 질권자는 질물을 경매 또는 매각할 수 있다. 이때 취득하는 환가대금은, 피담보채권의 변제에 충당하거나 당사자 간에 합의된 제삼자에게 공탁해야 한다(담보법 제70조).

③ 질권 재설정의 권리 : 질권자는 질권의 존속기간 내에 자신의 다른 채무를 담보하기 위해 질물에 관해서 제삼자에게 질권을 설정해줄 수 있다. 단, 당초의 질권설정자로부터 동의를 얻어야 하고, 질권자가 갖는 당초의 피담보채권 범위 내에서만 질권을 재설정해야 한

다. 질권자가 갖는 당초의 피담보채권 범위를 초과해서 질권이 재설
정되더라도, 그 초과분에 대해 제삼자는 우선변제권을 갖지 못한다
(담보법 유권해석 제94조). 실무상, 질권설정계약서에서 "질권의 존속기
간 중에 질권자는 자신의 채무를 담보하기 위해 본 계약상의 질물에
관해서 제삼자에게 질권을 설정할 수 있다"는 문구를 넣기도 한다.

지분에 질권이 설정된 경우 의결권 행사 및 지분양도가 제한되는가

1 지분에 질권이 설정되었다는 이유로 질권설정자의 의결권 행사를 제한하는 법률 규정은 없다. 따라서 해당 지분의 의결권은 질권설정자인 주주 본인이 행사해야 하고, 질권자는 당해 의결권을 행사할 수 없는 것이 원칙이다.

2 지분에 질권이 설정되어 있으면 주관 공상행정관리부서는 지분양도 수속을 하지 않는다. 따라서 지분에 질권이 설정되어 있으면 지분양도가 제한된다. 이러한 경우에 지분을 양도하려면 질권자로부터 동의를 얻어야 한다. 실무상, 질권설정 계약서에서 "질권설정의 등록이 된 시점부터 질권이 소멸할 때까지, 질권설정자는 본 계약상의 질물(지분)을 양도하지 못한다. 단, 질권자의 동의를 얻은 경우에 한해서 양도할 수 있다. 이때 취득하는 양도대금으로 피담보채권을 사전 변제하거나 당사자 간에 합의된 제삼자에게 공탁해야 한다"는 문구를 넣기도 한다.

(5) 예금채권 질권

예금채권에 관한 질권설정도 가능하다(물권법 제223조). 예금채권에
관해서 질권을 설정하려면 당사자 간에 서면 계약을 체결해야 하고,
질권설정자가 예금통장을 질권자에게 교부해야 한다. 질권설정 계약

은 당사자가 서명날인한 시점에서 효력이 발생하고, 질권 자체의 효력은 질권설정자가 예금통장을 질권자에게 교부하는 시점에서 발생한다(물권법 제224조).

이와 관련해 은행감독관리위원회가 2007년 7월 3일 공표한 '질권설정 대출관리규정'에 따르면 질권설정 시 예금통장이 개설된 은행에서 질권설정의 확인을 받아야 하고, 그렇지 않은 경우 질권을 설정할 수 없도록 되어 있다(질권설정 대출관리규정 제18조). 그런데 위 규정에서는 정기예금통장에 대한 질권설정은 세부적으로 규정하고 있으나, 그 외의 예금통장에 대해서는 명시적인 규정이 없다. 은행은 정기예금 이외의 예금에 대해서는 구체적인 절차규정이 없다는 이유로 질권설정에 대한 확인을 거부하는 경우가 많다. 따라서 실무상 정기예금 외의 예금에 대해 질권을 설정하기는 어려운 실정이다.

질권설정 대출관리규정에 따르면, 예금채권에 질권이 설정되면 질권설정자와 질권자는 예금통장에 예치된 예금을 인출할 수 없다(대출관리규정 제18조).

(6) 미수금채권 질권

물품, 용역, 시설 등을 제공하고 수취할 미수금채권[18]에도 질권을 설정할 수 있다. 미수금채권의 질권설정에 관해서는 2007년 10월 1일 시행된 '미수금질권설정 등록방법'에서 규정하고 있다. 미수금 질권설정의 등록은 인민은행 흥신센터에서 관리한다. 미수금채권 질권을 설정하려면 당사자 간에 서면계약을 체결해야 하고, 흥신센터征信中心에서 미수금채권 질권을 등록해야 한다(미수금질권설정 등록방법 제2조).

질권설정 계약은 당사자가 서명날인한 시점에서 효력이 발생하지만, 질권 자체의 효력은 흥신센터에서 등록한 때에 발생한다.

미수금채권 질권설정 사항을 등록하면, 미수금채권 질권 등록증명서를 발급받는다. 동일한 미수금채권에 여러 개의 질권이 설정된 경우, 등록의 선후에 따라 질권의 순위가 정해진다(미수금질권설정 등록방법 제5조). 미수금채권 질권의 등록기간은 최장 5년이되, 기간만료 전 90일 내에 연장신청을 하면 최장 5년까지 연장될 수 있다(미수금질권설정 등록방법 제12조, 제13조). 등록 사항이 변경되면 변경일부터 4개월 내에 변경등록을 해야 하고, 만일 변경등록을 하지 않으면 미수금채권 질권의 등록이 실효된다(미수금질권설정 등록방법 제15조).

미수금채권에 질권이 설정된 경우, 미수금의 채권자(질권설정자)는 질권자의 동의 없이 해당 미수금채권을 양도할 수 없다. 질권자의 동의를 얻어서 미수금의 채권자(질권설정자)가 미수금채권을 양도한 경우, 그 양도대금은 피담보채권의 변제에 사용하거나 당사자 간에 합의된 제삼자에게 공탁해야 한다(물권법 제228조).

5. 수급인의 우선변제권

건설공사의 발주자가 약정 대금을 지급하지 않을 경우, 수급인[19]은 합리적 기간을 정하여 발주자에게 대금을 지급하라고 최고할 수 있다. 발주자가 위 기간 내에 대금을 지급하지 않으면, 수급인은 발주자와 협의해서 건설공사를 환가한 금원으로 자신의 대금채권을 우선변제받거나, 법원에 경매를 신청해서 취득한 금원으로 우선변제를

받을 수 있다. 단, 건설공사를 환가 · 경매하기 어려운 경우는 제외
된다(계약법 제286조). 건설공사의 수급인이 우선변제권을 행사할 수 있
는 기간은 약정된 준공일 또는 실제 준공일부터 6개월이다.

최고법원의 '건설공사대금 우선변제권에 관한 답복' 에 따르면 ①
수급인의 우선변제권은 저당권 및 기타 채권에 우선하지만 ② 상품
방의 수분양자가 상품방 구매대금을 전부 또는 대부분 지급했을 경
우에는 시공사가 우선변제권을 들어 수분양자에게 대항할 수 없고 ③
시공사가 우선변제권을 행사할 수 있는 건설공사 대금채권의 범위에
인력보수, 재료비용 등 시공사가 실제 사용한 공사비용은 포함되지
만, 시공사가 발주자에 대해 갖는 도급계약상의 위약금청구권은 포
함되지 않는다.

중국의 공사도급계약 실무

1 공사도급계약을 체결할 때 반드시 입찰을 해야 하는가

건축법 및 입찰법에 따르면, 공사도급계약은 입찰방식으로 체결되어야 한다. 이를 위해 주관 건설관리부서는 전문 입찰사무실을 운영하고 있으며, 발주자는 주관 건설관리부서의 입찰사무실을 통해 입찰공고를 해야 한다. 입찰절차가 완료된 후, 발주자는 낙찰받은 공사업체와 공사도급계약서를 체결해야 하고, 이와 같이 체결된 공사도급계약서를 주관 건설관리부서의 입찰사무실에 등록해야 한다.

2 표준 공사도급계약서를 사용해야 하는가

국무원 건설부는 공사도급계약서 표준본('건설공사시공계약서')을 공표한 바 있다. 그러나 반드시 위 표준본을 사용해야 하는지에 대해서는 명시적인 규정이 없고, 이에 관해 각 지역의 주관 건설관리부서의 실무 관행도 각기 다르다. 따라서 일부 지역의 주관 건설관리부서는 공사도급계약을 등록할 때 표준본을 사용하지 않았다는 이유로 등록을 거부하는 경우가 있으므로, 공사도급계약을 체결하기에 앞서 실무적으로 확인하는 것이 바람직하다.

3 시공사의 하자담보책임을 어떻게 확보하는가

시공사의 하자담보책임을 확보하기 위해 실무상 공사도급계약서에서 공사대금 유보, 재시공 의무, 보증서 징구 등의 조항을 두고 있다.

4 시공사가 책임준공 의무를 약정할 경우, 이러한 약정이 유효한가

책임준공 의무에 관한 약정은 유효하고, 이에 대해 중국 법률상 특별한 규제는 없다. 또한 주관 건설관리부서에 등록된 계약서는 각 당사자에게 구속력이 있다. 따라서 책임준공 약정을 이행하지 않는 시공사에 공사도급계약서상의 위약책임 또는 배상책임을 물을 수 있다.

주석

1 국가 소유의 토지는 전 인민의 소유라는 의미에서, 국유대신에 전민소유라는 용어를 사용하기도 한다.

2 출양이란 사인이 국가(현급 이상의 인민정부)로부터 국유토지사용권을 취득하는 대가로 국가에 출양금을 납부하는 토지사용권 취득 제도이다. 획발이란 공공기관 등이 공공사업에 사용하기 위해 국가(현급 이상의 인민정부)로부터 유상(소액의 사용료) 또는 무상으로 국유토지사용권을 취득하는 토지사용권 취득 제도이다. 국가는 사인에게 국유토지사용권을 임대할 수 있다. 사인은 임대를 통해 국유토지를 사용할 수는 있으나, 용익물권으로서의 국유토지사용권 자체를 취득하지는 못한다. 출양, 획발, 임대에 대한 상세한 내용은 이하에서 따로 다룬다.

3 '재산보전'이란 한국 법률상 가압류 또는 가처분에 해당한다. 재산보전은 ① 토지사용권 차압 ② 건물소유권 차압 ③ 동산 차압 ④ 예금 동결 등으로 나뉜다. 재산보전은 〈제7부 분쟁해결 제도 IV 재산보전과 강제집행〉에서 다룬다.

4 '이의등기'란 토지·건물의 등기부에 기재된 내용에 오류가 있음에도 권리자가 그 시정을 거부할 경우 토지·건물의 주관 관리부서가 이해관계인의 신청에 따라서 하는 등기이다. 토지·건물의 등기부에 이의등기가 기재될 경우 해당 관리부서는 그 이후에 신청되는 양도수속을 보류한다. 이의등기는 이하 〈III 토지사용권 제도〉와 〈V 건물소유권 제도〉의 해당 부분에서 상세히 다룬다.

5 농민 주택의 부지를 가리켜 택기지라 한다.

6 '타항권리'란 토지사용권에 대한 저당권 또는 건물에 관한 저당권을 말한

다. 타항권리자의 권리는 등기부에 기재될 뿐만 아니라, 타항권리자에게 별도의 타항권리증이 발급된다.

7 주관 토지관리부서의 명칭은 지역마다 조금씩 차이가 있는데, 통상 '토지자원국' 또는 '국토자원국' 이라는 명칭을 사용한다.

8 주관 건물관리부서의 명칭은 지역마다 조금씩 차이가 있는데, 통상 '건물관리국' 또는 '방산국' 이라는 명칭을 사용한다.

9 국유토지사용권 출양에 관해서는 출양규정규범에서 정하고 있다.

10 성교확인서(成交確認書)란 주관 토지관리부서가 경매 낙찰자에게 낙찰 사실을 확인해주는 서류이다.

11 출양토지의 상황에 따라 주관 토지관리부서가 입찰 · 경매 · 공시매매 보증금의 액수를 정하는데, 통상 출양금의 10~50%이다.

12 중국뿐만 아니라 해외의 개인, 법인, 기타 조직은 모두 입찰 · 경매 · 공시매매 절차에 참여할 수 있다.

13 입찰, 경매, 공시매매 절차에서 낙찰인 · 매입자가 확정되면, 해당 낙찰인 · 매입자가 이미 납부한 입찰보증금은 계약보증금을 거쳐 토지대금의 일부로 전환되고, 다른 입찰인 · 경매인이 납부했던 보증금은 각 절차 종료일로부터 5일 내에 반환해준다(출양규정규범 제14조 제2항). 따라서 낙찰인 · 매입자는 나머지 토지대금(출양금)만 납부하면 토지사용증을 발급받을 수 있다.

14 준공합격 전 건축중의 건물에 대해서도 저당권을 설정할 수 있다.

15 경외담보에 대해서도 ① 채무자가 경외기구(담보설정자)에게 부담하게 될 장래의 외채(구상금 채무)에 관해, 경외담보를 설정하는 시점에서 경내기구가 별도의 외채등기를 해야 하는지 ② 경외담보가 실행된 경우 경외기구(담보설정자)가 경내기구(채무자)에게 구상권을 행사하려면 별도의 외채등기를 해야 하는지 ③ 경외기구(담보설정자)가 경내기구(채무자)로부터 담보수수료를 지급받을 수 있는지 등이 문제되기도 한다. 단, 실무상 주로 문제되는 대외담보이므로, 경외담보에 관한 상세한 설명은 생략하도록 한다.

16 기업법인 영업집조의 ‘경영범위’ 란에 기재된 주요 업무에 따라 무역형기업
인지 아니면 비무역형기업인지를 판정한다.

17 실무상 보증기간을 2년으로 약정하는 경우가 많다.

18 여기서 ‘미수금’ 은 현재 또는 장래의 금전채권 및 그 이자를 의미하되, 어음
또는 기타 유가증권상의 지급청구권은 포함되지 않는다.

19 중국 계약법에서는 도급업자라는 용어를 사용하고 있는데, 이는 한국의 공
사 수급인에 해당한다.

제5부

외국투자자가 중국 부동산을 취득하는 방법

I
부동산 취득 목적에 따른 취득방법의 선택

1. 외자진입관리의견

외국투자자(외국기업과 외국인 포함)가 중국 부동산을 취득할 때에는 2007년 7월 12일 시행된 '외자진입관리의견'의 적용을 받는다. 외자진입관리의견은 외국투자자가 중국 부동산을 취득하는 목적이 무엇인지에 따라 달리 규율한다. 다시 말해 ① 외국투자자가 중국 부동산을 자신이 직접 사용하려는 경우(자기사용 목적)와 ② 외국투자자가 중국 부동산으로 영리활동을 하려는 경우(상업 목적)를 나누어 규율하고 있다.

이에 따르면, 외국투자자가 자기사용 목적으로 중국 부동산을 취득할 때에는 자신의 명의로 직접 취득할 수 있으나(직접취득), 상업 목적으로 취득할 때에는 중국 내에 설립한 외상투자기업을 통해서만 간접적으로 취득할 수 있다(간접취득). 구체적인 내용은 항을 바꾸어 이하에서 상세히 다룬다.

2. 자기사용 목적으로 취득하는 경우

외국투자자가 자신의 명의로 직접 부동산을 취득하려면 자기사용 목적을 갖추어야 한다. '자기사용 목적'이란 해당 부동산을 사무실(외국기업의 경우)이나 주택(자연인인 외국인의 경우)으로 사용하려는 것이다.

자기사용 목적으로 중국 부동산을 직접 취득할 수 있는 주체는 ① 중국 내에 분공사[1]나 대표처[2]를 설치한 외국기업과 ② 근무기간 또는 학습기간이 1년 이상인 외국인이다(외자진입관리의견 제10조). 따라서 중국 내에 분공사나 대표처를 설치하지 않은 외국기업(법인)은 자기사용 목적으로 중국 부동산을 직접 취득할 수 없고, 중국 내에서 근무기간 또는 학습기간이 1년에 미치지 못하는 외국인(개인)도 자기사용 목적으로 중국 부동산을 직접 취득할 수 없다.

참고로, 외국기업(법인)이 중국 내에 여러 개의 분공사 또는 대표처를 두었을 경우 각 분공사 또는 대표처가 자기사용 목적으로 부동산을 구매할 수 있는 지역은 각 분공사 또는 대표처의 등록지에 한하는 것으로 이해된다. 다시 말해 A지역에 소재한 분공사 또는 대표처가 자기사용 목적으로 A지역의 부동산을 구매할 수는 있으나, 타지역의 부동산은 구매할 수 없다.

외국투자자가 자기사용 목적으로 부동산을 직접 취득할 수 있는 일반적 요건은 위와 같다. 그런데 각 지역의 정부당국이 외자관리의견에 대한 실시세칙을 정하여 일반적 요건보다 엄격한 요건을 요구하거나 완화된 요건을 요구하기도 한다.

① 엄격한 요건 : 북경시 건설위원회, 상무국, 공상행정관리국에서 2007년 1월 29일 공동으로 공표한 '경외기구와 개인의 상품방 구매행위를 규범화함에 관한 통지' 제1조에 따르면, 외국인이 북경에 소재한 주택을 구입할 때(선분양계약 등록수속을 밟을 때 또는 건물소유권 이전수속을 밟을 때) (i) 외국인은 유효한 여권과 북경시공안국 출입국관리소에서 발행한 '해외개인 경내거주상황증명'을 별도로 제출해야 하고 (ii) 외국인의 주택 구매는 1채로 제한되어 있다(위 통지 제1조).

② 완화된 요건 : 북경시 건설위원회 등 정부기관에서 공표한 '부동산시장의 발전을 촉진함에 관한 실시의견'에 따르면, 2009년부터 1년 간은 외국인이 북경시에서 주택을 구입할 때 '근무기간 또는 학습기간이 1년 이상' 이어야 한다는 요건을 적용하지 않는다.

외국투자자가 중국 부동산을 자기사용 목적으로 취득할 때에는 실명으로 취득해야 하고, 차명으로 취득해서는 안 된다(외자진입관리의견 제11조). 이와 관련해 외국투자자가 중국 부동산을 취득할 때 주관 정부부서에 비준증서(법인) 또는 여권(개인)을 제출해야 한다.

KEY POINT

외국투자자의 중국 부동산 취득에 대한 규제의 변화

1 중국 부동산 가격의 급격한 상승을 방지하기 위해 중국 정부는 2007년부터 '외자진입관리의견' 등의 법령을 공표해서 외국투자자의 중국 부동산 취득을 규제했다. 부동산가격의 상승이 가장 뚜렷했던 북경, 상해 등 대도시의 지방정부들은 위 외자진입관리의견에 상응하는 실시세칙을 제정해서 외국투자자의 중국 부동산 취득에 더 엄격한 요건을 정한 반면에, 경제적으로 낙후된 서부지역

대부분은 별도로 실시세칙을 제정하지 않았다.

2 그런데 2008년 하반기부터 시작된 미국발 금융위기로 중국 부동산시장은 심각한 침체에 빠졌다. 이에 중국 정부는 부동산시장의 안정과 중국 경제의 지속적인 발전을 위해 외국투자자의 중국 부동산 취득에 대한 규제를 완화하려는 추세를 보이고 있다. 예를 들어 북경시는 2009년부터 1년 간은 외국인이 북경시에서 주택을 구입할 때 '근무기간 또는 학습기간이 1년 이상'이어야 한다는 요건을 적용하지 않고 있다. 이와 같은 중국 정부의 정책 흐름을 볼 때, 중국 부동산시장의 회복이 지연된다면 중국 정부가 외국투자자의 중국 부동산 취득에 대한 규제를 대폭 완화할 가능성이 있는 것으로 보인다.

3. 상업 목적으로 취득하는 경우

자기사용이 아닌 목적으로 부동산을 취득하는 것은 모두 상업 목적으로 간주된다(외자진입관리의견 제1조). 예를 들면 부동산을 분양, 관리, 임대, 중개하기 위해 부동산을 취득하는 것은 모두 상업 목적에 해당한다.

외국투자자가 상업 목적으로 중국 부동산을 취득할 때에는 외상투자기업을 설립해서 그 기업으로 중국 부동산을 취득하게 해야 한다(외자진입관리의견 제1조). 다시 말해 자기사용 목적 외의 상업 목적으로 중국 부동산을 취득할 때에는 외국투자자의 명의로 부동산을 직접 취득할 수 없다. 자기사용 목적이 아님에도 외국투자자가 직접 자신의 명의로 중국 부동산을 취득하면 '외환관리조례'에 따라 처벌될 수 있다.

Ⅱ
자기사용 목적에 따른 중국 부동산의 직접취득

전술한 대로 외국투자자가 자신의 명의로 중국 부동산을 취득하려면 '자기사용 목적'을 갖추어야 한다. 그리고 ① 법인인 외국투자자가 자신의 명의로 중국 부동산을 취득하려면 중국 내에 분공사나 대표처를 설립해야 하고 ② 개인인 외국투자자가 자신의 명의로 중국 부동산을 취득하려면 원칙적으로 근무기간 또는 학습기간이 1년 이상이어야 한다는 제한을 받는다.

외국투자자가 중국 부동산을 직접취득할 때의 구체적인 절차는 국가외환관리총국과 국무원 건설부에서 공동으로 공표한 '부동산시장 외환관리를 규범화함에 관한 통지'에서 규정하고 있다.

외국투자자가 ① 이미 원시등기가 되어 있는 부동산을 매수하려면, 해당 부동산의 권리자와 매매계약을 체결하면 된다. ② 원시등기가 되지 않은 신축 부동산(상품방)을 매수하려면, 부동산개발기업과 상품방에 관한 예매계약을 체결하고, 주관 건물관리부서에서 예고등기를 하면 된다. 어느 경우에나 외국투자자는 자신의 명의로 등기를 마쳐야 부동산에 관한 권리를 취득한다. 이러한 절차는 중국인이 부동산을 취득할 때의 절차와 다르지 않다.

외국투자자가 부동산 매매대금을 지급할 때에는 외환지정은행을 통해야 한다. 다시 말해 외국투자자가 외환지정은행에 외환(부동산 매매대금)을 지급하면, 외환지정은행이 외환을 인민폐로 환전해서 매도인의 인민폐계좌에 직접 입금한다.

외국투자자가 외환지정은행에 외환을 지급할 때에는 다음 서류를 함께 제출해서 외환지정은행의 심사를 받아야 한다. 그리고 심사에 통과되어야 외환지정은행이 외환을 인민폐로 환전해서 매도인의 인민폐계좌에 입금해준다[3].

부동산 매매대금 지급 시 은행에 제출할 서류

	제출서류	비 고
1	신청서	
2	부동산취득계약서	일반적 매매계약서 또는 상품방 예매계약서 (상품방 예매계약의 경우 상품방 예고등기 서류도 제출함)
3	신분증명서류	① 외국인(개인)의 경우 : 여권 사본 ② 외국기업(법인)의 경우 : 외국기업이 중국 내에 분공사
4	자기사용 목적에 대한 증빙서류	또는 대표처를 설립할 때 발급받은 비준서류 및 등록서류 ① 외국인(개인)의 경우 : 유효기간 1년 이상인 근로계약 또는 학적증명서 ② 외국기업(법인)의 경우 : 당해 부동산을 자기사용 목적으로 사용하겠다는 취지로 외국투자자가 작성한 진술서(각서)
5	기타 서류	

KEY POINT

외국투자자가 중국 부동산을 양도할 경우

외국투자자는 중국 부동산을 자유롭게 양도할 수 있다. 외국투자자가 부동산을 양도해서 취득한 양도대금(인민폐)을 해외로 송금하려면, 먼저 양도소득에 관한 세금을 납부한 후에 부동산 소재지의 주관 외환관리부서에 ① 외환매입신청서 ② 양도계약서 ③ 양도소득 등에 관한 납세증명서 등의 서류를 제출해서 승인을 받은 후, 대외송금을 할 수 있다.

Ⅲ
외상투자기업을 통한
부동산의 간접취득

1. 외상투자기업을 통한 부동산 취득방식

(1) 자기사용 목적에 의한 취득

자기사용 목적에 의한 취득의 대표적인 예는 외상투자기업이 자신의 사무실, 공장 등으로 사용하기 위해 중국 부동산을 취득하는 경우이다. 이와 같이 외상투자기업이 자기사용 목적으로 중국 부동산을 취득할 때에는 외자진입관리규정 등의 관련 법규상 특별한 제한이 없다.

(2) 상업 목적에 의한 취득

전술한 대로 외국투자자가 상업 목적(예를 들어 임대 목적, 투자 목적, 개발 목적)으로는 중국 부동산을 자신의 명의로 직접취득할 수 없고, 외상투자기업을 통해 간접적으로 취득해야 한다. 외상투자기업을 통해 중국 부동산을 간접취득하려면 ① 외상투자기업을 설립해서 그 기업의 명의로 부동산을 취득하거나 ② 부동산을 보유하고 있는 중국 내 기업(내자기업 또는 외상투자기업)의 지분을 인수하거나 ③ 중국 내 기업(내자기업 또는 외상투자기업)의 지분을 인수한 후에 그 기업의 명의로 부동산을 취득해야 한다.

외상투자기업 명의로 중국 부동산을 취득할 때에는 그 취득 목적이 무엇인지에 따라 취득 방식이 달라질 수 있다. ① 개발사업 외의 다른 목적(예를 들어 관리, 임대, 중개)으로 부동산(토지사용권 및 건물소유권)을 취득할 때에는 해당 부동산만 취득하면 된다. ② 그와 달리 개발사업의 목적으로 부동산(토지사용권)을 취득할 때에는 부동산을 양수함과 동시에 각종 개발사업의 인허가도 인수해야 한다. 후자의 방식을 '프로젝트 인수'라 한다.

2. 외상투자기업의 경영범위에 따른 취득제한

상업 목적 하에서 외상투자기업의 명의로 중국 부동산을 취득하려면 해당 외상투자기업의 경영범위에 '물업관리', '부동산임대', '부동산중개', '부동산개발' 등의 부동산 관련 업무가 포함되어 있어야 한다. 따라서 중국 부동산을 취득할 목적으로 외국투자자가 기업을 설립·인수할 때에는 해당 기업의 경영범위에 위와 같은 부동산 관련 업무가 포함되어 있는지를 확인해야 한다. 만일 부동산 관련 업무가 포함되어 있지 않다면 경영범위를 변경해야 할 것이다.

3. 설립방식에 의한 부동산 취득 – 외상투자부동산관련기업의 설립

외국투자자는 중국 내에 외상투자기업을 설립함으로써, 상업 목적 하에서 외상투자기업을 통해 중국 부동산을 간접적으로 취득할 수 있다. 이와 같이 외상투자기업을 설립할 때에는 부동산 취득 목적이 무엇인지에 따라 외상투자기업의 형태(업종)가 달라질 수 있다.

① 개발사업 외의 다른 목적(예를 들어 관리, 임대, 중개)을 위해 외상투자기업을 설립할 때에는 외상투자부동산관리기업, 외상투자부동산임대기업, 외상투자부동산중개기업의 형태로 설립해야 하고 ② 개발사업을 위해 외상투자기업을 설립할 때에는 외상투자부동산개발기업의 형태로 설립해야 한다.

위 4개 유형의 외상투자기업(이하 총칭하여 '외상투자부동산관련기업')은 모두 자기사용 목적이 아닌 상업 목적으로도 중국 부동산을 취득할 수 있다는 점에서 공통점을 갖는다. 그러나 외상투자부동산관리기업, 외상투자부동산임대기업, 외상투자부동산중개기업을 설립할 때에는 외상투자부동산개발기업에 비해 주관 상무부서로부터 설립에 관한 비준을 얻기가 더 수월하다는 실무상 차이점이 있다.

외상투자부동산관련기업의 설립절차는 '외상투자기업의 일반 설립절차'와 '외상투자부동산관련기업의 특별 설립절차'로 나눌 수 있다. ① '외상투자기업의 일반 설립절차'는 〈제2부 외상투자기업의 설립과 경영 Ⅱ 외상투자기업의 설립절차 1. 일반 설립절차〉에서 상세히 다루었다. ② '외상투자부동산관련기업의 특별 설립절차'는 〈제2부 외상투자기업의 설립과 경영 Ⅱ 외상투자기업의 설립절차 2. 외상투자부동산개발기업의 특별 설립절차〉에서 다룬 '외상투자부동산개발기업의 특별 설립절차'에 준한다. 다시 말해 '외상투자부동산개발기업의 특별 설립절차'는 다른 외상투자부동산관련기업(관리·임대·중개기업)의 설립절차와 기본적으로 유사하다.

외상투자부동산관련기업의 일반 설립절차와 특별 설립절차를 시

간 순서대로 정리하면 다음 표와 같다. 단, 외국투자자가 외상투자부
동산관련기업을 설립할 때에는 외국투자자에 의한 의사결정이 자유
롭고 상대적으로 규제가 적은 외자기업 형태를 취하는 경우가 많다.
따라서 여기서는 외자기업의 예를 들어 설립절차를 정리했다.

외상투자부동산관련기업(외자기업 형태)의 설립절차

	설립절차	비 고
1	부동산 취득을 위한 의향서 체결	외국투자자와 부동산소유자 간에 향후 설립될 외자기업이 부동산소유자로부터 부동산을 취득할 것이라는 취지의 의향서를 체결함(일부 지역에서는 요구하지 않기로 함)
2	비준 및 등록	- 주관 상무부서로부터 비준을 받음 - 국무원 상무부에서 등록을 마침
3	공상행정등록 (임시 영업집조)	- 주관 공상행정관리부서에서 설립등록을 하고, 임시 영업집조를 발급받음 - 임시 영업집조에는 유효기간이 1년으로 기재되는 것이 보통임
4	부동산 취득	- 외자기업은 부동산 소유자로부터 부동산을 취득함
5	경영자격 취득	- 외자기업은 해당 경영자격을 취득함 ① 부동산관리기업: 주관 건설관리부서로부터 부동산관리기업 경영자격을 취득함(1급 · 2급 · 3급의 경영자격 중에서 부동산관리기업 설립 당시에는 가장 낮은 3급 경영자격을 취득함) ② 부동산중개기업: 주관 건설관리부서에서 부동산중개기업 등록을 마쳐야 함 ③ 부동산개발기업: 주관 건설관리부서에서 부동산개발기업 경영자격을 취득함(1급 · 2급 · 3급 · 4급의 경영자격 중에서 부동산개발기업 설립 당시에는 가장 낮은 4급 경영자격을 취득함[4]
6	공상행정등록 (정식 영업집조)	주관 공상행정관리부서에 등록을 하고, 정식 영업집조를 발급받음

외상투자부동산관리기업과 외상투자부동산개발기업에는 경영자격 제도가 있으나, 외상투자부동산임대기업과 외상투자부동산중개기업에는 별도의 경영자격 제도가 없다. 따라서 외상투자부동산임대기업이나 외상투자부동산중개기업을 설립할 때에는 별도의 경영자격을 취득할 필요가 없다.

4. 지분인수방식에 의한 부동산 취득

(1) 서론

외국투자자는 중국 내 기업의 지분을 인수함으로써, 상업 목적 하에서 중국 내 기업을 통해 중국 부동산을 간접적으로 취득할 수 있다.

중국 내 기업의 지분을 인수하는 절차는 대상회사가 내자기업인 경우와 외상투자기업인 경우에 따라 상이하다. ① 대상회사가 내자기업일 경우 지분인수를 통해 내자기업에서 외상투자기업으로 변경되므로, 외상투자기업을 신규 설립하는 것에 준하는 엄격한 비준절차를 밟게 된다. ② 그와 달리 대상회사가 외상투자기업일 경우 단순히 외국투자자가 교체되는 것에 불과하므로, 주관 상무부서로부터 비준을 받기가 상대적으로 용이하다. 외상투자기업의 지분을 인수하는 절차는 〈제3부 외상투자기업의 투자와 회수 Ⅳ 외국투자자의 투자금 회수 3. 출자지분의 양도를 통한 투자금 회수〉에서 이미 다루었으므로, 여기서는 내자기업의 지분인수절차를 설명하겠다[5].

(2) 내자기업의 지분인수절차

① 지분인수계약의 체결

외국투자자와 내자기업의 주주 간에 지분인수계약을 체결한다. 지분인수계약에는 인수대상 지분, 인수대금의 액수 및 지급시기, 대상기업의 채무에 대한 처리방안, 근로관계에 대한 처리방안 등이 기재된다.

외국투자자가 내자기업의 지분을 인수하려면 주관 상무부서로부터 지분인수에 대한 심사ㆍ비준을 받아야 한다. 심사ㆍ비준의 핵심대상은 지분인수계약서이다. 주관 상무부서로부터 비준을 받은 후에 계약의 내용(예를 들어 인수대금의 액수 또는 지급시기)이 크게 변경된다면 변경내용에 대해 다시 비준을 받아야 한다. 지분인수를 통해 내자기업이 외상투자기업으로 변경될 때에는 엄격한 심사ㆍ비준을 받으므로, 비준을 받을 때까지 많은 시간이 소요될 수 있다.

'외자진입관리의견' 에 따르면, ① 지분을 인수하는 외국투자자는 대상기업의 은행채무 처리, 근로관계 처리 등의 사항을 타당하게 처리해야 하고 ② 외국투자자가 자체 보유하는 자금으로 인수대금을 1회에 전액지급해야 한다고 규정하고 있다. 여기서 '자체 보유하는 자금' 이란 외국투자자의 자본금만을 의미하는 것이 아니라 자체적으로 조달한 차입금도 포함된다. 지분인수계약에 관해 심사할 때 주관 상무부서는 위 사항이 지분인수계약에 적정하게 기재되어 있는지 여부를 심사할 수 있다.

② 주관 상무부서의 비준

　다음은 주관 상무부서로부터 비준을 받기 위해 제출해야 하는 서류이다. 제출한 서류에 보완할 사항이 없으면, 통상 제출일로부터 30영업일 내지 90영업일 내에 비준 여부가 결정된다.

내자기업의 지분인수 - 주관 상무부서에 제출할 서류

	제출서류		비　고
1	비준 신청서		
2	지분인수계약서		
3	주주회 결의서		– 대상회사의 주주회가 지분인수에 동의한다는 결의서 – 내자기업의 정관에 따라 주주가 자신의 지분을 양도할 때에는 미리 다른 주주들에게서 동의를 얻어야 할 경우가 있음**6**
4	합자·합작계약서		지분인수로 합자·합작기업이 될 경우 해당 합자·합작계약서를 제출해야 함
5	신규 정관 또는 수정 정관		
6	새로운 동사회 명부		투자자(주주)가 변경됨에 따라 투자자(주주)가 파견하는 동사가 변경되는 경우 새로운 동사회 명부를 제출해야 함
7	채권채무 처리계약서		외국투자자(양수인)와 중국투자자(양도인) 간에 대상회사의 채권채무에 관해 체결되는 채권채무 처리계약서(당해 채권채무 처리계약서에 의해 제삼자의 이익 또는 공공의 이익이 침해되어서는 안 됨)
8	특수관계에 관한 설명서		지분인수계약의 당사자들 간에는 특수관계가 없다는 취지의 설명서
9	대상 회사	전년도 감사보고서	
		대상회사의 투자내역	– 대상회사가 투자한 기업의 상황에 대한 설명서 – 대상회사가 투자한 기업의 영업집조 부본 및 사본
		직원배치계획서	
		자산평가보고서	
10-1	외국 투자자 (법인)	개업증명서	예: 법인등기부등본, 사업자등록증
		법정대표인의 신원증명서류	예: 대표이사의 여권 및 신분증 사본

		법정대표인에 대한 권한위임 서류	– 외국투자자 이사회가 대표이사에게 지분인수에 관한 권한을 위임한다는 취지의 권한위임 서류
			– 예: 권한위임장, 주주명부, 이사회명단, 이사회결의서, 전체 이사의 신원증명 서류
		자금신용증명서	
10-2	외국투자자 (개인)	외국투자자의 신원증명 서류	예: 외국투자자 개인의 여권 사본
		자금신용증명서	
11	인허가 신청서류		지분인수 후에 대상회사가 외상투자기업으로 변경되어 그 대상회사가 별도의 인허가를 받아야 할 경우 관련 인허가 신청서류도 함께 제출해야 함
12	기타 서류		

③ 주관 공상행정관리부서에서의 등록

대상회사는 주관 상무부서의 비준을 얻은 날로부터 30일 이내에 비준증서를 소지하고 주관 공상행정관리부서7에서 외상투자기업으로의 변경등기 수속을 해야 한다. 이때 주관 공상행정관리부서에 다음 서류를 제출해야 한다. 제출한 서류에 보완할 사항이 없으면, 통상 제출일로부터 7~10영업일 내에 변경등록이 완료되고 변경된 영업집조를 발급받는다.

	제출서류	비 고
1	설립등기 신청서	내자기업을 외상투자기업으로 변경한다는 설립등기신청서
2	지분인수계약서	
3	합자 · 합작계약서	(주관 상무부서에 제출하는 서류를 참조하기 바람)
4	신규 정관 또는 수정 정관	
5	비준증서	주관 상무부서로부터 발급받은 비준증서
6	새로운 동사회 명부	(주관 상무부서에 제출하는 서류를 참조하기 바람)
7	기업명칭 변경 서류	지분인수와 함께 기업명칭을 변경할 경우, 기업명칭 사전심사 통지서를 제출함
8	외국투자자의 신원증명서류	(주관 상무부서에 제출하는 서류를 참조하기 바람)
9	기타 서류	

④ 후속절차

대상회사는 주관 공상행정관리부서에서 변경된 영업집조를 취득한 후 30일 이내에 세무등기, 외환등기 등의 후속절차를 밟는다.

주석

1 '분공사' 란 법인격과 영업능력이 있는 기업법인이 중국 내에 설치한 영업용 사무소로서, 한국의 지점에 해당한다. 분공사는 법인격이 없으나 영업능력은 있다. 기업법인에는 '기업법인 영업집조' 가 발급되고, 분공사에는 단순한 '영업집조' 가 발급된다. 중국 내의 내자기업이나 외상투자기업은 분공사를 설치할 수 있다. 그러나 외국투자자는 원칙적으로 중국 내에 직접 분공사를 설치할 수 없고, 외국 금융기관에 한해서 주관 상무부서의 비준을 얻어 분공사(예를 들어 분행)를 설치할 수 있다.

2 '대표처' 란 외국투자자가 중국 내에 설치한 연락사무소이다. 대표처는 법인격과 영업능력이 없다. 외국투자자가 중국 내에 직접 분공사를 설치할 수 없는 것이 원칙인 반면, 외국투자자가 중국 내에 대표처를 설치할 때에는 이러한 제한이 없다. 대표처를 설치할 때에도 주관 상무부서의 비준을 받아야 한다. 대표처에는 '대표처 등기증' 이 발급된다.

3 외환지정은행이 매도인에게 대금을 송금하기 전에 매매계약이 취소, 해제될 경우 외국투자자는 ① 구매대금을 인민폐로 환전한 사실에 대한 증빙서류 ② 매매계약이 취소, 해제된 사실에 대한 증빙서류를 외환지정은행에 제출하면 외환지정은행으로부터 다시 외환을 지급받을 수 있다.

4 외상투자부동산개발기업의 경영자격 제도에 대한 상세한 내용은 〈제2부 외상투자기업의 설립과 경영 II 외상투자기업의 설립절차 2. 외상투자부동산개발기업의 특별 설립절차 (3) 경영자격 취득〉을 참조하기 바란다.

5 외국투자자의 중국 기업 지분인수는 대표적인 M&A 방식으로 사용되고 있다. 외국투자자가 중국 기업을 M&A할 때, 주관 상무부서는 M&A에 대한 비준 심사와 함께 반독점 심사를 한다. 최근 중국 내의 M&A 동향을 살펴보

면, 반독점 심사의 중요성이 점차 부각되고 있다.

6 이에 대한 상세한 내용은 〈제3부 외상투자기업의 투자와 회수 Ⅳ 외국투자자의 투자금 회수 3. 출자지분의 양도를 통한 투자금 회수〉의 해당 부분을 참조하기 바란다.

7 참고로, 북경 지역에서의 외상투자기업 변경등기는 모두 북경시 공상행정관리국에서 관할하고 있다.

부동산개발 프로젝트

I
총론

1. 부동산개발 프로젝트의 선행절차

(1) 토지비축 제도

과거에는 인민정부의 여러 부서가 토지공급 권한이 있었다. 그로 인해 유사한 토지들에 대해서도 토지공급 조건이 다른 경우가 있었고 토지공급 업무가 체계적·통일적으로 이루어지지 못했다. 그러나 토지비축 제도가 실시된 이후 여러 부서에서 주관했던 국유토지 공급이 토지비축기구에 의해 일원화됨으로써 이러한 문제는 점차 시정되고 있다. 토지비축이란 토지비축기구가 토지공급에 대해 거시적 조절을 하고 토지자원의 합리적인 이용을 촉진하기 위해 토지를 취득, 개발, 비축하여 시장수요에 맞추어 공급하는 행정작용이다(토지비축관리방법 제2조). 초기의 토지비축 제도는 주로 국유기업의 개편 과정에서 발생하는 토지를 회수, 처분하기 위한 제도였으나, 현재는 국유토지 공급을 총괄적으로 관리하는 제도로 정착되어 있다.

토지비축기구1는 통상적으로 시급 인민정부의 비준을 받아 주관 토지관리부서 산하로 설치되고, 관할지역 내의 비축 업무를 총괄한다. 현재 대부분의 시급 인민정부에는 토지비축기구가 설치되어 있다.

토지비축기구는 전기개발을 실시해서 비축된 토지를 출양할 수 있는 상태로 만든다. 전기개발이란 '7통 1평' 내지 '5통 1평' 을 구비하기 위한 '토지 1급개발' 을 말한다. 토지 1급개발과 7통 1평에 대해서는 이하에서 항을 바꾸어 설명한다.

(2) 토지 1급 개발

토지사용권을 출양할 때에는 그 토지에 일정한 기반시설을 정비한 상태에서 출양한다. 이러한 기반시설이 완비된 상태를 '7통 1평' 이라 부르기도 한다. 7통七通이란 상수도, 하수도, 전기, 가스, 냉난방, 통신, 도로, 이 7가지 기반시설을 일컬으며, 1평一平이란 평탄화 작업을 말한다. '5통 1평' 이란 7가지 기반시설 중에서 2가지 기반시설 공사가 되어 있지 않은 상태이다. 통상 7통 1평의 상태로 출양하지만, 지역에 따라서는 5통 1평의 상태로 출양하는 경우도 있다.

기반시설 공사는 주관 토지비축기구가 직접 실시하거나 입찰을 거쳐 선정된 부동산개발기업을 통해 실시되기도 하는데, 이러한 기반시설 공사를 가리켜 '토지 1급 개발' 이라 한다. 기반시설 공사가 완료되면 토지출양절차에 들어간다. 출양절차를 거쳐 토지사용권을 취득한 민간 부동산개발기업 등이 상품방, 상가, 호텔 등을 건축하는 개발사업을 '토지 2급 개발' 이라 한다.

(3) 철거와 보상

7통 1평 공사 과정에서 지상 건물을 모두 철거해야 하는데, 건물을 철거할 때에는 철거 · 보상의 절차를 거쳐야 한다.

철거를 실시하는 자(철거인)는 주관 건설관리부서로부터 '건물철거 허가증'을 얻어야 한다. 철거 면적이 크거나 피철거인이 많은 경우에는 공청회를 개최해서 피철거인의 의견을 청취해야 한다. 건물철거허가증이 발급되어 철거 대상이 확정된 경우 피철거인은 해당 건물을 매매, 임대, 신축, 개축하거나 건물 부지의 용도를 변경할 수 없다(도시건물철거 관리규정 제12조). 북경시의 경우, 철거인은 주관 건물관리부서에 철거 대상 건물에 대한 각종 등기수속을 잠정 중지할 것을 요구할 수 있다. 등기수속의 잠정 중지기간은 공고일부터 최장 1년이고, 1년 연장이 가능하다(북경시 도시건물철거 관리규정 제8조).

철거인과 피철거인은 철거보상이주합의서를 체결해야 한다. 철거보상이주합의서에는 보상(보상방식, 보상금액), 이주(이주용 건물의 면적·위치), 철거기간, 과도기 등에 관한 사항이 기재된다. 철거보상이주합의서가 체결되었음에도 피철거인 또는 임차인이 철거를 하지 않으면 철거인은 가집행, 소송 또는 중재를 제기할 수 있다.

한편, 철거보상이주합의서가 체결되지 않으면 주관 건물관리부서가 행정적 결정을 내린다. 결정문에서 정한 기간 내에 피철거인이 철거하지 않으면 주관 건설관리부서는 직권으로 강제철거를 하거나 법원을 통해 강제철거를 할 수 있다. 주관 건설관리부서의 결정에 불복하려면 결정문을 받은 날부터 3개월 내에 법원에 소송을 제기해야 한다.

(4) 토지사용권의 확보

부동산개발 프로젝트(=토지 2급 개발)를 추진하는 부동산개발기업은 토지사용권을 확보하는 절차를 밟아야 한다. 토지사용권을 확보하는

절차는 ① 신규 출양을 통한 확보 ② 프로젝트 인수를 통한 확보로
나뉜다. 신규 출양에 의해 토지사용권을 확보하는 절차는 〈제4부 중
국의 부동산 제도와 담보 제도 Ⅳ 토지사용권 취득방식〉에서 이미 다루
었다.

프로젝트 인수란 특정 부동산개발 프로젝트와 관련된 토지사용권,
건설 중의 건축물, 기타 자산을 인수하고 해당 인허가 지위를 승계하
는 절차를 말한다. 프로젝트 인수의 경우 특별한 약정이 없는 한 프
로젝트의 인수인이 우발채무를 포함한 기존 채무를 부담하지 않는다
는 장점이 있다. 그와 달리 프로젝트 인수에 필요한 인허가가 자동적
으로 이전되지 않으므로 인수인이 관련 인허가(예를 들어 입항비준, 건설
용지규획허가, 건설공정규획허가)의 명의 주체를 일일이 변경해야 한다는
단점이 있다. 또한 기존에 체결되었던 일체의 계약(예를 들어 도급계약,
감리계약, 대출계약)을 다시 체결하거나 당사자를 변경해야 하는 번거로
움이 있다.

2. 부동산개발 프로젝트 절차의 개관

중국 부동산개발 프로젝트의 일반적 절차를 인허가 중심으로 정리
하면 다음 표와 같다.

부동산개발 프로젝트의 인허가절차는 다음과 같지만, 지역에 따라
조금씩 차이가 있을 수 있다. 다음 인허가절차 중에서 프로젝트 입항
서류, 건설용지규획허가증, 토지사용증, 건설공정규획허가증, 건축
공정시공허가증, 상품방예매허가증을 '6대 허가증' 이라 부르기도

한다. 그리고 건설용지규획허가증, 토지사용증, 건설공정규획허가증, 건축공정시공허가증을 '4대 허가증' 이라 부르기도 한다. 4대 허가증은 외상투자부동산개발기업이 차입(외채, 인민폐대출)을 하기 위한 선행 조건이 된다.

중국 부동산개발 프로젝트의 절차(인허가 중심)

	절 차	비 고
1	규획의견서 (규획설계조건통지서)[2]	– 주관 규획관리부서가 주관 토지비축기구 또는 주관 토지비축기구에 의해 선정된 부동산개발기업[3]에게 '규획의견서' 를 발급함 – 규획의견서에는 당해 토지의 위치, 면적, 범위, 현황, 용적율(상한), 건물 높이(상한), 주차장 크기, 출입구 방향 등에 관해 상세한 규획조건이 기재되어 있음 – 주관 토지비축기구 또는 주관 토지비축기구에 의해 선정된 부동산개발기업은 규획조건에 따라 기반시설 조성 공사를 함 – 규획의견서에 기재된 규획조건은 향후 토지출양계약서의 계약조항이 될 뿐만 아니라, 건설용지규획허가 및 건설공정규획허가의 기준이 됨
2	프로젝트 입항	– 부동산개발기업은 주관 발전과개혁위원회에 ① 항목건의서와 가행성연구보고서를 제출하거나(비준제) ② 항목신청보고서를 제출하거나(핵준제) ③ 항목등록신청표를 제출함(등록제) – 부동산개발기업은 주관 규획관리부서, 교통관리부서, 원림관리부서, 인민방공관리부서, 환경보호관리부서, 소방관리부서 등애서 '심사의견' 을 받음(주관 발전과개혁위원회의 요청에 따라 부동산개발기업은 위 '심사의견' 을 발전과개혁위원회에 제출함) – 주관 발전과개혁위원회로부터 '프로젝트 입항서류' 를 취득함
3	토지출양계약 체결	– 입찰출양, 경매출양, 공시매매출양 방식으로 출양절차를 진행하고, 주관 토지관리부서와 '토지출양계약' 을 체결함 – 토지출양계약서의 계약 조항 중에 규획조건이 포함되어야 함 – 주관 규획관리부서로부터 '건설용지규획허가증' 을 취득함

4	건설용지규획 허가	– 건설용지규획허가에 의해 건설용지의 위치, 면적, 용도가 확정됨 – 토지출양금을 납부하고 '토지사용증' 을 취득함
5	토지사용증 취득	– 주관 규획관리부서에서 설계요구통지서를 받음
6	건설공정규획 허가	– 설계요구통지서를 근거로 해서 설계방안을 작성하고, 설계방안을 제출하여 주관 규획관리부서에서 '심사의견' 을 받음 – 심사의견을 근거로 하여 주관 규획관리부서에서 '건설공정규획허가증' 을 취득함
7	건축공정시공 허가	– 설계방안을 기초로 초보설계를 완성하고, 이에 대해 주관 건설관리부서에서 '심사의견' 을 받음 – 초보설계를 기초로 시공도설계를 완성하고, 이에 대해 주관 건설관리부서에서 '심사의견' 을 받음 – 심사의견을 근거로 하여 주관 건설관리부서에서 '건축공정시공허가증' 을 취득함
8	상품방 예매 허가	– 상품방 예매 허가를 얻을 수 있는 조건을 충족하면, 주관 건설관리부서에서 '상품방예매허가증' 을 취득함 – 상품방 예매를 통해 부동산개발기업과 수분양자 간에 예매계약을 체결한 후, 주관 건설관리부서에서 상품방 예매의 예매등기를 함*4*
9	준공	– ① 관련 정부부서(예를 들어 교통, 환경, 소방)로부터 건설공사가 허가에 부합되었는지 여부를 검수받은 후 ②주관 규획관리부서에서 '건설공사규획 준공검수합격서' 를 발급받고 ③ 최종적으로 주관 건설관리부서에서 '건설공사완공 검수등록표' 를 발급받음
10	건물관리기업 선정	
11	대산권 등기	– 주관 건물관리부서에서 부동산개발기업 명의로 상품방에 관한 원시등기를 함
12	소산권 등기	– 주관 건물관리부서에서 부동산개발기업으로부터 수분양자에게 상품방 명의를 이전하는 변경등기를 함

Ⅱ
프로젝트 입항

1. 발전과개혁위원회 – 비준제, 핵준제, 등록제

부동산 프로젝트를 추진할 때의 첫 인허가가 프로젝트 입항이다. 프로젝트 입항이란 한국의 실시계획승인과 유사한 인허가이다. 프로젝트 입항은 주관 발전과개혁위원회가 심사하고, 심사에서 통과하면 입항서류를 발급받는다.

'투자체제 개혁에 관한 국무원의 결정(國發[2004]20호)'에 따르면 프로젝트 입항 제도는 비준제, 핵준제, 등록제로 구분된다. 비준제란 정부 투자로 추진되는 프로젝트에 대한 입항허가 제도이다. 민간 부동산개발기업에 의해 추진되는 프로젝트에 대한 입항 제도는 핵준제와 비준제로 나뉜다. 핵준제란 국무원이 공표하는 '정부 핵준투자 프로젝트 목록'에 기재된 프로젝트에 적용되는 제도이고, 등록제란 위 프로젝트 목록에 기재되지 않은 프로젝트에 적용되는 제도이다. 비준제에 비해 핵준제가, 핵준제에 비해 등록제가 허가를 받기 더 용이하다.

정부 핵준투자 프로젝트 목록에서는 각 프로젝트의 유형별로 핵준제로 운영할지 등록제로 운영할지를 성급 인민정부가 결정하도록 권한위임을 하는 경우가 있다. 따라서 구체적으로 어떤 프로젝트가 어떤 입항 제도에 해당하는지는 성급 인민정부가 정한 실시세칙을 살펴봐야 알 수 있다. 이하의 표에서 성급 인민정부인 북경시 인민정부에서 실시하고 있는 핵준제와 등록제를 비교해본다.

핵준제와 등록제의 비교

	핵준제	등록제
프로젝트	– 토지종합개발 – 골프장 개발	핵준제 프로젝트를 제외한 모든 프로젝트
관할기관	북경시 시市의 발전과개혁위원회 또는 북경시 구區의 발전과개혁위원회	북경시 구의 발전과개혁위원회
제출서류[5]	프로젝트 신청보고서	프로젝트 등록표
심사절차	– 토지관리부서[6], 건설관리부서, 　규획관리부서 등의 유관 부서로부터 　의견을 청취함 – 중요 프로젝트에 대해서는 공청회나 　전문가평가를 거칠 수 있음	
처리기간	통상 20~30일	통상 3일
허가 유효기간	– 부동산개발기업은 허가일로부터 2년 내에 프로젝트 건설을 개시해야 함 – 기간만료 30일 전에 연장신청이 가능함	

비준을 통과하면 주관 발전과개혁위원회로부터 비준서류를 발급받는다. 마찬가지로, 핵준을 통과하면 핵준서류를, 등록을 통과하면 등록서류(프로젝트 등록통지서)를 발급받는다. 실무상 접하는 프로젝트는 대부분 민간 부동산개발기업의 프로젝트이므로, 실무상의 입항서류도 핵준서류 또는 등록서류인 것이 보통이다[7].

핵준·등록을 통과한 프로젝트의 내용이 변경되면 주관 발전과개혁위원회에 서면보고를 해야 할 경우가 있다. 주관 발전과개혁위원회는 변경된 내용을 확인해서 핵준·등록을 다시 밟아야 하는지에 대해 의견을 통보한다. 북경시의 경우, 핵준받은 프로젝트의 내용이

다음과 같이 중대하게 변경되면 적시에 서면보고를 해야 한다(북경시 기업투자항목핵준잠정실시방법 제22조).

> 1 건설 위치가 변경된 경우
> 2 주요 건설내용이 변경된 경우
> 3 핵준받은 건축면적에 비해 10% 이상 또는 1,000㎡ 이상 변경된 경우
> 4 투자 주체가 변경된 경우
> 5 기타 중대한 사항이 변경된 경우

프로젝트 신청보고서

(북경시 발전과개혁위원회 양식)

제1장 신청기업과 프로젝트 상황

1 신청기업 기본상황: 신청기업의 주된 업무, 경영기간, 자산부채, 지분구조, 주요 투자분야 등

2 프로젝트 상황: 프로젝트의 건설배경, 건설주소, 주요 건설 내용과 규모 등

제2장 발전계획, 산업정책과 업종진출에 대한 분석

1 발전계획 분석: 프로젝트가 국민경제와 사회발전 총적 규획, 전문분야 규획, 지역성 규획 등에 부합되는지 여부, 프로젝트의 목적과 내용이 서로 일치한지 여부

2 산업정책 분석: 프로젝트가 관련 산업정책에 부합되는지 여부

3 업종진출 분석: 신청기업과 프로젝트가 업종 진출에 관한 요구에 부합되는지 여부

제3장 자원개발 및 종합이용 분석

1 자원개발 방안: 토지사용 등에 관한 내용을 담음

2 자원이용 방안

3 자원절약 조치

제4장 에너지절약 방안 분석

1 에너지소모 표준과 에너지절약 규칙: 프로젝트가 국가와 지방 성정부에서 정

한 표준과 규칙에 부합되는지 여부

2 에너지소모 상황과 에너지소모 지수에 대한 분석

3 에너지절약 조치와 에너지절약 효과 분석

제5장 건설용지, 토지수용, 철거이주에 관한 분석

1 프로젝트 건설용지: 건설부지의 위치, 면적, 토지이용상황, 농업지사용상황 등

2 토지이용 합리성 분석: 프로젝트가 토지이용 규획에 부합되는지 여부, 건설규모가 합리적인지 여부, 토지절약 요구에 부합되는지 여부, 농업지 사용 및 보충 방안이 현실성이 있는지 여부

3 철거이주 방안에 대한 분석

제6장 환경과 생태 영향 분석

1 환경과 생태 현황: 건설용지의 자연환경 조건, 오염물 상황, 생태환경 조건과 환경 포화 적정선 등

2 생태환경 영향 분석: 프로젝트가 주변환경에 미치는 영향 등

3 생태환경 보호 조치

4 지질재해 영향 분석

5 특별환경 영향: 역사문화유산, 자연유산, 풍경명소와 자연경관 등에 대한 영향과 보호 조치

제7장 경제적 영향 분석

1 경제지수 분석

2 업계에 대한 영향 분석

3 지역 경제에 대한 영향 분석

4 거시적 경제에 대한 영향 분석

제8장 사회적 영향 분석

1 사회적 영향 분석

2 사회 적응성 분석

3 사회 위험과 조치에 대한 분석

기업투자건설 프로젝트 등록신청표

(북경시 발전과개혁위원회 양식)

1. 신청기업 상황

기업 명칭		법정대표인	
바코드 번호		회사유형	
연락인		연락방식	

2. 프로젝트 상황

(1) 프로젝트 명칭				
시행사 명칭				
합작자 상호				
(2) 업종 명칭	업종 바코드			
(3) 건설내용				
(4) 건설위치	구(현)	거리		
	동		서	
	남		북	
(5) 건설규모	총 부지면적　그 중 : 신규 수용부지			
	총 건축면적　그 중 : 주택			
(6) 투자예산	총 투자액			
	자금출처　　자기자금　연도별　년			
	은행대출　　　　투자계획　　　년			
	외국자금　　　　　　　　년			
	기 타			
(7) 건설기간	착공일　　　　준공일			
(8) 주요 지표				

3. 기타 내용

4. 준수사항

신청인 :　　　　신청일 :

2. 프로젝트 입항서류

비준서류, 핵준서류, 등록서류 등의 입항서류에는 ① 프로젝트에
대한 승인 ② 프로젝트의 건설 장소 및 면적 ③ 프로젝트를 통해 신
축할 건물의 종류 ④ 프로젝트 투자총액(개발비용) ⑤ 입항서류의 유
효기간 등이 개괄적으로 기재된다. 입항비준서류에 기재되는 사항은
해당 프로젝트를 특정하는 의미가 있다. 프로젝트 투자총액은 외상
투자부동산개발기업의 차입 조건에 직결되는 사항이므로 프로젝트
투자총액을 산정할 때에는 주의를 요한다[8].

KEY POINT

중소형주택 의무 건설 비율(9070)에 대해

1 국무원 건설부의 '신축 주택구조 비율에 관한 일부 의견'에 따르면, 2006년 1
월 1일부터 현을 포함한 도시에서 연간 신규로 심사하거나 신규로 시공을 개시
하는 상품성 주택의 총 면적 중에는 '단일 건축면적'이 90㎡ 이하인 주택(경
제사용방[9]을 포함)이 70% 이상이어야 한다. 여기서 '단일 건축면적'이란 단
일 주택의 전용면적과 공유면적을 포함하는 면적을 말한다.

2 위 건설부의 의견은 중소형 주택의 공급을 활성화하기 위한 규제책으로서, 위
의견을 실무상 '중소형주택 의무 건설 비율' 또는 '9070 규제'라고 부른다.

3 그런데 국무원 건설부의 의견이 현을 포함한 도시 단위에서 중소형주택 의무
건설 비율을 준수해야 한다는 것인지, 단일 프로젝트 별로 중소형주택 의무 건
설 비율을 준수해야 한다는 것인지가 명확하지 않다. 그래서 어떤 지역에서는
해당 프로젝트에 대해 중소형주택 의무 건설 비율을 요구하기도 하고, 어떤 지
역에서는 이러한 요구를 하지 않기도 한다.

4 입항서류를 발급받을 때 또는 건설공정규획허가증을 발급받을 때 주택의 면적
및 숫자를 기재할 수 있다. 이러한 인허가 증서에 기재된 주택의 면적 및 숫자
를 살펴보면, 해당 프로젝트에 중소형주택 의무 건설 비율이 적용되는지를 알
수 있다.

管理委员会文件

委发[2009]21号　　　　　　　　　　　　　　　签发人：

关于韩国商业区开发项目核准的批复

　　　　房地产开发有限公司：

你公司

　　　　　　　　　　　　　　　　　　　　　　　　　　　　　的开发报

告》及有关资料收悉，　　　　　　　管理委员会各相关部门经研究，同意

房地产开发有限公司对韩国商业区开发。现就有关核准事项批复如下：

1. 规划范围：

　　　　具体用地范围由规划管理部门确定。

2. 规划用地：规划总用地面积113370平方米，其中规划建设用地106,920.80平方米，具体规划用地指标由规划管理部门核定。

3. 建设规模及内容：该用地内总建筑面积为387,426.80平方米。其中公寓308,899.50平方米商铺62,177平方米车库16,350.3平方米,容积率362%,

　　建设内容为商业综合。

4. 投资估算及资金来源：该项目总投资估算为5,000万美元，所需资金全部由
　　房地产开发有限公司筹措解决。

5. 本批复附类型, 户数和销售面積1份。

6. 本批复有效期为两年

7. 请据此进一步向规划部门落实规划建设方案。改规划范围的建设项目，请
　　按有关规定单独办理项目核准或备案。

　主题词：建设　项目　批复

二○○九年十月二十一日

285

부동산개발 프로젝트의 4대 허가증

1. 건설용지규획허가증과 토지사용증

(1) 건설용지규획허가 및 토지출양의 절차 흐름

주관 규획관리부서는 입항서류 발급 전 단계에서, 주관 토지비축기구 또는 주관 토지비축기구에 의해 선정된 부동산개발기업에게 규획의견서·규획설계조건통지서를 발급한다. 규획의견서·규획설계조건통지서에는 당해 토지의 위치, 면적, 범위, 현황, 용적률(상한), 건물 높이(상한), 주차장 크기, 출입구 방향 등에 관한 조건이 기재된다. 이러한 조건을 '규획조건'이라고 한다.

주관 토지비축기구 또는 주관 토지비축기구에 의해 선정된 부동산개발기업은 위 규획조건에 따라 기반시설 조성 공사(=토지 1급 개발)를 한다. 규획조건은 향후 토지출양계약서의 계약조항이 될 뿐만 아니라, 건설용지규획허가 및 건설공정규획허가의 기준이 된다.

부동산개발기업은 건설용지의 범위를 확인10해서 주관 규획관리부서에 성과보고서를 제출하고, 또한 1:500 또는 1:2000 비율의 상세한 지형도를 작성해서 이를 주관 규획관리부서에 제출한다. 건설용지의 위치·범위가 도시규획에 부합되면 주관 규획관리부서는 부동산개발기업에 건설용지규획허가증을 발급해준다. 건설용지규획허가에 의해 토지의 위치·면적이 최종적으로 확정된다.

보통은 건설용지규획허가에 의해 토지의 위치·면적이 확정된 후에 토지출양절차를 완료한다. 토지출양절차가 완료되면 출양금을 납부하고 토지사용증을 취득한다. 앞서 언급한 대로 토지출양계약서에는 규획조건이 계약조항으로 기재되어야 한다. 그렇지 않으면 그 출양계약서는 무효로 간주된다(성향규획법 제39조).

(2) 건설용지규획허가증

건설용지규획허가증 신청 서류 – 북경시

	제출서류	비 고
1	신고표	부동산개발기업이 신고 담당자에게 권한을 위탁한다는 내용의 위탁서를 첨부해야 함
2	입항서류	
3	낙찰통지서 또는 성교확인서	토지출양절차에서 발급받은 낙찰통지서(입찰방식) 또는 성교확인서(경매 또는 공시매매 방식)
4	건설용지범위확인 성과보고서	건설용지의 범위확인작업을 했다는 취지의 성과보고서
5	지형도 5부	건설용지범위확인 성과보고서 및 측량요구서에 근거해서 작성한 지형도 5부(1:500 비율 또는 1:2000 비율)
6	지명확정허가서류	
7	기타 서류	

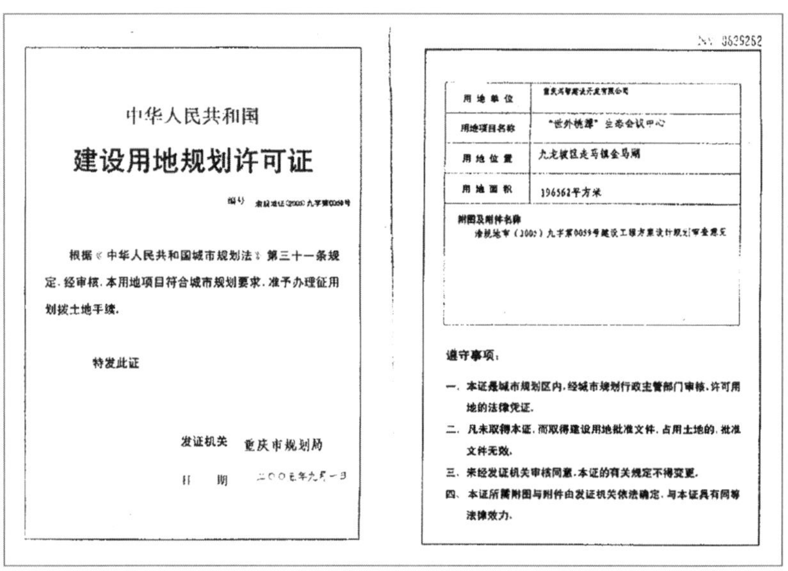

건설용지규획허가증(한글번역본)

중화인민공화국 건설용지규획허가증	부지사용자	
	프로젝트 명칭	
	부지위치	
	부지면적	
	첨부서류 명칭:	
	준수사항:	

2. 건설공정규획허가증

(1) 건설공정규획허가의 절차 흐름

건설용지규획허가증 및 토지사용증을 취득한 후에 건설공정규획허가절차를 밟는다. 부동산개발기업은 주관 규획관리부서로부터 '설계요구통지서'를 발급받고, 설계요구통지서의 기준을 준수해서 '설계방안'을 작성한다. 설계요구통지서란 주관 규획관리부서가 부동산개발기업에게 요구하는 설계지침으로서, 여기에는 규획의견서상의 규획조건이 더 상세하게 기재된다. 설계방안이란 부동산개발기업이 작성하는 건축물 설계(제1차 설계)이다. 부동산개발기업은 설계방안을 주관 규획관리부서에 제출해서 심사의견을 받는다.

주관 규획관리부서는 설계방안을 승인하는 심사의견 혹은 설계방안의 수정을 요구하는 심사의견을 낼 수 있다. 수정을 요구하는 심사의견을 받은 경우, 부동산개발기업은 설계방안을 수정해서 다시 심사의견을 받는다. 주관 규획관리부서로부터 최종적인 심사의견을 받으면 이를 근거로 해서 건설공정규획허가증을 취득한다.

(2) 건설공정규획허가증

건설공정규획허가증 신청 서류 - 북경시

	제출서류	비 고
1	신고표	부동산개발기업이 신고 담당자에게 권한을 위탁한다는 내용의 위탁서를 첨부해야 함
2	설계방안	
3	설계방안 심사의견	
4	건설용지비준서	토지출양절차에서 발급받은 건설용지비준서
5	건설공사 준공문서 등기표	향후 건설공사가 완료되어 준공 검수를 받을 때 관련 정부부서가 검수해야 할 목록 및 내용이 기재된 표
6	탐사설계 입찰 등기표	입찰절차를 통해 설계업체를 선정했다는 증빙서류
7	지명확정허가서류	
8	기타 서류	

건설공정규획허가증

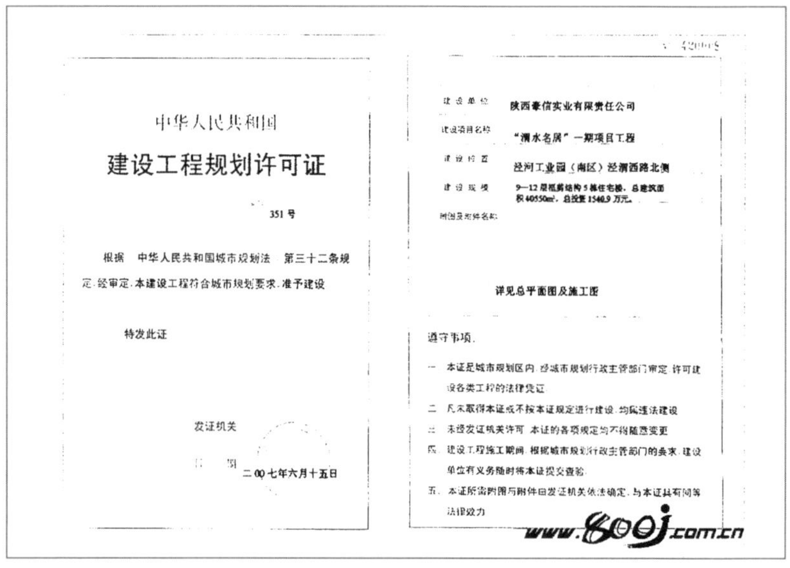

건설공정규획허가증(한글번역본)

중화인민공화국 건설공정규획허가증	건설기업	
	프로젝트 명칭	
	건설위치	
	건설규모	
	첨부서류 명칭:	
	준수사항:	

3. 건축공정시공허가증

(1) 건축공정시공허가증의 의의 − 착공허가

건물 건설, 부대시설 건설, 인테리어 시공, 도시 기초시설 시공 등의 건설공사에 착수(착공)하려면, 주관 건설관리부서로부터 건축공정시공허가증을 취득해야 한다. 건축공정시공허가증을 취득하기 전에는 착공을 할 수 없기 때문에 이를 '착공허가증'이라 부르기도 한다.

단, 공사 투입금액이 인민폐 30만 RMB 이하이거나 건축면적이 300㎡ 이하일 경우에는 별도로 건축공정시공허가증을 취득할 필요가 없다(건축공정시공허가 관리방법 제2조). 성급의 건설관리부서는 당해 지역의 실정을 고려해서 건축공정시공허가증이 필요 없는 건축공사의 범위를 별도로 정할 수 있다. 이러한 경우 그 내용을 국무원 건설부에 등록해야 한다.

(2) 건축공정시공허가증의 취득

건설공정규획허가증을 취득한 후에 건축공정시공허가절차를 밟는다. 부동산개발기업은 설계방안을 기초로 초보설계를 완성하고 이에 대해 주관 건설관리부서에서 '심사의견'을 받는다. 그리고 초보설계를 기초로 시공도설계를 완성하고 이에 대해서도 주관 건설관리부서에서 심사의견을 받는다. 초보설계는 제2차 설계에 해당하고, 시공도설계는 최종 설계에 해당한다.

각각의 설계에 대해 주관 건설관리부서는 수정을 요구하는 심사의견을 낼 수 있다. 이 경우 부동산개발기업은 해당 설계를 수정해서 다시 심사의견을 받는다. 주관 건설관리부서에서 최종 심사의견을 받으면 이를 근거로 건축공정시공허가증을 취득한다.

건축공정시공허가증을 취득하려면 다음 조건을 충족해야 한다(건축공정시공허가 관리방법 제4조). 다음 조건 중에서 실무적으로 중요한 것은 건설자금 조달이다. 건축공정시공허가증을 취득하기 전까지 일정 규모의 건설자금을 미리 조달해야 한다는 점에 유의해야 한다.

건축공정시공허가증 취득 조건

	조 건	비 고
1	선행 인허가 취득	건설용지규획허가증, 토지사용증, 건설공정규획허가증을 취득했을 것
2	착공조건 구비	시공현장에서 기본적인 착공조건을 구비하고 있을 것
3	철거 진도	시공현장에서 건물철거가 필요할 경우, 철거의 진도가 시공에 부합할 것
4	시공사	시공사가 확정되었을 것(시공허가증에 시공사가 기재됨)
5	시공도면 및 기술자료	시공에 부합하는 시공도면 및 기술자료가 존재할 것
6	품질 및 안전	시공도설계 서류에 관해 규정에 따른 심사를 받았을 것 공사의 품질 및 안전을 보장하는 구체적인 조치가 있을 것
7	감리	규정에 부합하도록 감리를 위탁했을 것(시공허가증에 감리업체가 기재됨)
8	건설자금 조달	– 공사기간이 1년 이하일 경우 : 조달된 건설자금이 공사계약금의 50% 이상이어야 함 – 공사기간이 1년 이상일 경우 : 조달된 건설자금이 공사계약금의 30% 이상이어야 함 – 부동산개발기업은 위 조건을 증명하기 위해 은행에서 발급받은 자금조달증명서를 제출함(단, 은행 또는 제삼자의 지급보증서를 제출할 수도 있음)
9	기타 조건	법률이나 행정법규에서 정한 기타 조건을 구비할 것

(3) 건축공정시공허가의 신청 서류

건축공정시공허가증 신청 서류

	제출서류	비 고
1	신고표	부동산개발기업이 신고 담당자에게 권한을 위탁한다는 내용의 위탁서를 첨부해야 함
2	건설용지비준서 및 토지사용증	토지출양절차에서 발급받은 건설용지비준서 및 토지사용증
3	건설공정규획허가증	
4	시공도설계 심사의견	
5	시공계약서(원본)	
6	시공사 낙찰서류	입찰절차를 통해 시공사를 선정했다는 증빙서류
7	감리계약서(원본)	
8	감리회사 낙찰서류	입찰절차를 통해 감리회사를 선정했다는 증빙서류
9	건설자금 조달증명서	은행에서 발급받은 자금조달증명서를 제출함(단, 은행 또는 제삼자의 지급보증서를 제출할 수도 있음)
10	인방 시공도 등록증명서	해당 건축물이 방공, 방호의 용도에 위반되지 않는다는 취지의 등록증명서로서, 주관 인방관리부서(방위부서)에서 발급받음
11	기타 서류	

(4) 착공기한, 공사중단, 공사재개

건축공정시공허가증 취득일로부터 3개월 내에 착공을 해야 한다. 부득이한 사유로 착공을 하지 못한 경우에는 착공기간이 만료되기 전까지 주관 건설관리부서에 착공기한 연기신청을 할 수 있다. 단, 착공기한의 연기는 2회를 초과할 수 없고, 매회 3개월을 초과할 수 없다(건축공정시공허가 관리방법 제8조). 착공기한 내에 착공을 하지 않고 또한 연기신청도 하지 않으면 건축공정시공허가증은 효력을 상실한다.

건설공사 과정에서 어떠한 사유로든 공사가 중지될 때에는 중지일로부터 1개월 내에 주관 건설관리부서에 중지 원인, 중지 기간 등을 기재힌 보고서를 제출해야 한다. 공사를 재개할 때에도 주관 건설관리부서에 보고해야 한다. 공사가 중지된 지 1년 이상이 지난 후에 공사를 재개할 경우, 주관 건설관리부서는 기존의 건축공정시공허가증에 대해 다시 심사를 한다(건축공정시공허가 관리방법 제9조).

건축공정시공허가증

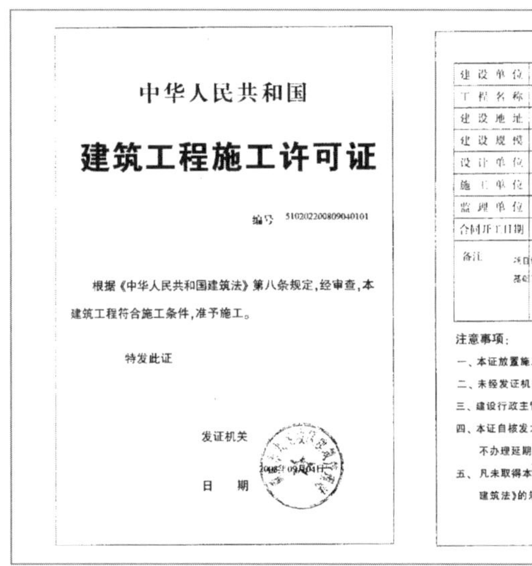

건축공정시공허가증(한글번역본)

중화인민공화국 건축공정시공허가증	건설기업		
	프로젝트 명칭		
	건설주소		
	건설규모		계약가격
	설계기업 시공기업 감리기업		
	계약착공일		계약준공일
	비고		
	주의사항 :		

IV
상품방 예매 허가

1. 상품방예매허가증의 취득

　　상품방이란 보통 부동산개발기업이 신축, 분양하는 상품성 주택이다. 상품방의 분양은 준공 이전에 이루어지는 예매와 준공 이후에 이루어지는 현매로 구분된다. 상품방 예매를 실무상 '선분양'이라 부르기도 한다. 상품방을 예매하려면 다음 조건을 충족해야 한다(도시상품방예매 관리방법 제5조).

상품방 예매조건

1 토지사용권 출양금을 전액납부해야 하고, 토지사용증을 취득해야 함

2 건설공정규획허가증과 건축공정시공허가증을 취득해야 함

3 투입된 건설비용은 건설공정의 총 건설비용 중 25% 이상이어야 함

4 시공진도와 준공일자가 확정되어 있어야 함

　　상품방 예매조건을 충족하면 부동산개발기업은 주관 건설관리부서에 다음 서류를 제출해서 '상품방예매허가증'을 취득할 수 있다. 상품방예매허가증을 발급받으면 발급 당일부터 예매가 가능하다(도시상품방예매 관리규정 제10조). 예매허가증에는 유효기간이 기재되는데, 유효기간이 도과하면 상품방 예매를 할 수 없다.

상품방 예매 허가 신청 시 제출서류

	제출서류	비 고
1	예매허가 신청표	
2	영업집조	부동산개발기업의 영업집조
3	경영자격 증서	부동산개발기업의 경영자격 증서(1~4급)
4	공사도급계약서	
5	토지사용증	(상품방 예매조건 1항 관련)
6	건설공정규획허가증	(상품방 예매조건 2항 관련)
7	건축공정시공허가증	(상품방 예매조건 2항 관련)
8	자금사용 증명서	(상품방 예매조건 3항 관련) 투입된 건설비용이 25% 이상인 사실을 어떠한 서류로 입증해야 하는지에 대해 별도의 규정은 없으나, 실무상 은행에서 발급받은 자금사용 증명서로 입증하고 있음
9	시공진도 설명서	(상품방 예매조건 4항 관련)
10	상품방 예매 방안	상품방의 위치, 준공일자 등이 기재되어야 함
11	기타 서류	

상품방예매허가증(양식 및 한글번역본)

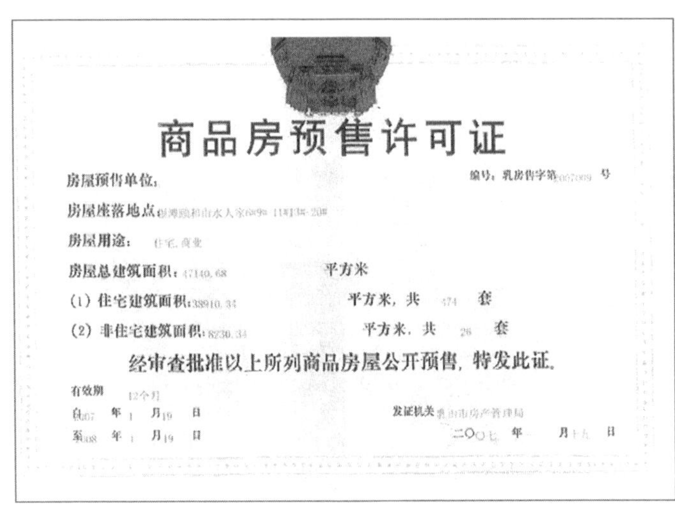

상품방 예매허가증

번호: _________

프로젝트 명칭: _____________ 건물번호: _____ 층수: ____

프로젝트 위치: _________________________________

비준 예매면적: _______________

그 중: 주택______ m² _____채   상업: _______ m²   기타: _______ m²

유효기간: _____________까지

발급기관: _______________

발 급 일: ___년___월___일

2. 상품방 예매절차

(1) 예매계약과 예매등기

　상품방 예매 허가를 받은 부동산개발기업은 수분양자들과 상품방 예매계약을 체결할 수 있다. 북경시의 경우, 북경시 건설위원회와 공상행정관리국이 공동으로 공표한 '북경시 상품방 예매 계약서'의 서식을 사용해야 한다. 그리고 부동산개발기업과 수분양자 간에 별도의 약정을 할 때에는 '보충합의서'를 체결할 수 있다. 북경시는 특히, 2005년 3월 15일부터 상품방 예매 온라인 계약체결 제도를 실시하고 있으므로 부동산개발기업과 수분양자는 북경시 인민정부의 인터넷 홈페이지에서 계약서 서식을 다운받아 사용해야 한다.

상품방 예매계약서 및 보충합의서 체결일로부터 30일 내에 주관 건설관리부서에서 상품방 예매의 예매등기를 해야 한다(도시상품방예매관리방법 제10조). 예매등기를 해야만 예매계약의 효력이 발생하는 것은 아니지만, 부동산개발기업이 신속하게 예매등기를 마치도록 하는 것이 수분양자에게 유리하다. 예매등기를 한 후에는 상품방을 타에 분양, 매매, 저당설정할 수 없기 때문이다.

상품방 예매의 예매등기를 하면 부동산개발기업이 그 상품방을 타에 매매하거나 저당설정하려고 해도 주관 정부당국이 관련 등기 수속을 하지 않는다. 예매계약이 체결된 후에 부동산개발기업이 동일 상품방을 타에 매각할 경우, 이러한 행위는 사기로 간주되고 이미 지급한 분양대금의 범위 내에서 배상금을 요구할 수 있다(상품방 매매계약 분쟁사건을 심리할 때의 법률적용에 관한 해석 제8조).

부동산개발기업이 건설비용을 조달하기 위해 건설부지 토지사용권에 관해서 제삼자(예를 들어 은행)에게 저당권을 설정한 경우, 상품방 예매의 예매등기를 하려면 저당권자에게서 예매에 대한 동의서를 받아야 한다. 저당권자가 작성한 예매에 대한 동의서는 기존에 설정된 저당권의 해제에 동의하는 서류로 간주된다.

(2) 상품방 점유이전과 소유권이전

① 관련 정부부서(예를 들어 교통, 환경, 소방)에서 건설공사의 결과가 허가에 부합하는지 여부를 검수받은 후 ② 주관 규획관리부서에서 '건설공사규획 준공검수합격서'를 발급받고 ③ 주관 건설관리부서에서 '건설공사완공 검수등록표'를 발급받는다. 부동산개발기업은

검수등록표를 취득한 후에 해당 상품방을 수분양자에게 점유이전할 수 있다.

부동산개발기업은 신축한 전체 상품방에 대해 자신의 명의로 원시등기를 하고 건물소유권증을 취득한다. 이러한 원시등기를 가리켜 대산권등기라 하고, 원시등기에 따라서 발급되는 건물소유권증을 대산권증이라 한다.

수분양자는 부동산개발기업의 협조 하에 수분양자 자신의 명의로 소산권등기를 마치고 소산권증을 취득하게 된다. 북경시의 경우 신청일로부터 20영업일 내에 소산권증이 발급되어야 하는 것이 원칙이지만, 실제로 소산권증이 발급될 때까지 수 개월이 걸리고 있다.

주석

1 '토지비축기구'의 명칭은 지역에 따라 조금씩 다른데, 대부분 '토지비축중심', 또는 '토지저장중심'이라는 명칭을 사용하고 있다.

2 일부 지역에서는 '규획의견서'라는 명칭으로, 일부 지역에서는 '규획설계조건통지서'라는 명칭으로 발급한다.

3 여기서 언급된 '부동산개발기업'은 주관 토지비축기구에 의해 선정되어 해당 프로젝트 부지에서 기반시설 공사(=토지 1급 개발)를 수행하는 부동산개발기업을 말하고, 해당 프로젝트(=토지 2급 개발)를 추진하는 부동산개발기업과 구별된다. 단, 해당 프로젝트를 추진하는 부동산개발기업이 기반시설 공사도 수행하는 경우가 많다.

4 '상품방 예매의 예고등기' 제도는 〈제4부 중국의 부동산 제도와 담보 제도 V 건물소유권 제도 2. 건물소유권의 등기절차 (6) 예고등기 제도〉에서 상세히 다루었다.

5 비준제 프로젝트에 관해 입항신청을 할 때에는 '프로젝트 신청보고서'와 함께 '가행성연구보고서'를 따로 제출해야 한다. 핵준제와 등록제 프로젝트에 관해 입항신청을 할 때에는 가행성연구보고서를 제출할 필요 없이 프로젝트 신청보고서만 제출하면 된다. 그런데 일부 지역의 발전과개혁위원회는 핵준제나 등록제 프로젝트에서도 가행성연구보고서를 제출하도록 요구하는 경우도 있다.

6 통상적으로, 입항단계에서 주관 토지관리부서가 토지사용 사항에 대해 심사하는 절차를 '토지사용예심'이라 한다. 주관 토지관리부서는 프로젝트의 용지 선택이 법률, 규정, 토지계획에 부합하는지를 심사한다(건설항목용지 예

심관리방법 제2조).

7 비준서류, 핵준서류, 등록서류를 구별하지 않고 일괄하여 '비준서류'라 부르는 것이 실무의 관행인 것으로 보인다. 그러나 엄밀히 말하면 비준서류, 핵준서류, 등록서류는 서로 구분되는 인허가 증서이다.

8 '외자진입관리의견'에 따르면, 외상투자부동산개발기업이 차입(외채, 인민폐대출)을 하려면 프로젝트 자본금이 프로젝트 투자총액의 35% 이상이어야 한다. 이에 대해 더 상세한 내용은 〈제3부 외상투자기업의 투자와 회수 II 외상투자기업의 차입〉의 해당 부분을 참조하기 바란다.

9 중국의 도시 주택은 복리방, 경제사용방, 상품방으로 구분된다. 경제사용방이란 사회경제적 약자에게 공급되는 공공주택이다. 이에 대한 상세한 내용은 〈제4부 중국의 부동산 제도와 담보 제도 V 건물소유권 제도〉의 해당 부분을 참조하기 바란다.

10 건설용지의 범위를 확인하는 대표적인 방법은 해당 건설용지의 외곽선에 홍선을 둘러 경계측량을 하는 것이다.

11 건설용지규획허가증에는 도면이 첨부된다. 도면에는 토지의 용도, 용적률, 녹화지, 도로, 주차장 등이 기재될 수 있다.

분쟁해결 제도

I
분쟁해결 제도의 개관

당사자 사이에 분쟁이 발생하면 먼저 협의로 해결을 시도하고, 협의가 이루어지지 않으면 소송이나 중재절차로 해결한다.

소송은 법원이 담당하고 소송절차를 거쳐 판결이 선고된다. 중재는 중재위원회가 담당하고 중재절차를 거쳐 재결서를 작성한다. 소송절차 또는 중재절차에서 조정이 성립하면 조정서가 작성된다. 소송절차에는 민사소송법이 적용되고, 중재절차에는 중재법이 적용된다. 조정의 경우 법원의 조정은 민사소송법에 따르고, 중재위원회의 조정은 중재법에 따른다.

채무자의 재산에 강제집행을 하려면 ① 판결문, 재결서, 조정서를 확보하거나 ② 공증1을 거쳐 채권계약서, 임대차계약서 등에 강제집행 효력이 부여된 공증문서를 받아두어야 한다. 한편, 채권 집행을 보전하기 위해 재산보전 조치를 할 수 있다. 재산보전 조치는 한국의 가압류, 가처분과 유사한 제도이다.

Ⅱ
소송 제도

1. 법원의 조직과 권한

중국의 법원은 최고법원, 고급법원, 중급법원, 기층법원, 이렇게 4급으로 구성된다. 최고법원은 전국을 관할한다. 그리고 고급법원, 중급법원, 기층법원은 각 지역을 관할하며, 이들을 가리켜 지방법원이라 부른다. 지방법원에 대응하는 별도의 전문법원으로 군사법원, 해사법원, 철도운송법원이 있다.

제1심 소송은 지방법원 또는 최고법원에서 시작하는데, 소송의 종류 및 금액에 따라 제1심 관할법원을 달리한다. 예를 들면 소송금액이 낮은 사건은 기층법원을 제1심으로 하고, 소송금액이 높은 사건은 중급법원이나 고급법원을 제1심으로 한다. 전국적 영향을 미치는 중요 사건은 최고법원이 제1심을 담당할 수 있다.

제1심 법원의 판결에 불복하면 직상급의 법원이 제2심 판결을 한다. 다시 말해 기층법원의 제1심 판결에 대해서는 중급법원이 제2심을 담당하고, 중급법원의 제1심 판결에 대해서는 고급법원이 제2심을 담당한다. 고급법원이나 전문법원의 제1심 판결에 대해서는 최고법원이 제2심을 담당한다.

중국은 2심 종심제를 실시하므로 제2심 판결이 최종심이다. 단, 최고법원이 제1심 법원일 경우에는 제1심 판결이 최종심이다. 다시 말해, 사건에 대해 대법원의 판단을 구할 수 있는 한국의 3심 제도와 달리, 중국은 모든 사건에 대해 최고법원으로부터 판단을 받지 않는다.

제1심 관할 지방법원을 정하는 기준은 각 지역에 따라 조금씩 다를 수 있다. 성급인 북경시의 경우, 섭외사건의 제1심 관할법원을 정하는 기준은 다음과 같다('북경시 각급 법원의 제1심 민사, 경제 사건 급별 관할에 관한 규정' 2000년 6월 20일 공표).

섭외사건의 제1심 관할 지방법원을 정하는 기준(북경시)

지방법원	섭외사건의 제1심 관할을 정하는 기준
기층법원	기층법원은 섭외사건을 관할하지 않음 (기층법원은 일반 민사사건 및 경제사건[2]을 관할함)
중급법원	소송금액이 인민폐 50만 RMB 이상, 8,000만 RMB 이하인 섭외 민사사건 소송금액이 인민폐 500만 RMB 이상, 8,000만 RMB 이하인 섭외 경제사건
고급법원	소송금액이 인민폐 8,000만 RMB 이상인 섭외 민사사건 및 경제사건

2. 소송절차

중국의 소송절차는 민사소송, 형사소송, 행정소송에 따라 조금씩 다르다. 민사소송절차는 소송금액에 따라 일반절차와 간이절차로 나뉜다. 여기에서는 민사소송의 일반절차를 소개한다.

(1) 소송제기와 사건접수

원고가 관할법원에 제소장을 제출함으로써 소송이 개시된다. 소송의 관할법원은 통상 피고 소재지의 법원이다. 제소장에는 청구취지와 사실관계를 기재하고, 증거서류를 첨부할 수 있다. 관할법원은 원고가 제출한 제소장에 대해 형식적 심사를 거친 후 사건접수 여부를 결정한다. 사건이 접수되면 법원은 원·피고에게 사건이 접수된 사실을 통지한다.

당사자 본인은 변호사의 대리 없이도 소송을 수행할 수 있다. 또한 당사자의 친족, 동료, 기타 이익대변인이 당사자를 대리해서 소송을 수행할 수도 있다. 변호사 자격이 없는 자가 당사자 본인을 대리할 수 있다는 점이 중국 소송 제도의 특징이다.

(2) 법정심리 전의 준비

관할법원은 사건접수를 결정한 날로부터 5일 내에 제소장 및 증거서류를 피고에게 송달하고, 피고는 제소장을 송달받은 날로부터 15일 내에 '답변장' 이나 '관할에 관한 이의' 를 제출해야 한다(민사소송법 제38조). 답변장을 제출해야 하는 것이 피고의 의무는 아니며, 피고가 답변장을 제출하지 않더라도 소송절차에 영향을 미치지 않는다.

법원은 통상 법관 1인 또는 3인으로 재판정을 구성한다. 법관 1인으로 구성되는 재판정을 독심 재판정이라 하고, 법관 3인으로 구성되는 재판정을 합의 재판정이라 한다. 독심 재판정은 주로 간이절차를 담당하고, 합의 재판정은 일반절차를 담당한다.

(3) 법정심리

법정심리 기일은 재판정이 지정한 시기에 열린다. 법정심리를 하기에 앞서 재판정은 소송당사자의 신분을 확인하고, 당사자는 재판정에 대해 기피신청을 제출할 수 있다.

법정심리 기일에 당사자는 재판정 앞에 출석해서 법정변론을 하고, 법정 증거조사를 받는다. 법정 증거조사 과정에서 상대방 증거서류에 대한 인부, 증인에 대한 신문, 검증·감정 등의 증거조사가 진행된다. 법정 증거조사를 마치면 당사자의 최후 변론을 마지막으로 해서 법정심리를 종결한다. 법정심리 종결일로부터 수일이 지난 후에 재판정은 판결을 선고한다.

(4) 판결과 항소[3]

판결문에는 청구취지, 사실관계, 적용법률, 판결결과, 소송비용 부담 등이 기재된다. 제1심 법원의 판결문에 대해 불복하려면, 당사자는 판결문을 송달받은 날로부터 15일 내에 직상급 법원에 항소장을 제기해야 한다. 항소장이 제기되면, 제1심 법원은 사건기록 일체를 직상급 법원에 보낸다.

제1심 소송의 일반절차가 종결될 때까지 사건 접수일로부터 약 6개월이 소요되고, 간이절차가 종결될 때까지는 약 3개월이 소요된다. 제2심의 소송절차가 종결될 때까지는 약 3개월이 소요된다.

3. 법원의 조정 제도

소송 진행 중에 당사자가 조정을 희망하거나 판사가 조정을 제안하는 경우 조정절차가 개시된다. 판사가 조정을 제안하더라도 당사자가 명백히 거부할 때에는 조정에 의할 수 없다(민사소송법 제9조). 소송을 제기하지 않고 조정만 신청할 수는 없다.

당사자 간에 합의가 이루어지면, 판사는 당사자가 제출한 합의서에 의해 조정서를 작성한다. 조정서에는 당해 소송의 청구취지, 사실관계, 조정결과가 기재된다. 조정서는 판결문과 동등한 효력이 있다. 조정기일 당일에 조정서가 작성되면 조정서에 판사, 서기원, 당사자가 날인하고, 이로써 조정서의 효력이 발생한다. 조정기일 당일에 조정서가 작성되지 못하면 판사는 차후 당사자에게 조정서를 송달한다.

당사자가 조정서의 송달에 대해 서명날인하면 조정서는 효력이 있다. 그러나 당사자가 서명날인을 거부하면 조정서는 효력이 없으며, 이러한 경우 소송절차가 다시 진행된다.

Ⅲ
중재 제도

1. 중재합의

　중재방식으로 분쟁을 해결하려면 당사자 간에 중재합의가 있어야 한다. 중재합의 없이 일방적으로 중재를 신청한 경우, 중재위원회는 사건을 수리하지 않는다(중재법 제4조). 다시 말해 중재위원회의 중재절차를 이용하려면 당사자 간에 중재합의가 있어야 한다. 외국투자자와 중국투자자 간에는 분쟁해결 방식을 중재로 하는 경우가 많다. 소송절차에서 오랜 시간이 소요되고, 외국측 소송당사자가 중국 소송절차에 익숙하지 않기 때문이다. 실무상 사용되는 중재합의 조항을 예시하면 다음과 같다.

중재합의 조항

(1) 본 계약의 이행으로 발생하거나 또는 본 계약과 관련된 모든 분쟁은 각 당사자가 우호적으로 협상해서 해결해야 한다. 일방 당사자가 협상하는 것을 거부하거나 협상 개시 후 60일 이내에 관련 분쟁을 해결하지 못할 경우, 임의 일방 당사자는 분쟁에 관해 중재를 제기할 수 있다.

(2) 상기 분쟁은 중국국제경제무역중재위원회에 중재를 제기해서 동 위원회의 그 당시 유효한 중재규칙에 따라 북경에서 중재한다. 중재재결은 종국적인 것으로서, 각 당사자 모두에게 구속력이 있다. 별도의 규정이 있는 경우를 제외하고 중재비용은 중재재결에서 패소한 당사자가 부담하는 것으로 한다.

2. 중재위원회의 조직

중재위원회는 성, 직할시, 자치구에 설립되어 있고, 경우에 따라 중재사건이 많은 시에도 있다. 실무적으로 국내 중재사건은 주로 각 지역의 중재위원회에서 처리되고, 섭외 중재사건은 주로 국제경제무역중재위원회에서 처리된다. 중재위원회는 행정기관이 아니고, 중재위원회 간에 서로 상하관계가 없다. 중재위원회에서 중재를 담당하는 부서를 중재정이라 하고, 중재정의 구성원인 위원을 중재원이라 한다. 중재정은 1인 또는 3인의 중재원으로 구성된다(중재법 제30조). 중재위원회는 중재절차에 관해 별도의 중재규칙을 두고 있다.

참고로, 외국투자자는 분쟁해결 중재기구로 국제경제무역위원회를 선정하는 경우가 많다. 국제경제무역위원회는 북경에 본사를, 상해와 심천에 각각 지점을 두고 있다.

3. 중재절차

(1) 중재원 선임

중재정이 3인의 중재원으로 구성될 경우 신청인과 피신청인이 각각 중재원을 1인씩 선임한다. 나머지 중재원 1인은 신청인과 피신청인이 합의해서 공동 선임하거나 중재위원회 책임자에게 의뢰해서 공동 선임한다. 신청인과 피신청인이 공동 선임한 중재원이 수석중재인을 맡게 된다. 중재정이 1인의 중재원만으로 구성될 경우 신청인과 피신청인이 합의해서 공동 선임하거나 중재위원회 책임차에게 의뢰해서 공동 선임한다. 중재규칙에서 정한 기한 내에 신청인과 피신청인이 중재원을 선임하지 않으면, 중재위원회의 책임자가 중재원을 정한다(중재법 제31조, 제32조, 제33조). 중재원이 선임되어 중재정이 구성되면 중재위원회는 중재정의 구성 상황을 중재당사자에게 서면통지한다.

(2) 중재절차의 진행

당사자가 중재신청서를 제출함으로써 중재절차가 개시된다. 중재신청서에는 중재 청구취지와 사실관계를 기재하고, 중재합의서의 사본 및 기타 증거서류를 첨부한다.

중재위원회는 중재신청서 접수일로부터 5일 내에 중재신청서가 접수된 사실을 통지하고, 중재규칙에서 정한 기한 내에 중재규칙 및 중재원명부를 당사자에게 송달한다. 피신청인에게는 중재신청서 사본도 송달한다. 피신청인은 중재신청서에 대한 답변장을 제출할 수 있다. 피신청인이 답변장을 제출하지 않아도 중재절차의 진행에는 지장이 없다.

중재는 원칙적으로 개정해서 진행해야 하지만, 당사자가 합의한 경우에는 개정 없이 서면심리만으로 진행할 수 있다. 소송과 달리, 당사자가 별도로 합의하지 않는 한 중재는 비공개로 진행되어야 한다. 중재가 개정되면 당사자는 중재정 앞에서 변론을 하고, 증거조사를 받으며, 최후 변론을 한다. 이러한 절차가 마무리되면 중재정은 재결서를 작성한다. 재결서는 작성일로부터 효력을 발생하고, 이에 대해서는 불복할 수 없다.

4. 중재위원회의 조정

  법원의 조정과 마찬가지로, 중재절차가 진행되는 중에 당사자가 조정을 희망하거나 중재원이 조정을 제안하는 경우에 조정절차가 개시된다(중재법 제51조). 당사자 간에 합의가 이루어지면 당사자가 체출한 합의서를 근거로 조정서가 작성되거나 합의에 따르는 재결서가 작성된다.

  조정서는 재결서와 동등한 법률적 효력이 있다. 조정서에는 당해 중재의 청구취지, 사실관계, 조정결과가 기재된다. 조정서에 대해 당사자가 서명날인을 거부하면 조정의 효력이 발생하지 못하는 점도 법원의 조정과 마찬가지이다(중재법 제52조).

Ⅳ
재산보전과 강제집행

1. 재산보전 제도

(1) 재산보전 제도의 개관

재산보전이란 집행을 보전하기 위해 채무자의 재산을 미리 동결해두는 조치이다. 재산보전 조치는 ① 토지사용권 차압 ② 건물소유권 차압 ③ 동산의 압수 ④ 예금의 동결 등으로 구분된다.

채권자는 소송 전 또는 소송 중에 법원에 재산보전 신청서를 제출할 수 있다. 재산보전 신청사유가 타당하다고 판단되면, 법원은 해당 재산권을 담당하는 기관에 재정서를 발령한다. 재정서를 송달받은 기관은 이에 따라 재산보전 조치를 취한다.

토지사용권에 대해 재산보전을 할 때에는 주관 토지관리부서에서 토지등기부에 재산보전 등기를 기입하고, 유체동산에 대해 재산보전을 할 때에는 당해 유체동산을 법원의 점유 하에 두며, 예금채권에 대해 재산보전을 할 때에는 은행에서 예금채권의 지급을 동결한다. 이와 같이 재산보전 조치를 취해두면 해당 재산의 소유자가 양도, 담보설정 등의 처분행위를 할 수 없다.

(2) 재산보전된 재산에 대한 강제집행

재산보전 조치를 취한 후 해당 채권자가 채무자를 상대로 소송을 제기해서 승소 확정판결문을 얻으면 해당 재산에 대해 강제집행을 할 수 있다. 재산보전 조치를 취한 채권자는 강제집행을 통해 취득한 금원으로부터 자기 채권을 변제받을 수 있다.

단, 당해 재산에 대해 저당권, 질권, 수급인의 우선변제권 등 우선순위의 채권자가 있을 경우 재산보전 조치를 취한 채권자는 그보다 후순위로 변제받게 된다. 변제한 후에 남는 금원은 채무자에게 반환된다.

(3) 재산보전의 순위

이미 재산보전 조치가 취해진 경우, 다른 채권자가 신청한 재산보전은 후순위 재산보전이 된다. 후순위 재산보전 조치를 취한 채권자는 독자적으로 강제집행을 신청할 수 없고, 선순위 재산보전 조치를 취한 채권자가 강제집행을 통해 변제받고도 남은 금원에 한해서 변제받을 수 있다.

단, 선순위 재산보전이 무효이거나 선순위 재산보전의 피보전채권이 변제 등으로 소멸한 경우 후순위 재산보전은 선순위 재산보전이 되어, 후순위 재산보전을 취했던 채권자가 독자적으로 강제집행을 신청할 수 있다. 재산보전에 순위가 있다는 점에서 한국의 가압류 제도와 차이점이 있다.

(4) 재산보전에 관한 실무적 문제점

① 재산보전 조치가 된 재산에 대해 저당권·질권을 설정할 수 있는가

　재산보전 조치가 취해진 부동산에 대해 저당권을 설정할 수 없고, 주관 부동산관리부서는 저당권설정 수속을 처리하지 않는다(도시부동산관리법 제37조). 또한 재산보전 조치가 취해진 지분에 대해서도 질권을 설정할 수 없고, 주관 공상행정관리부서는 질권설정 등록 수속을 처리하지 않는다(공상행정관리기관 지분질권설정등록방법 제5조).

② 저당권·질권이 설정된 재산에 대해 재산보전 조치를 할 수 있는가

　저당권·질권이 설정되어 있더라도, 해당 재산에 대해 적법하게 재산보전 조치를 취할 수 있다. 이 점에서, 재산보전 조치가 취해진 재산에 대해 저당권·질권을 설정할 수 없는 것과 구별된다. 하지만 저당권·질권이 설정된 후에 재산보전 조치를 취한 채권자는 저당권자·질권자에 대해 후순위로 변제받을 수 있을 뿐이다.

③ 매도했으나 이전등기를 하지 않은 재산에 대해 재산보전 조치를 할 수 있는가

　매수인이 이미 매매대금을 지급했으나 아직 이전을 위한 수속(예를 들어 변경등기)을 마치지 않은 재산에 대해 매도인의 채권자가 재산보전 조치를 할 수 있는지가 문제된다. 이에 관해 최고법원, 국무원 국토자원부 및 건설부가 공동으로 공표한 '민사집행에서 법원이 재산조치를 취할 경우의 규정에 관한 통지' 제17조에 따르면 ① 매수인이 대금 전액을 지급했고 ② 매수인이 당해 재산을 실제 점유하고 있

고 ③ 이전을 위한 수속(예를 들어 변경등기)을 마치지 못한 과실이 매수
인에게 있지 않은 경우, 매도인의 채권자는 당해 재산에 대해 재산보
전 조치를 할 수 없다. 다시 말해 위 3가지 요건을 모두 충족한 경우
에는 당해 재산이 실질적으로 매수인에게 이전된 것으로 봄으로, 매
도인의 채권자가 당해 재산에 대해 재산보전을 할 수 없도록 한다.

부동산개발기업이 이미 예매한 상품방에 대해 부동산개발기업의
채권자가 재산보전 조치를 취할 수 있는지에 관해서는 명확한 규정
이 없다. 그러나 상품방 예매계약에 대해 이미 예고등기를 마쳤다면
예고등기 이후에는 재산보전 조치를 할 수 없다고 생각된다.

2. 강제집행 제도

(1) 강제집행의 개관

강제집행은 ① 판결문, 재결서, 조정서에 근거한 강제집행과 ② 공
증문서에 근거한 강제집행으로 나뉜다. 채권계약서, 임대차계약서에
강제집행 효력을 부여하는 공증을 받아두면 소송, 중재, 조정을 거치
지 않고 강제집행에 착수할 수 있으므로 강제집행에 소요되는 시간
을 절약할 수 있다.

(2) 강제집행 제도의 특징

① 담보권실행소송 제도

중국에서 저당권이나 질권과 같은 담보권을 실행하려면 강제집행

에 앞서 별도의 실행 소송을 거쳐야 한다. 저당권을 예로 들어 설명하면, 한국에서는 저당권자가 별도의 소송 없이도 곧바로 집행을 신청할 수 있다. 그러나 중국에서는 먼저 저당권 실행 소송에서 승소 판결문을 얻은 후에야 집행을 신청할 수 있다. 단, 저당권설정계약서, 저당권설정등기, 타항권리증 등의 권리문서를 갖고 있다면 저당권자가 저당권실행소송에서 패소할 경우는 드물다.

② 집행 가능 시기

강제집행을 개시하려면 판결문, 재결서, 조정서가 확정되어 효력이 발생해야 한다. 예를 들면 제1심 판결에 대해 피고가 15일 내에 항소를 제기하지 않은 경우 판결문이 확정되어 효력이 발생한다. 이를 볼 때 제1심 판결에서 승소하면 항소심 진행 중에도 가집행을 할 수 있는 한국의 강제집행 제도와는 상이하다. 중국의 경우에도 판결문이 확정되기 전에 '선행집행'을 할 수 있는 경우가 있으나, 선행집행은 일반 채권에 적용되는 것이 아니라 임금채권, 부양료채권 등의 특수한 채권에 적용된다.

③ 단기 집행기간 제도

강제집행은 판결문, 재결서, 조정서가 확정된 때로부터 2년의 집행기간 내에 개시해야 한다. 집행기간이 도과되면 다시 소송, 중재, 조정을 거칠 수 없다. 그러므로 승소 확정판결문을 얻었더라도 2년의 집행기간 내에 강제집행을 개시하지 않으면 더 이상 강제적으로 채권을 추심할 수 없게 된다. 공증문서의 경우에는 해당 공증문서를 취득한 때로부터 2년간 강제집행을 할 수 있다. 채권자가 독촉을 하면 집행기간이 독촉일부터 다시 2년으로 된다(민사소송법 제215조).

(3) 강제집행절차

① 집행신청

판결문, 재결서, 조정서에 근거해서 강제집행을 할 때에는 법원에 집행신청을 한다. 공증문서에 근거해서 강제집행을 할 때에는 먼저 공증처에서 집행증서를 받은 후 법원에 집행신청을 해야 한다(최고법원의 '공증기관이 강제집행 효력을 부여한 채권문서의 집행 관련 문제에 관한 통지' 제4조). 공증처는 채무자가 공증문서상의 의무를 이행하지 않았는지, 채권자가 반대의무를 이행했는지, 채무자가 이에 이의가 있는지를 심사하여 집행증서를 발급한다(최고법원의 위 통지 제5조).

집행 채권자가 소송 전 또는 소송 중에 재산보전 조치를 취했다면 집행절차에 진입한 시점(집행사건 수리 시점)에서 재산보전 조치가 자동으로 강제집행 조치로 전환된다.

② 재정서 발부

집행사건 수리, 집행비용 납부 등의 내부절차를 마친 후 집행법원은 채무자에게 '재정서'를 발부하여 10~15일 정도의 기한 내에 채무이행을 완료할 것을 독촉한다. 이 기간 내에 채무자가 이행을 하면 강제집행절차는 종료되지만, 채무자가 이행을 하지 않거나 채무면탈 행위를 시도하면 강제집행절차가 계속 진행된다.

③ 집행화해 시도

집행법원은 채권자와 채무자에게 집행화해를 권유한다. 채권자와 채무자 사이에서 화해가 성립하지 않으면 재산의 처분절차로 이행되지만, 채권자와 채무자 사이에서 화해가 성립하면 기존의 집행근거(확정된 판결문, 재결서, 조정서, 공증문서)에 의한 집행절차가 잠정 중지된다. 채무자가 화해 내용을 전부 이행하면 집행법원은 집행을 종료한다는 재정서를 발령한다. 그러나 채무자가 화해의 내용대로 이행하지 않으면 기존의 집행근거가 회복되어 다시 강제집행절차가 속행된다(민사소송법 제207조).

④ 처분절차

예금채권의 경우, 은행으로부터 직접 법원 명의의 계좌로 예금을 송금받아 채권자에게 교부한다. 이와 같이 간단한 예금채권의 처분절차와 달리, 동산 및 부동산의 처분절차는 다소 복잡하다. 동산 및 부동산의 처분절차는 ① 상계 ② 경매 ③ 공고매각 절차를 거친다.

집행법원은 자격을 갖춘 평가업체에 의뢰해서 해당 재산의 가격을 평가한 후, 채권자가 평가가격대로 당해 재산을 취득하면서 집행채권과 상계할 의사가 있는지를 타진한다. 채권자가 상계를 거부하면 경매절차가 진행된다.

동산 경매를 할 때에는 경매일 7일 전에 미리 공고해야 하고, 부동산 경매를 할 때에는 경매일 15일 전에 미리 공고해야 한다. 제1차 경매 시의 경매최저가격은 평가가격의 80% 이상이어야 한다. 제1차 경매에서 낙찰자가 없으면 60일 후에 제2차 경매를 진행한다. 제1차 경매 이후에 점차 경매최저가격을 낮출 수 있으나, 전회 경매최저가격의 20%를 초과해서 낮출 수는 없다. 제2차 경매, 제3차 경매에서도 낙찰자가 없으면 매각공고절차로 이행된다. 제1차부터 제3차 경매에 이르기까지 집행법원은 수시로 채권자에게 상계 의사를 타진할 수 있다.

법원은 제3차 경매가 유찰된 후 7일 내에 매각공고를 공표해야 한다. 매각공고의 가격은 제3차 경매최저가격이다. 매각공고일로부터 60일 이내에도 제3차 경매최저가격으로 매수할 자가 나타나지 않고, 채권자가 여전히 상계를 받아들이지 않을 경우 집행법원은 강제집행 조치를 해제하고 해당 재산을 채무자에게 반환한다. 이때 집행법원은 채권자에게 '집행근거서'를 발급한다.

향후에 채무자가 다른 재산을 취득하거나, 당해 재산을 제삼자에게 처분할 경우 채권자는 위 집행근거서에 의해 다시 강제집행을 할 수 있다.

V
사해행위에 대한 규제

계약법에 따르면 ① 채무자가 만기 도래한 채권을 포기함으로써 채권자에게 손해를 입히거나 ② 채무자가 재산을 무상으로 또는 현저히 낮은 가격으로 양도함으로써 채권자에게 손해를 입힌 경우, 해당 채무자의 채권자는 법원에 소송을 제기해서 당해 포기·양도의 취소를 구할 수 있다(계약법 제74조). 채권자의 이러한 취소 소송을 '사해행위 취소 소송'이라 한다.

사해행위 취소 소송의 핵심 쟁점은 "채무자의 포기·양도 행위로 채권자에게 손해가 발생했는가"이다. 구체적으로 설명하면 ① 채무자의 포기·양도 행위로 채무자의 총 재산이 감소되었는지 ② 그로 인해 채권자에게 채무 전액을 변제할 수 없게 되었는지 ③ 채권자가 취소 소송을 제기하는 시점까지 이러한 상태가 계속되는지 여부를 검토해야 한다. 그리고 채무자의 포기·양도 행위로 이익을 제공받은 자가 '악의'라는 점에 대해 채권자가 입증을 해야 한다.

채권자는 사해행위 사실을 알았거나 알 수 있는 날로부터 1년 내에 취소권을 행사해야 한다. 사해행위가 발생한 날로부터 5년 내에 행사하지 않으면 최소권은 말소된다(계약법 제75조).

주석

1 공증은 공증처에서 주관한다. 북경시의 경우 북경시 방원공증처, 조양공증처, 해전공증처, 장안공증처 등이 있다.

2 민사사건은 재산권에 관한 사건과 비재산권에 관한 사건으로 나뉜다. 재산권에 관한 사건을 민사소송법상 경제사건이라 한다. 다시 말해 경제사건은 민사사건의 한 유형이다.

3 당사자의 권리의무 관계에 대한 판단을 판결이라 한다. 그와 달리 당사자의 권리의무와 무관한 절차적 진행에 대한 판단을 재정이라 한다. 판결에 대한 불복기간은 15일이지만, 재정에 대한 불복기간은 10일이다.

조세 제도

I
총론

1. 조세 종류

중국은 1994년 세제 개혁을 통해 현재의 조세 제도를 확립한 이래로 지속해서 조세 제도의 개혁을 추진했다. 최근에는 신 기업소득세법이 2008년 1월 1일 시행됨으로써 내자기업과 외상투자기업에 대해 동일한 기업소득세가 적용되었다. 또한 2009년 1월 1일부터 영업세, 증치세, 소비세 등의 조세 제도가 크게 개편되었다. 2009년 1월 1일을 기점으로 제2차 세제 개혁이라 일컬을 정도로 조세 제도 개편이 광범위하게 이루어졌다. 다음은 중국의 현행 조세 종류이다.

현행 조세의 종류

유 형	종 류	한국 조세와 비교
유통세	영업세, 증치세, 소비세	{영업세 + 증치세} ⇒ 부가가치세
소득세	기업소득세, 개인소득세	기업소득세 ⇒ 법인세 개인소득세 ⇒ 소득세
자원세	자원세도시토지사용세, 자원세	도시토지사용세 ⇒ 재산세(토지분)
특정목적세	토지증치세, 도시유지보호건설비, 경지점용세, 고정자산투자방향조절세	토지증치세 ⇒ 법인세 · 소득세 (부동산 양도소득분)
재산세	방산세	
행위세	인지세, 계세, 차량선박사용세, 도축세(屠宰稅), 연희세	방산세 ⇒ 재산세(건물분) 인지세 ⇒ 인지세
농업세	농업세, 목축업세	계 세 ⇒ 취득세

외상투자기업에 대해서는 영업세, 증치세, 계세, 토지증치세, 토지사용세, 방산세, 기업소득세가 실무상 중요한 의미가 있으므로, 이하에서는 위 조세 종류에 대해서 다룬다. 그리고 중국 조세 제도에 대한 이해를 돕고자 중국의 세무부서와 세무관리도 소개한다.

2. 세무부서의 조직과 업무

중국의 세무부서는 국가 세무부서와 지방 세무부서로 나뉜다. 국가 세무부서는 국세를 관장하고, 국가세무총국 아래에 각 지역별로 성급 국가세무국, 시급 국가세무국, 현급 국가세무국을 두고 있다. 지방 세무부서는 지방세를 관장하고, 성급 지방세무국, 시급 지방세무국, 현급 지방세무국으로 구성된다.

세무부서가 수행하는 주요 세무관리 업무로 ① 세무등기 ② 세무신고 ③ 세무보전 ④ 강제집행 ⑤ 세무검사를 들 수 있다. 이 중에서 세무등기와 세무신고가 실무상 중요하므로, 이하에서 세무등기와 세무신고를 별도로 다룬다.

3. 주요 세무관리 업무

(1) 세무등기

납세의무를 부담하는 자를 납세인이라 한다. 납세인의 유형은 ① 기업 ② 기업의 분공사 ③ 생산과 경영에 종사하는 장소 ④ 생산과 경영에 종사하는 사업단위 ⑤ 개체공상호個體工商戶로 나뉜다. '생산과 경영에 종사하는 장소'로는 해외업체가 갖고 있는 중국 내의 임시적인 사업장소를 들 수 있고, '생산과 경영에 종사하는 사업단위'로는 부수적 영리행위를 하는 비영리 사업단체를 들 수 있다. '개체공상호'란 소규모 개인사업자를 말한다.

이러한 납세인은 주관 세무부서에서 세무등기 수속을 밟고 세무등기증을 발급받아야 한다(세무등기방법 제2조)[1]. 세무등기증은 정본과 부본으로 나뉜다. 정본은 납세인의 사무소에 비치해야 하고, 부본은 세무신고, 계좌개설, 영수증 수령[2] 등에 사용된다(세무등기방법 제4조).

① 설립등기

납세인은 영업집조 취득일로부터 30일 내에 소재지 주관 세무부서에서 세무등기 수속을 밟아야 한다(세무등기방법 제10조 제1항). 해외업체인 납세인이 건축도급, 탐사공정, 용역을 제공할 경우 해당 계약 체결일로부터 30일 내에 주관 세무부서에서 세무등기 수속을 밟아야 한다(세무등기방법 제10조 제6항). 외국투자자가 중국 내에서 단순히 배당소득, 이자소득, 지분양도소득, 부동산양도소득을 수취할 경우에는 별도로 세무등기를 할 필요가 없는 것이 원칙이다.

세무등기증에는 납세인의 명칭, 법정대표인, 주소, 경영범위, 세무등기의 코드번호, 유효기간 등이 기재된다. 은행에서 계좌(인민폐 기본계좌를 포함)를 개설할 때, 납세인은 세무등기증을 소지해서 계좌를 개설한 후 세무등기증에 계좌에 대한 정보(예를 들어 계좌번호)를 기재해야 한다(조세징수관리법 제17조).

세무등기증(양식 및 한글번역본)

세무등기증

地税字32145662463523호

납세인명칭:

법정대표인(책임자)

주소:

등기등록유형:

경영범위:

비준설립기관:

원천징수인:

발급세무기관:

년 월 일

② 변경등기

세무등기증에 기재되는 세무등기 사항이 변경될 경우, 납세인은 세무등기에 대한 변경등기절차를 밟아야 한다. (i) 세무등기 사항이 변경됨으로 회사 등기 사항도 변경해야 할 경우에는 먼저 주관 공상행정관리부서에서 회사변경등기를 마쳐야 하고, 회사변경등기를 마친 날(=신규 영업집조 발급일)로부터 30일 내에 주관 세무부서에서 변경등기를 밟아야 한다(세무등기방법 제19조). (ii) 그와 달리 세무등기 사항만 변경되고 회사 등기 사항이 변경되지 않을 경우에는 세무등기 사항이 실제로 변경된 날로부터 30일 내에 주관 세무부서에서 변경등기를 밟아야 한다(세무등기방법 제20조).

납세인이 세무변경등기를 하지 않고, 주관 세무부서가 정한 기한 내에 이를 시정하지도 않을 경우 주관 세무부서는 주관 공상행정관리부서에 납세인의 영업집조를 취소하도록 요청할 수 있다(조세징수관리법 제60조).

③ 말소등기

납세인에게 해산사유가 발생할 경우, 납세인은 해산에 따른 청산절차를 거친다. 청산절차를 종료하려면 먼저 주관 세무부서에서 세무말소등기를 밟아야 하고, 이를 마친 후에야 주관 공상행정관리부서에서 영업집조 말소등기를 할 수 있다. 납세인이 파산을 할 때에도 마찬가지이다. 그와 달리 주관 공상행정관리부서로부터 영업집조를 취소당한 경우, 영업집조 취소일로부터 15일 내에 주관 세무부서에서 세무말소등기를 밟아야 한다(세무등기방법 제28조). 세무말소등기를 밟는 과정에서 ① 미납세금, 체납금, 벌금 등을 완납해야 하고 ② 주관 세무부서로부터 수령했던 미사용 영수증을 반납해야 하고 ③ 세무등기증도 반납해야 한다(조세징수관리법 실시세칙 제16조).

납세인의 등록주소지가 변경될 때 납세인의 주관 세무부서도 변경될 수 있다. 이 경우 납세인은 기존 주관 세무부서에서 세무말소등기를 밟고 세무말소등기일부터 30일 내에 새로운 주관 세무부서에서 세무변경등기절차를 밟아야 한다(세무등기방법 제29조).

(2) 세무신고

조세의 종류에 따라 납세인은 일정한 기간 내에 세무신고를 해야 한다(조세징수관리법 제25조). 세무신고를 할 때에는 주관 세무부서에 세무신고표를 제출해야 하고, 이때 제무재표 등의 서류를 첨부한다. 세무신고는 납세인이 직접 주관 세무부서를 방문하거나, 우편·전산시스템을 이용해서 할 수 있다(조세징수관리법 제26조).

납세인이 기간 내에 세무신고를 하지 않고 주관 세무부서에서 정한 기한 내에 이를 시정하지도 않을 경우, 주관 세무부서는 인민폐 2,000 RMB 이하의 벌금을 부과할 수 있다. 만일 세무신고를 하지 않은 경위가 악의적이거나 상습적인 경우와 같이 납세인의 정상이 엄중하면, 주관 세무부서는 인민폐 2,000~1만 RMB 이하의 가중된 벌금을 부과할 수 있다(조세징수관리법 제62조).

Ⅱ
주요 조세

1. 영업세

(1) 납세인

영업세의 납세인은 중국 경내3에서 다음 영업활동을 하는 자(기업, 개인)이다(영업세잠정조례 제1조).

① 영업세잠정조례에 규정된 일정한 용역을 제공하는 자
② 부동산(토지사용권, 건물)을 양도하는 자
③ 무형자산을 양도하는 자

위 ①의 '일정한 용역' 의 범위에는 교통운수업, 건축업, 금융보험업, 우전통신업, 문화체육업, 위락업, 서비스업 등이 포함된다(영업세잠정조례 실시세칙 제1조). 이에 따라 건축공사 용역을 제공하는 시공사(=건축업), 대출 용역을 제공하는 은행(=금융보험업), 부동산을 임대하는 임대업자(=서비스업) 등은 소정의 영업세를 납부해야 한다.

부동산 또는 무형자산을 양도할 때에도 영업세를 납부해야 한다. 부동산 양도의 경우, 유상 양도(예를 들어 매매)뿐만 아니라 무상 양도(예를 들어 증여)를 할 때에도 영업세를 납부해야 한다. 상품방 분양은 부동산 양도에 해당하므로 상품방을 분양하는 부동산개발기업은 소정의 영업세를 납부해야 한다(영업세잠정조례 실시세칙 제5조).

중국 내에 기구·장소를 갖지 않는 해외업체가 중국 경내에서 영업세 납부 대상인 영업활동을 할 경우에도 영업세를 납부해야 한다. 이러한 해외업체가 중국 내에 대리인을 두고 있다면 그 대리인이 영업세를 납부하고, 중국 내에 대리인을 두고 있지 않다면 해외업체의 거래상대방이 영업세를 원천징수해서 납부한다(영업세잠정조례 제11조).

(2) 납세액과 세율

영업세의 납세액은 '영업액'에 '세율'을 곱한 금액이다. 영업세의 세율은 다음과 같다.

영업세의 세율

교통운수업	3%	문화체육업	3%
건축업	3%	서비스업	5%
금융보험업	5%	무형자산 양도	5%
우전통신업	3%	부동산 매각	5%
위락업	5~20%의 범위 내에서 성급 정부가 정함		

영업세의 세액 산출 기준인 영업액에는 영업활동(용역 제공, 부동산 양도, 무형자산 양도)으로 취득한 모든 대금·비용(예를 들어 수속비, 반환이윤, 위약금, 배상금, 연체이자)이 포함된다(영업세잠정조례 제5조). 만일 납세인의 신고금액이 현저히 낮고 신고금액에 정당한 이유가 없으면 주관 세무부서는 다음 순서에 따라 영업액을 확정한다(영업세잠정조례 실시세칙 제20조).

가. 납세인이 최근에 행한 동종·유사 납세행위의 평균가격

나. 다른 납세인이 최근에 행한 동종·유사 납세행위의 평균가격

다. 영업원가 × {1 + 영업이윤율} ÷ {1 − 영업세 세율}

※ 영업이윤율은 성급 세무부서에서 따로 정함

영업액은 인민폐로 계산해야 한다. 납세인이 인민폐 외의 화폐로 결산할 경우에도 인민폐로 환산해서 영업액을 정한다(영업세잠정조례 제4조). 영업액이 발생한 당일의 인민폐 환율중간가 또는 영업액이 발생한 당월 첫 날의 인민폐 환율중간가에 준해서 인민폐로 환산한다(영업세잠정조례 실시세칙 제21조).

영업세를 납부할 때에는 도시유지건설세와 교육비추가비를 추가로 납부해야 한다. 도시유지건설세는 영업세 납세액의 1~7%(성급 정부가 정함)이고, 교육비추가비는 영업세 납세액의 3%이다. 단, 외상투자기업은 도시유지건설세와 교육비추가비를 부담하지 않는다.

(3) 납세지와 납세일

영업세의 납세지는 ① 용역을 제공하는 자의 소재지 ② 부동산의 소재지 ③ 무형자산을 양도하는 자의 소재지이다(영업세잠정조례 제14조).

영업의 규모·종류별로 주관 세무부서가 정하는 바에 따라 납세인은 5일, 10일, 15일, 1개월 또는 3개월마다(이하 '납세기간') 각각 영업세를 납부한다. ① 납세기간이 5일, 10일, 15일인 경우에는 납세기간 만료일부터 5일 내에 납세액을 예납한 후 다음달 1일부터 15일 내에 세무신고를 해서 지난 달의 납세액을 정산한다. ② 납세기간이 1

개월 또는 3개월일 경우에는 납세기간 만료일부터 15일 내에 세무신고를 해서 지난 달의 납세액을 정산한다(영업세잠정조례 제15조).

외국 은행이 중국 내에서 수취한 이자소득에 영업세가 부과되는가

1 중국 경내에서 일정한 용역을 제공한 경우에는 영업세가 부과되는데, 이러한 용역에는 금융보험업도 포함된다. 이에 따라 중국 내의 금융기관이 중국 내에서 수취하는 이자소득에 대해 영업세(세율 5%)가 부과되고 있다. 그런데 외국기업(예를 들어 외국 은행)이 중국 내의 법인·개인으로부터 수취하는 대출이자소득에도 영업세가 부과되는지에 대해서는 논란이 있어왔다.

2 1997년 1월 1일 시행된 국가세무총국의 '외국기업이 중국 경내에서 취득한 이자, 임대료소득에 대한 영업세를 부과하는지 여부에 관한 통지'(이하 '통지')에 따르면, 중국 내에 기구·장소를 갖지 않는 외국기업이 중국 내에서 취득한 이자소득에는 영업세를 부과하지 않는다고 규정했다(통지 제1조). 이에 따라 외국기업의 대출행위는 '중국 경내의 용역'이 아닌 것으로 간주되었고, 그에 따라 실무상으로도 외국기업의 대출이자 소득에는 영업세가 부과되지 않았다.

3 그런데 2006년 4월 30일 시행된 국가세무총국의 '2006년 제62호 법령'에 의해 위 통지가 폐지되면서 외국기업의 대출이자 소득에 영업세를 부과하는지 여부에 대해 명시적인 법령이 공표되지 않았다. 때문에 외국기업의 대출행위를 '중국 경내의 용역'으로 봐서 영업세를 부과할 것인지 논란이 일어났다. 단, 일부 지역의 세무부서는 위 통지가 폐지되었다는 이유를 들어 외국기업의 대출이자 소득에 영업세를 부과하기도 했다.

4 이러한 논란은 2009년 1월 1일 시행된 '중화인민공화국 영업세잠정조례 실시세칙'(이하 '신규 실시세칙')에서 "용역을 제공하는 자나 용역을 제공받는 자가 중국 내에 있을 경우에는 해당 용역이 중국 내에서 이루어진 것으로 간주한다"는 규정이 신설됨으로써 해결되었다(신규 실시세칙 제4조 제1항). 다시 말해 위 규정으로 인해 외국기업의 대출 행위는 중국 경내의 용역으로 간주되었고, 외국기업이 중국 내의 법인·개인으로부터 수취하는 대출이자 소득에 영업세가 부과된다는 점이 명확해졌다.

2. 증치세

(1) 납세인

① 중국 내에서 물품을 판매하는 자 ② 중국 내에서 가공 또는 수리수선의 용역을 제공하는 자 ③ 해외로부터 물품을 수입하는 자는 증치세를 납부해야 한다(증치세잠정조례 제1조). 증치세의 납세인에는 기업 또는 개인이 모두 포함된다.

'중국 내'란 (a) 물품 판매의 경우에는 물품의 발송지 또는 소재지가 중국 내에 있는 것을 의미하고 (b) 용역 제공의 경우에는 당해 용역이 중국 내에서 발생하는 것을 의미한다(증치세잠정조례 실시세칙 제8조). '물품'이란 유체동산을 의미하고, 여기에는 전력, 열력, 기체도 포함된다(증치세잠정조례 실시세칙 제2조). '가공'이란 도급인이 제공하는 재료와 도급인의 지시에 따라 수급인이 물품을 제조하는 업무이다. '수리수선'이란 훼손되거나 기능을 상실한 물품을 수선해서 기존의 모양으로 복구하거나 기존의 기능을 회복시키는 업무이다.

증치세의 납세인은 일반납세인과 소규모납세인으로 나뉜다. 소규모납세인이란 ① 물품 생산 또는 용역 제공에만 종사하는 납세인으로서 그 매출액이 인민폐 50만 RMB 이하인 자 ② 물품 생산 또는 용역 제공을 주 업무로 하면서 부수적으로 물품의 도·소매를 겸영하는 납세인으로서 그 매출액이 인민폐 50만 RMB 이하인 자 ③ 이러한 납세인이 아니더라도 매출액이 인민폐 80만 RMB 이하인 자이다(증치세잠정조례 실시세칙 제28조). 소규모납세인을 제외한 납세인을 일반납세인이라고 한다.

일반납세인은 주관 세무부서에 일반납세인 자격을 신청해야 한다(증치세잠정조례 제13조). 일반납세인으로 인정받은 후에는 소규모납세인으로 전환할 수 없는 것이 원칙이다(증치세잠정조례 실시세칙 제33조). 일반납세인은 주관 세무부서에서 영수증을 수령하여 매출거래 상대방에게 영수증을 발행한다. 그와 달리 주관 세무부서는 소규모납세인에게 영수증을 제공하지 않으므로, 소규모납세인은 매출거래 상대방에게 영수증을 발행하지 못한다.

(2) 납세액과 세율

① 일반납세인의 납세액과 세율

일반납세인의 증치세 납세액은 당기 매출세액에서 당기 매입세액을 차감한 금액이다. 매출세액이 매입세액보다 적을 경우, 그 차액을 차기 증치세 납세액에서 차감할 수 있다.

'매출세액'이란 매출액에 세율을 곱한 금액이고, '매입세액'이란 해당 납세인이 제삼자로부터 물품을 매입하거나 용역을 제공받으면서 그 제삼자에게 지급한 증치세액이다. '매출액'에는 물품을 판매하거나 용역을 제공할 때 해당 납세인이 수령한 모든 대금과 비용이 포함된다(증치세잠정조례 제4조, 제5조, 제6조). 납세인이 신고한 매출액이 현저하게 낮고 이에 대해 정당한 이유가 없을 경우, 주관 세무부서는 아래 순서에 따라 매출액을 정한다(증치세잠정조례 제7조).

가. 납세인이 최근에 판매한 동일 물품의 평균가격

나. 다른 납세인이 최근에 판매한 동일 물품의 평균가격

다. 조성계세가격 = 원가 × {1 + 영업이윤율}

※ 영업이윤율은 국가세무총국이 따로 정함

인민폐가 아닌 외화로 매출액을 계산할 경우, 해당 매출액이 발생하는 당일 또는 당월 첫 날의 인민폐 환율중간가에 준하여 인민폐로 환산해서 매출액을 계산한다.

다음은 일반납세인에게 적용되는 증치세 세율이다(증치세잠정조례 제2조)**4**.

일반납세인의 증치세 세율

구 분		세 율
일반 물품	판매	17%
	수입	
식량, 식용식물유, 도서, 신문, 잡지, 사료, 농약 등	판매	13%
	수입	
가공 또는 수리수선의 용역 제공		17%

② 소규모납세인의 납세액과 징수율

소규모납세인의 증치세 납세액은 매출액에 징수율을 곱한 금액이다(증치세잠정조례 제11조). 소규모납세인에게 적용되는 징수율은 3%이다.

(3) 납세

해외업체가 중국 내에서 가공 또는 수리수선의 용역을 제공할 경우, 중국 정부에 증치세를 납부해야 한다. 이때 해외업체가 중국 내에 경영

기구를 갖고 있다면 해당 경영기구가 증치세를 납부하고, 경영기구가 없다면 대리인이 증치세를 원천징수해서 납부한다. 만약 대리인도 없다면 거래상대방(=용역을 제공받은 자)이 증치세를 원천징수해서 납부한다.

통상 납세인의 등록주소지를 관할하는 세무부서에서 증치세를 신고 납부한다. 주관 세무부서를 달리하는 본사와 분공사가 있는 경우 하나의 단위로 증치세를 납부할 수 없고, 각자의 주관 세무부서에서 증치세를 납부한다.

영업의 규모·종류별로 주관 세무부서가 정하는 바에 따라 납세인은 1일, 3일, 5일, 10일, 15일, 1개월 또는 3개월마다(이하 '납세기간') 각각 증치세를 납부한다. ① 납세기간이 1~15일인 경우 납세기간 만기일로부터 5일 내에 증치세를 예납한 후 다음달 1일부터 15일 내에 지난 달의 증치세를 정산한다. ② 납세기간이 1개월 또는 3개월인 경우 납세기간 만기일로부터 15일 내에 증치세를 신고 및 납부한다. 3개월의 납세기간은 소규모납세인에게만 적용된다.

3. 계세

(1) 납세인

토지사용권 또는 건물소유권이 이전될 때 이를 이전받는 자는 계세를 납부해야 한다(계세잠정조례 제1조). 여기서 '토지사용권의 이전'이란 토지사용권의 신규 출양을 비롯해서 토지사용권 매매, 증여, 교환, 출자, 대물변제를 모두 포함한다. '건물소유권의 이전'이란 건물소유권의 매매, 증여, 교환, 출자, 대물변제를 모두 포함한다(계세잠정조례 제2조, 계세잠정조례 세칙 제5조).

토지사용권 또는 건물소유권을 교환할 경우 ① 교환가격이 같을 때에는 계세가 면제되지만 ② 교환가격이 상이해서 교환차액(화폐, 실물, 무형자산 등)이 지급될 때에는 교환차액을 더 많이 지급한 자가 계세를 납부해야 한다.

(2) 납세액과 세율

계세의 납세액은 세금계산근거에 세율을 곱해서 산정한다. 계세의 세율은 3~5%의 범위에서 각 지역의 성급 정부가 따로 정한다. 다음은 계세의 '세금계산근거'이다.

계세의 세금계산근거

	세금계산근거	비 고
토지사용권을 신규 출양하는 경우	거래가격	거래가격이란 해당 계약서에서 정한 가격을 의미하고, 해당 계약서에 의해 매수인이 지급하는 화폐, 실물, 무형자산, 기타 경제이익을 모두 포함함
토지사용권·건물소유권을 매매하는 경우		
토지사용권·건물소유권을 증여하는 경우	시장가격에 준해서 세금계산근거를 확정함	
토지사용권·건물소유권을 교환하는 경우	교환되는 토지사용권·건물소유권의 교환차액	

거래가격이 시장가격에 비해 현저히 낮고 그 거래가격에 대해 정당한 이유가 없을 경우(신규 출양 또는 매매의 경우) 또는 교환차액이 매우 불합리하고 정당한 이유가 없을 경우(교환의 경우) 주관 세무부서는 시장가격에 준해서 세금계산근거를 정할 수 있다.

계세의 납세액은 인민폐로 계산한다. 만일 인민폐 외의 다른 화폐로 거래될 경우, 계세납세의무 발생일을 기준으로 중국 인민은행에서 공표한 중국인민폐시장환율 중간가에 준해서 환산한다(계세잠정조례 제5조).

(3) 납세지와 납세일

토지사용권 또는 건물소유권의 이전에 관한 계약을 체결한 날에 납세의무가 발생한다. 납세인은 납세의무 발생일로부터 10일 내에 토지·건물 소재지의 주관 세무부서에 세무신고를 한 후, 주관 세무기관이 지정한 기간 내에 계세를 납부한다(계세잠정조례 제8조, 제9조).

주관 세무부서는 납세인에게 계세납부증명서를 발급한다. 납세인은 계세납부증명서를 주관 부동산관리부서에 제출해서 해당 부동산에 관한 명의이전을 받는다(계세규정 제11조). 계세납부증명서를 제출하지 않으면 명의이전 수속이 처리되지 않는다

4. 토지증치세

(1) 납세인

부동산을 양도하여 소득을 얻는 자(기업, 개인)는 토지증치세를 납부해야 한다(토지증치세잠정조례 제1조). '부동산' 이란 토지사용권, 지상건축물 또는 이에 대한 부착물이다. '양도' 란 유상의 권리이전으로, 상속, 증여 등의 무상 권리이전은 포함하지 않는다(토지증치세잠정조례 실시세칙 제2조).

(2) 납세액과 세율

토지증치세의 납세액은 토지의 증치액에 세율을 곱해서 산정한다(토지증치세잠정조례 제3조).

'증치액'이란 부동산의 양도수입에서 공제금액을 제외한 금액이다. '부동산의 양도수입'이란 화폐수입, 실물수입, 기타 수입을 모두 포함한다. 다음은 '공제금액'이다(토지증치세잠정조례 제6조).

토지증치세의 공제금액

		공제금액	비 고
1	토지사용권을 양도할 때	토지사용권을 취득하기 위해 기존에 지출했던 금원(실시세칙 제7조 제1항)	토지대금 및 기타 비용(관련 법령에 의해 지급되어야 하는 공과금 등의 비용)을 포함함
2	신축 건물을 양도할 때	토지개발, 건물건설, 부대시설건설에서의 원가 및 비용(실시세칙 제7조 제2항).	– '원가'란 당해 개발사업에서 실제로 지출된 원가로서, 수용·철거·이주보상비, 전기개발공사비, 건축공사비, 기초시설비, 공공시설비, 개발간접비용을 포함함(실시세칙 제7조 제3항) – '비용'이란 당해 개발사업에 관련된 판매비용, 관리비용, 재무비용을 포함함(실시세칙 제7조 제3항)
3	기존 건물을 양도할 때	기존 건물·건축물의 평가가격(실시세칙 제7조 제4항)	'평가가격'이란 부동산 감정평가기구가 평가한 대체원가에 신구할인계수를 곱한 가격을 의미함(실시세칙 제7조 제4항).
4	부동산양도와 관련된 세금	부동산을 양도할 때 납부했던 영업세, 도시유지건설세, 교육비추가비, 인지세 등의 세금(실시세칙 제7조 제5항)	
5	부동산개발 납세인에 대한 특례	부동산개발에 종사하는 납세인은 위 순번 1,2에 따라 계산된 금액의 20%를 추가 공제함(실시세칙 제7조 제6항).	본 특례는 국무원 재정부에서 규정한 기타 공제금액 항목임

납세인이 부동산 거래가격을 숨기거나 허위보고할 경우, 납세인이 보고한 공제금액이 정확하지 않을 경우, 부동산 거래가격이 부동산 평가가격보다 낮고 이에 대해 정당한 이유가 없을 경우, 주관 세무부 서는 부동산감정평가기구가 동종·유사한 부동산에 대해 평가한 종합평가가격(부동산평가가격)에 준해서 토지증치세를 계산한다(토지증치 세잠정조례 제9조).

토지증치세의 세율은 증치액 및 공제금액의 액수에 따라 다음 표와 같이 해당 구간별로 상이하게 적용된다.

토지증치세의 세율

구 간	납세액
증치액 ≤ 공제금액의 50%	(증치액 × 30%)
공제금액의 50% < 증치액 ≤ 공제금액의 100%	(증치액 × 40%) − (공제금액 × 5%)
공제금액의 100% < 증치액 ≤ 공제금액의 200%	(증치액 × 50%) − (공제금액 × 15%)
공제금액의 200% < 증치액	(증치액 × 60%) − (공제금액 × 35%)

토지증치세의 세율과 관련해서 부동산개발업자인 납세인에 대해 특례 규정이 있다. 부동산개발업자인 납세인이 보통표준주택을 건설·매각하는 과정에서 발생한 증치액이 공제금액의 20%에 미달할 경우, 해당 납세인에 대해 토지증치세를 면제한다(토지증치세잠정조례 제8조). 고급 아파트나 별장은 보통표준주택에 포함되지 않는다. 보통 표준주택에 대한 구체적인 판단 기준은 성급 정부에서 정한다(토지증 치세잠정조례 실시세칙 제11조).

토지증치세는 인민폐로 계산한다. 부동산을 양도하여 외화로 수입을 취득할 경우, 수입을 취득한 날 또는 당월 첫 날의 시장환율가에

따라 외화 수입을 인민폐로 환전해서 토지증치세를 계산한다(토지증
치세잠정조례 실시세칙 제20조).

(3) 납세지와 납세일

납세인은 부동산양수도계약을 체결한 날로부터 7일 내에 부동산
소재지의 주관 세무부서에 세무신고를 하고 주관 세무부서가 정한 기
간 내에 토지증치세를 납부해야 한다(토지증치세잠정조례 제10조). 납세
인이 토지증치세를 납부하지 않을 경우, 주관 부동산관리부서는 명
의이전 변경수속을 처리하지 않는다(토지증치세잠정조례 제11조).

KEY POINT

부동산개발기업의 토지증치세 예납 및 정산에 관해

1 부동산개발기업이 상품방을 신축·분양할 때 상품방 하나하나마다 토지증치세
를 납부해야 한다면, 이는 부동산개발기업뿐만 아니라 주관 세무부서에게도 매
우 번거로운 일이 될 것이다. 때문에 부동산개발기업에 대해서는 토지증치세의
예납 및 정산 제도가 실시되고 있다. 부동산개발기업은 일정 기간마다 판매액
의 일정 비율에 해당하는 금원을 토지증치세로 예납한 후, 정산시점에 도달하
면 일괄적으로 토지증치세를 정산한다. 북경시의 경우, 예납하는 토지증치세 세
율은 판매액의 1~3% 수준이다.

2 '부동산개발기업 토지증치세 정산관리에 관한 통지'에 따르면, 토지증치세는
부동산개발 프로젝트를 단위로 해서 정산하되, 해당 부동산개발 프로젝트가 기
별로 분할개발될 때에는 기별 단위로 정산한다. 해당 부동산개발 프로젝트에
보통주택과 보통주택 아닌 주택이 모두 포함되어 있을 경우, 각각 나누어 토지
증치세를 정산한다.

3 다음 정산시점이 도래하면 납세인은 토지증치세를 정산해야 한다.

가. 해당 부동산개발 프로젝트의 신축건물이 준공 및 매각완료된 경우

나. 해당 부동산개발 프로젝트 자체가 전부 양도된 경우(준공 및 매각완료 전에 양도된 것)

다. 토지사용권을 직접 양도할 경우

4 한편, 부동산개발기업 또는 부동산개발 프로젝트에 다음 사유가 발생하면 주관세무부서는 토지증치세의 정산을 요구할 수 있다.

가. 준공합격된 부동산개발 프로젝트의 경우 ① 양도된 건축면적이 총 건축면적의 85% 이상에 달한 경우 ② 양도된 건축면적이 총 건축면적의 85%에 미달하지만 나머지 건축면적이 타에 임대되었거나 부동산개발기업 자신이 사용하고 있는 경우

나. 판매(예매)허가증 취득일로부터 3년이 지난 후에도 미분양된 주택이 있을 경우

다. 토지증치세를 정산하지 않은 상황에서 납세인이 세무등기 말소 신청을 할 경우

라. 성급 세무부서에서 정한 기타 경우

5. 토지사용세

(1) 납세인

도시 또는 도시인접지역의 토지를 사용하는 자(기업, 개인)는 토지사용세를 납부해야 한다. 토지사용세는 출양방식으로 취득한 토지와 획발방식으로 취득한 토지 모두에 부과된다. 토지사용세의 납세인에는 개인, 국유기업, 단체기업, 사영기업, 지분식기업, 외상투자기업, 외국기업, 사회단체, 국가기관, 군대 등이 모두 포함된다.

예전에는 외상투자기업 · 외국기업에 별도의 토지사용세를 부과하

지 않고 외상투자기업·외국기업이 획발방식으로 취득한 토지에 장소사용비만을 징수했다. 그러나 2006년 12월 31일에 토지사용세조례가 개정되면서 내자기업과 외상투자기업·외국기업에 동일하게 토지사용세가 부과되었다.

(2) 요율

납세인은 실제 사용하는 토지 면적에 따라 아래 요율에 의해 산정되는 토지사용세를 납부해야 한다. 실제 사용하는 토지 면적은 통상 토지사용증에 기재한 면적에 따른다.

토지사용세의 요율

1 대도시 　: 연간 1.5~30RMB/1㎡
2 중급도시: 연간 1.2~24RMB/1㎡
3 소도시 　: 연간 0.9~18RMB/1㎡
4 도시인접지역 : 연간 0.6~12RMB/1㎡

성급 정부는 위 요율 범위 내에서 구체적인 요율을 정한다. 시·현급의 정부는 실제 이용현황에 따라 토지를 여러 등급으로 분류해서 토지사용세 요율의 적용표준을 정한다. 시·현급의 정부가 적용표준을 정할 때에는 성급 정부의 비준을 받은 후 집행한다. 성급 정부와 시·현급의 지방정부는 각각 토지사용세에 관해 자체적인 실시세칙을 두고 있으므로, 토지사용세의 구체적인 요율 및 적용표준은 해당 지역의 주관 세무부서에서 확인하는 것이 바람직하다.

6. 인지세

(1) 납세인

중국 내에서 재산권이전계약, 대출계약, 건설공사계약 등을 체결할 때, 계약의 각 당사자(기업, 개인)는 인지세를 납부해야 한다(인지세잠정조례 제1조).

(2) 납세액과 세율

인지세의 납세액은 계약금액에 세율을 곱해서 산정한다. 인지세의 세율은 해당 계약에 따라 상이하다. ① 재산권이전계약의 세율은 1만분의 5 ② 대출계약의 세율은 1만분의 0.5 ③ 건설공사계약의 세율은 1만분의 5이다. 납세인은 인지세표를 구매해서 계약서에 붙이는 방법으로 인지세를 납부한다.

7. 방산세

(1) 납세인

건물의 소유자는 방산세를 납부해야 한다(방산세잠정조례 제2조). 방산세는 주로 도시 건물에 대해 적용된다(방산세잠정조례 제1조).

기존에 내자기업에는 '방산세잠정조례'가 적용되었고, 외상투자기업·외국인에 대해서는 도시방지산세잠정조례가 적용되었다. 그러나 '외자기업과 외국인에 대해 방산세를 징수할 것에 관한 통지(財稅2009-3호)'에 의해 도시방지산세잠정조례가 2009년 1월 1일부터 폐지됨으로써, 내자기업과 외상투자기업·외국인에 대해 동일한 규정(방산세잠정조례)이 적용된다.

(2) 납세액과 세율

건물소유자가 해당 건물을 직접 사용할 경우, 건물 기존가치의 70~90%에 해당되는 금액에 1.2%의 세율을 적용한다(방산세잠정조례 제3조, 제4조). 건물 기존가치를 정하기 어려울 때에는 주관 세무부서에서 유사 건물을 참고로 하여 정하기도 한다. 기존가치의 70~90% 범위 내에서 구체적인 기준은 각 성급 정부가 정한다. 건물이 임대된 경우에는 건물 임대소득에 12%의 세율을 적용하여 납세액을 확정한다(방산세잠정조례 제4조).

(3) 납세지와 납세일

방산세의 납세지는 건물 소재지(주관 세무부서)이고, 납세일 및 납세기간은 성급 정부에서 정한다(방산세잠정조례 제7조).

8. 기업소득세

(1) 납세의무 – 납세인과 납세액

중국 내의 기업과 중국 내에서 소득을 취득하는 조직은 기업소득세를 납부해야 한다(기업소득세법 제1조). 기존에 내자기업에 대해서는 '기업소득세법'이 적용되었고, 외상투자기업·외국기업에 대해서는 '외상투자기업과 외국기업 소득세법'이 적용되었다. 그러나 외상투자기업과 외국기업 소득세법이 폐지되고 2008년 1월 1일부터 새로운 기업소득세법이 시행되면서, 내자기업과 외상투자기업·외국기업에 동일한 기업소득세가 적용되고 있다.

기업소득세 납세액은 '과세대상 소득'을 기초로 산정한 '납세소득액'에 '세율'을 곱해서 산정한다. 과세대상 소득, 납세소득액, 세율은 주민기업과 비주민기업 간에 상이하다. 주민기업과 비주민기업 간의 판단기준, 과세대상 소득, 납세소득액, 세율은 다음 표와 같다.

주민기업과 비주민기업 간의 판단기준, 과세대상 소득, 세율

구분	판단기준(제2조)	과세대상 소득(제3조)	납세소득액	세율
주민기업 (무제한 납세)	① 중국 법률에 따라 중국 내에 설립된 기업 ② 외국 법률에 따라 설립되었으나 중국 내에 실제관리기구가 있는 기업	중국 내에서 수취한 소득과 해외에서 수취한 소득 모두에 과세	매 납세연도의 과세대상인 소득에서 비과세 수입, 면세수입, 공제금액, 전년도 손실을 공제한 후의 금액	25%[5]
비주민기업 (제한적 납세)	① 외국 법률에 따라 설립되고 중국 내에 실제관리기구가 없으나, 중국 내에 기구·장소가 있는 기업 ② 외국 법률에 따라 설립되고 중국 내에 실제관리기구, 기구·장소가 없는 기업	중국 내에 기구·장소가 있는 기업이 ⓐ 당해 기구·장소에서 수취한 중국 내 소득과 ⓑ 당해 기구·장소와 실제연계가 있는 해외 소득,	(1) 배당금, 이자, 임대료, 특허권사용료 – 과세대상 소득 전액 (2) 재산양도소득 – 양도수입에서 재산순가치를 공제한 나머지 소득	25%
		중국 내에 기구·장소가 없는 기업이 취득한 중국 내 소득 또는 중국 내에 기구·장소가 있더라도 실제연계가 없는 중국 내 소득	(3) 기타 소득 위 (1)과 (2)를 참조해서 납세소득액을 계산함	10%

여기서 '실제관리기구'란 기업의 생산경영, 인원, 재무, 재산 등에 대해 실질적인 관리와 통제를 실시하는 기구이다(기업소득세법 실시

조례 제4조). '기구·장소'란 중국 내에서 생산경영활동을 하는 기구·
장소를 의미하는데, 구체적으로는 관리기구, 영업기구, 대표처, 공
장, 농장, 자연자원 채굴장소, 용역제공 장소, 건축, 수선, 인테리어,
탐사 등에 사용되는 장소를 포함한다(기업소득세법 실시조례 제5조). '실
제연계'란 비주민기업이 중국 내에 설치한 기구·장소에 대해 소득
수취의 근거(예를 들어 지분, 채권, 재산)를 갖는 것을 말한다(기업소득세법
실시조례 제8조).

(2) 납부방법

중앙정부 국무원의 특별한 규정이 없는 한, 기업소득세는 하나의
기업 단위로 납부한다. 기업(주민기업)이 중국 내에 법인격이 없는 영
업기구인 분공사를 설립했다면, 본사와 분공사가 하나의 단위로 납
세소득액을 계산해서 기업소득세를 납부해야 한다(기업소득세법 제50조,
제52조).

기업은 월별 또는 분기별로 기업소득세를 예납한다. 기업은 월 또
는 분기가 종료된 후 15일 내에 주관 세무부서에 신고표를 제출하고
기업소득세를 예납한다. 기업소득세를 예납할 때에는 원칙적으로 월
별 또는 분기별의 실제 이윤액에 따라 예납 세액을 계산한다. 그러나
실제 이윤액의 계산이 어려울 경우에는 전년도 월별 또는 분기별의
평균 이윤액에 준하는 방식 혹은 주관 세무부서에서 인정하는 기타
방식에 따라 예납세액을 계산한다(기업소득세법 실시조례 제128조).

납세연도 종료일로부터 5개월 내에 해당 기업은 주관 세무부서에
납세신고표를 제출하고 당해 납세연도의 기업소득세를 정산한다(기

업소득세법 제54조). 기업소득세는 인민폐로 계산한다. 기업의 소득이
외화로 표기될 경우에는 인민폐로 환산해서 기업소득세를 계산한다
(기업소득세법 제56조). 이때의 환율은 세액을 납부하는 월 또는 분기 마
지막 날의 인민폐환율 중간가에 준한다.

비주민기업(한국기업) 기업소득세에 대한 원천징수에 관해

1 주민기업이 비주민기업에게 소득 금원을 지급하는 경우

'비주민기업 소득액 원천징수 관리 잠정방법'(이하 '원천징수 잠정방법')에 따르면, 비주민기업이 중국 내에서 취득하는 배당금, 이자, 임대료, 특허권사용료 소득의 경우, 비주민기업에게 해당 소득 금원을 지급하는 자가 원천징수해서 납부한다(원천징수 잠정방법 제3조). 비주민기업과 원천징수의무자 간에 관련 계약이 체결되면, 원천징수의무자는 계약체결일로부터 30일 내에 원천징수 납부 세무등록을 밟는다. 원천징수의무자가 원천징수 납부의무를 이행하지 않거나 이행할 수 없다면, 비주민기업은 소득 취득일로부터 7일 내에 소득 발생지의 주관 세무부서에 기업소득세를 납부해야 한다(원천징수 잠정방법 제15조).

2 비주민기업 간에 소득 금원이 지급되는 경우

지분양도의 당사자가 모두 비주민기업이고 지분양도 거래가 해외에서 이루어질 경우, 양도소득을 얻은 비주민기업은 자신이 직접 또는 타인에게 위탁해서 양도 거래 대상회사의 주관 세무부서에 기업소득세를 납부한다. 한편, 지분양수도 거래의 대상회사는 주주변경 사항에 관해 세무변경등록을 밟을 때 해당 지분양수도계약서를 주관 세무부서에 제출한다(원천징수 잠정방법 제5조).

(3) 외상투자기업에 대한 조세혜택

① 구 기업소득세법상의 조세혜택

2007년 12월 31일까지 시행된 '외상투자기업과 외국기업 소득세법'(이하 '구 기업소득세법')에서는 외상투자기업에 특별 조세혜택이 부여되었고, 이는 내자기업에는 적용되지 않았다. 이러한 조세혜택의 대표적인 예가 '2면 3감반'이다.

구 기업소득세법에 따르면 경영기간이 10년 이상인 생산성 외상투자기업의 경우, 최초로 이익이 발생한 납세연도로부터 2개 납세연도 중의 소득에 대해서는 기업소득세 전액이 면제되고, 그 후의 3개 납세연도 중의 소득에 대해서는 기업소득세의 50%가 감경되는 조세혜택이 부여되었다(구 기업소득세법 제8조). 여기서 '경영기간'이란 외상투자기업 정관상의 경영기간이며, '생산성 기업'이란 주로 제조기업을 의미했다. 이러한 조세 감면 정책을 가리켜 실무상 2면 3감반이라 불렀다.

② 신 기업소득세법상의 과도적 규정

2008년 1월 1일부터 시행된 신 기업소득세법에 의해 외상투자기업에 대한 특별 조세혜택은 폐지되고, 내자기업과 외상투자기업에 대해 동일한 조세혜택이 부여되었다. 단, 신 기업소득세법이 공표(2007년 3월 16일)되기 전에 이미 주관 공상행정관리부서에서 설립등록절차를 마친 외상투자기업에 한해 신 기업소득세법 시행(2008년 1월 1일 시행) 이후 5년의 범위 내에서 과도적으로 기존의 조세혜택이 계속 부여될 수 있고, 이러한 과도적 혜택의 구체적인 범위는 국무원에 위임되어 있다(신 기업소득세법 제57조, 신 기업소득세법 시행조례 제131조).

신 기업소득세법의 위임에 따라 국무원이 2007년 12월 26일 공표한 '기업소득세 과도우대 혜택에 관한 통지(國發[2007]39호)'에 따르면, ① 기존에 조세혜택을 받고 있던 외상투자기업은 2008년 1월 1일 이후로도 구 기업소득세법상의 조세혜택 종료일까지 기존의 조세혜택을 받을 수 있고 ② 세전 이익이 없어서 조세혜택을 받지 못하던 외상투자기업이 세전 이익을 창출할 경우 2008년 1월 1일부터 5년간 기존의 조세혜택을 받을 수 있다.

다음은 신 기업소득세법 및 위 통지에 의해 2008년 1월 1일 이후로 외상투자기업에 부여되는 과도적 조세혜택이다.

2008년 1월 1일 이후로 외상투자기업에 부여되는 과도적 조세혜택

외상투자기업의 요건	세율	생산성기업	비생산성기업
경영기간이 10년 이상인 외상투자기업	2면 3반감	적용	–
경제특구6에 설립된 외상투자기업	15%	적용	적용
경제기술개발구7에 설립된 외상투자기업	15%	적용	–
포동 신구에 설립된 외상투자기업	15%	적용	–
국무원에서 비준을 받아 보세구역 내에 설립된 외상투자기업	15%	적용	–
소주공업원구에 설립된 외상투자기업	15%	적용	–
연해경제개방구 · 경제특구 · 경제기술개발구의 구 시가지旧市区에 설립된 외상투자기업	24%	적용	–
국가관광여행지역에 설립된 외상투자기업	24%	적용	적용
변경개방도시8에 설립된 외상투자기업	24%	적용	–
성회도시9 및 연강개방도시10에 고신기술 산업구 내에 설립되어 있고,	24%	적용	–
국무원으로부터 고신기술기업으로 인정받은 외상투자기업으로서 경영기간이 10년 이상인 중외합자경영기업	2년 면제	적용	적용

국가 고신기술 개발구 내에 설립되어 있고, 고신기술산업으로 인정받은 외상투자기업	2년 면제	적용	적용
북경시신기술산업개발시험구 (현재 중관촌과학기술원구)에 설립된	3면 3반감 (신기술 기업인 경우)	적용	적용

③ 신 기업소득세법상의 조세혜택

신 기업소득세법에 의해 외상투자기업에만 부여되던 조세혜택은 폐지되고, 외상투자기업과 내자기업에 동일하게 조세혜택이 부여되었다. 여기서는 신 기업소득세법상의 주요 조세혜택을 정리했다.

1 국가가 중점 지원하고 발전을 권장하는 산업 및 프로젝트의 경우, 해당 기업에게 소득세 우대혜택을 부여한다(기업소득세법 제25조).
2 기업의 소득 중에서 다음 소득을 면세소득으로 간주한다(기업소득세법 제26조). ① 국채 이자 소득 ② 주민기업 간에 지급된 주식배당금 등의 권익적인 투자소득으로서 조건에 부합되는 것 ③ 중국 내에서 기구·장소를 설립한 비주민기업이 주민기업으로부터 취득한 주식배당금 등의 권익적인 투자소득으로서 동 기구·장소와 실제연계가 있는 것 ④ 비영리조직의 소득으로서 조건에 부합되는 것.
3 기업의 소득 중에서 다음 소득에 대해 기업소득세를 감면받을 수 있다(기업소득세법 제27조). ① 농업, 임업, 목축업, 어업 프로젝트의 소득 ② 국가가 중점 지원하는 공공기반건설 프로젝트의 투자·경영 소득 ③ 환경보호, 에너지, 물 절약 프로젝트 소득으로서 조건에 부합되는 것 ④ 기술양도소득으로서 조건에 부합되는 것 ⑤ 기업소득세법 제3조 제3항에 규정된 소득[11].
4 소형기업(규모가 작고 이익이 적은 기업)은 20% 세율로 기업소득세를 납부한다. 그리고 국가가 중점 지원하는 하이테크기술기업은 15% 세율로 기업소득세를 납부한다(기업소득세법 제28조).
5 민족자치지방의 자치기관은 당해 민족자치지방 소재 기업이 납부해야 하는 기업소득세 중에서 당해 민족자치지방이 할당받는 부분에 대해 감면 여부를 결

정할 수 있다(기업소득세법 제29조).

6 기업의 지출 중에서 다음 항목은 과세대상 소득을 계산할 때 공제받을 수 있다 (기업소득세법 제30조). ① 신기술, 신제품, 신공예 개발에 소요된 연구개발비용 ② 장애인 취업 및 국가가 장려하는 기타 취업으로 발생된 임금

7 창업투자기업(벤처기업)이 국가가 중점 지원하고 권장하는 투자를 할 경우, 과세대상 소득을 계산할 때 투자액 중에서 일정 비율을 공제받을 수 있다(기업소득세법 제31조).

8 기술발전 등의 사유로 기업 고정자산의 감가상각을 가속해야 할 경우, 감가상각연한을 줄이거나 가속 감가상각방법을 사용할 수 있다(기업소득세법 제32조).

9 자원을 종합적으로 이용해서 취득한 소득, 국가산업정책규정에 부합되는 제품을 생산해서 취득한 소득은 과세대상 소득을 계산할 때 공제받을 수 있다(기업소득세법 제33조).

10 환경보호, 에너지, 물 절약, 안전생산 등에 사용하는 전문설비를 구입할 때 투입된 금액은 일정 비율로 세액과 상계할 수 있다(기업소득세법 제34조).

소형기업과 하이테크기술기업

1 소형기업의 판단표준
국가에 의해 영업이 제한·금지되지 않는 업종에 종사하는 기업으로서 ① 공업기업일 경우 연간 납세소득액이 인민폐 30만 RMB를 초과하지 않고, 직원이 100명 이하이고, 자산총액이 인민폐 3,000만 RMB 이하인 기업 ② 공업기업이 아닌 기타 기업일 경우 연간 납세소득액이 인민폐 30만 RMB를 초과하지 않고, 직원이 80명 이하이고, 자산총액이 인민폐 1,000만 RMB 이하인 기업

2 하이테크기술기업의 판단표준
핵심 지적재산권을 자체보유하고 있는 기업으로서 ① 제품·서비스가 '국가에서 중점 지원하는 고신기술영역'에 포함되고 ② 연구개발비용이 판매수입의 일정비율에 도달하고 ③ 고신기술 제품·서비스에 의한 수입이 기업총수입의 일정비율에 도달하고 ④ 과학기술인력이 직원총수의 일정비율에 도달하고 ⑤ 고신기술기업 인정관리방법에서 정한 기타 조건을 충족하는 기업

(4) 한중 이중과세방지조약

한국과 중국은 1994년 3월 28일에 '대한민국 정부와 중화인민공화국 정부 간의 소득에 대한 조세의 이중과세회피와 탈세방지를 위한 협정'을 체결(1994년 9월 28일 발효)했다. 또한 위 협정을 수정·보완하기 위해 2006년 3월 23일에 '대한민국 정부와 중화인민공화국 정부 간의 소득에 대한 조세의 이중과세회피와 탈세방지를 위한 협정의 제2의정서'를 체결(2006년 7월 4일 발효)했다. 이하에서는 위 2개 협정을 총칭해서 '한중 이중과세방지조약'이라 부르기로 한다.

한중 이중과세방지조약의 목적은 한중 간 거래에서 발생되는 소득에 대한 과세권을 양국에 배분함으로써 조세의 이중과세와 탈세를 방지하는 것이다. 한중 이중과세방지조약이 적용되는 조세의 범위에 ① 한국의 소득세, 법인세, 주민세가 포함되고 ② 중국의 개인소득세, 기업소득세, 지방소득세12가 포함된다. 따라서 한국의 부가가치세, 중국의 영업세 및 증치세에는 한중 이중과세방지조약이 적용되지 않는다.

기업소득세법과 조세조약이 일치하지 않는 경우에는 조세조약이 우선하므로(기업소득세법 제58조), 한중 이중과세방지조약은 기업소득세법에 대해 우선 적용된다. 따라서 기업소득세법상 과세대상이더라도 한중 이중과세방지조약상 중국 정부가 과세권을 갖지 않는 경우, 해당 소득에 대해 중국 정부에 납세의무를 부담하지 않는다. 그리고 한중 이중과세방지조약에 의해 중국 정부가 과세권을 갖더라도 기업소득세법상 과세하지 않는 경우, 해당 소득에 대해 중국 정부에 납세할 필요가 없다. 참고로 홍콩이 중국의 영토이기는 하나, 한국과 홍콩

간의 거래에는 한중 이중과세방지조약이 적용되지 않는다.

① 배당소득

한중 이중과세방지조약 제10조에 따르면, 한국투자자가 중국 내 기업에 25% 이상의 지분을 보유할 경우 한국투자자의 배당소득에 대해 중국 정부가 5%의 세율로 과세할 수 있다. 또한 한국투자자가 중국 내 기업에 25% 이하의 지분을 보유할 경우 한국투자자의 배당소득에 대해 중국 정부가 10% 세율로 과세할 수 있다.

구 기업소득세법에서는 외국투자자(기업)가 외상투자기업으로부터 취득한 배당소득에 대해 기업소득세를 면제했으나, 2008년 1월 1일 시행된 신 기업소득세법에서는 기업소득세를 부과하게 되었다. 따라서 2008년 1월 1일부터는 한중 이중과세방지조약 제10조에 따라 외국투자자(기업)의 배당소득에 대해서도 중국 정부에 5% 또는 10% 세율로 기업소득세를 납부해야 한다[13].

② 이자소득

한중 이중과세방지조약 제11조 및 제12조에 따르면, 한국투자자가 중국 내에서 취득하는 이자소득에 대해 중국 정부는 10%의 세율로 과세할 수 있다. 따라서 한국투자자가 중국 기업으로부터 대출이자를 지급받을 경우 중국 정부에 10%의 세율로 기업소득세를 납부해야 한다. 한편, 기업소득세와 별도로 한국투자자는 중국 정부에 5%의 세율로 영업세를 납부해야 한다. 대출이자에 영업세가 부과된다는 점은 앞서 〈Ⅱ 주요 조세 1. 영업세〉에서 다루었다.

한편 한국의 정부, 중앙은행, 정부성격의 기능을 수행하는 금융기관에게 지급되는 이자에는 중국 정부가 과세하지 않는다. 예를 들면 한국수출입은행이 중국 기업으로부터 대출이자를 지급받을 경우 한국수출입은행은 중국 정부에 기업소득세를 납부하지 않아도 된다.

③ 지분양도소득

한중 이중과세방지조약 제13조에 따르면, ① 어느 회사의 재산이 주로 중국에 소재하는 부동산으로 직·간접적으로 구성되는 경우 동 회사의 지분양도로 발생하는 소득에 대해 중국 정부가 과세권을 갖고(조약 제13조 제4항) ② 그와 달리 어느 회사의 재산이 부동산과 밀접한 관련이 없는 경우 동 회사의 지분양도로 발생하는 소득에 대해 중국 정부는 과세권을 갖지 않는다(조약 제13조 제1항).

따라서 어느 외상투자기업의 자산이 주로 부동산으로 구성되어 있고, 한국투자자(기업)가 그 외상투자기업의 지분을 타에 양도하여 양도차익을 얻었다면, 한국투자자(기업)는 중국 정부에 기업소득세를 납부해야 한다. 이때의 세율은 위 (1)항에서 설명한 세율에 따른다. 그와 달리 어느 외상투자기업의 자산이 주로 부동산으로 구성된 경우가 아니라면, 그 외상투자기업의 지분을 한국 기업에 매각하든 중국 기업에 매각하든 제3국 기업에 매각하든지 간에 양도차익에 대해 중국 정부에 납세할 의무가 없다.

주석

1 세무등기증은 국가세무등기증과 지방세무등기증이 따로 발급되기도 하고, 지역에 따라서는 단일한 세무등기증으로 발급되기도 한다.

2 납세인 사이에서 금원을 수수할 때에는 영수증(화표)을 주고받아야 한다. 이와 같은 영수증 제도는 한국의 세금계산서 제도와 유사하다. 그러나 영수증을 사적으로 제작할 수 없고 주관 세무부서로부터 수령한 영수증을 사용해야 한다는 점에서, 한국의 세금계산서 제도와 상이하다.

3 경내란 ① 용역을 제공하는 자나 용역을 제공받는 자 중에서 일방이 중국 내에 있는 경우 ② 양도하는 부동산(토지사용권, 건물)이 중국 내에 있는 경우 ③ 무형자산을 양수하는 자가 중국 내에 있는 경우를 말한다(영업세잠정조례 실시세칙 제4조).

4 한국의 경우와 유사하게, 중국의 납세인이 물품을 수출할 때에는 영세율(0%)이 적용된다. 단, 국무원에서 별도로 정할 때에는 영세율 외의 세율을 적용할 수 있다.

5 주민기업에 적용되는 기업소득세율은 원칙적으로 25%이나, 다양한 감면 혜택이 존재한다. 기업소득세의 감면혜택은 이하 〈(3) 외상투자기업에 대한 조세혜택〉을 참조하기 바란다.

6 '경제특구'란 심천, 주해, 산두, 하문, 해남 경제특구를 말한다.

7 '경제기술개발구'란 국무원이 비준한 경제기술개발구를 말한다.

8 '변경개방도시'란 흑하, 이녕, 빙상, 이련호트 등의 개방도시를 말한다.

9 '성회도시'란 어느 성을 대표하는 도시를 말한다. 예를 들면 산동성의 성회도시는 제남이고, 요녕성의 성회도시는 심양이다.

10 '연강 개방도시'란 남녕, 중경, 황석, 장강삼협경제개방국, 북경 등의 개방

도시를 말한다.

11 기업소득세법 제3조 제3항에 규정된 소득이란 ① 비주민기업이 중국 내에 기구 · 장소를 설립하지 않고서 중국 내에서 취득한 소득 ② 비주민기업이 중국 내에 기구 · 장소를 설립했으나 그 비주민기업이 중국 내에서 취득한 소득이 동 기구 · 장소와 실제연계가 없는 경우의 소득이다.

12 2008년 1월 1일에 신 기업소득세법이 시행되면서 지방소득세는 폐지되었다.

13 기업인 외국투자자가 외상투자기업으로 배당소득을 지급받을 때에는 중국 정부에 '기업소득세'를 납부해야 한다. 그와 달리 개인인 외국투자자가 외상투자기업으로부터 배당소득을 지급받을 때에는 중국 정부에 '개인소득세'를 납부해야 한다.

법무법인 한결 중국팀 소개

법무법인 한결은 1997년에 설립된 국내 중견 법무법인으로서, 현재 40여 명의 국내변호사와 3명의 외국변호사, 1명의 공인회계사 등 전문 인력을 보유하고 있다. 각종 금융투자자문, 구조조정, M&A, 부동산개발, 재건축 등의 업무에 전문성을 가지고 있으며, 지적재산권, 엔터테인먼트 분야에서도 강하다는 평가를 받고 있다.

특히 국내 기업들의 중국투자 활성화에 발맞춰 선도적으로 중국법률 자문 업무를 시작하였으며, 중국 법률에 관한 자문분야에서 국내 기업은 물론 중국 기업으로부터 두터운 신뢰를 받고 있다.

법무법인 한결은 2008년에 정국철 중국변호사를 소속변호사로 영입하여 중국팀을 새로 구성하였고, 조승식 대표변호사, 김희제 변호사, 조범석 변호사, 강태헌 변호사 등을 포진시켜 국내법과 중국법에 관해 전문적이고 효율적인 자문을 제공하고 있다. 또한 북경중륜(北京中倫), 상해중륜(上海中倫), 금성동달(金城同達), 金杜(King & Wood), 북두정명(北斗鼎明), 덕형(德衡) 등 중국 메인 로펌들과도 업무협력 및 제휴관계를 유지하고 있어, 사안의 성격과 특수성에 따라 유기적으로 협력하여 업무를 처리하고 있다.

조승식 대표변호사

서울대학교 법대 졸업, 한양대학교 행정대학원 수료(행정학석사 부동산법제전공), 사법연수원 제9기. 현재 법무법인 한결에서 대중국 투자, 기업금융자문, 기업관련 형사소송 등을 주요 업무로 맡고 있다. 서울지방검찰청·부산지방검찰청 검사, 대검찰청 강력부장(검사장), 서울서부지방검찰청 검사장, 인천지방검찰청 검사장, 대검찰청 형사부장 등을 역임했다.

안식 변호사

서울대학교 정치학과 졸업, 사법연수원 제29기. 현재 법무법인 한결에서 기업금융자문, M&A, 기업회생, 파산, 벤처기업 종합법률자문 등을 맡고 있다. 한국인터넷기업협회 정책자문위원, 중소기업청 구조조정 전문위원회 전문위원, 한국 M&A협회 이사 등을 역임했으며, 주요 저서로 《M&A를 알아야 경영할 수 있다》, 《M&A 전략과 실전사례》 등이 있다.

김희제 변호사

서울대학교 정치학과 졸업, 사법연수원 제29기. 현재 법무법인 한결에서 기업금융자문 및 소송, 증권거래, PF, 중국투자 및 투자유치 등을 맡고 있다. 금융감독원 분쟁조정업무 전문위원, 서울특별시 농수산물공사 법률고문, 금융감독원 금융분쟁조정위원회 위원 등을 역임했다.

정국철 중국변호사

중국정법대학 법대(2002년, 법학학사), 중국정법대학 대학원 졸업(2006년, 법학석사). 중륜금통율사사무소 변호사를 거쳐(2005~2008년) 현재는 법무법인 한결의 중국변호사로 재직 중이다. 대중국 투자, 부동산 PF, M&A, 반독점 심사, 부실채권 투자 등을 맡고 있다.

강태헌 변호사

서울대학교 법대 졸업, 사법연수원 제32기. 현재 법무법인 한결에서 기업금융자문, 부동산, 대중국투자, 행정소송 등을 맡고 있다. 공익법무관(광주고검, 서울고검, 수원지검)을 역임한 바 있다.

조범석 변호사

고려대학교 법대 졸업, 사법연수원 제33기. 현재 법무법인 한결에서 금융투자자문, M&A, 대중국투자, 엔터테인먼트 등을 맡고 있다.

중국 기업 활동과 부동산 투자

초판 1쇄 2009년 7월 10일

지은이 법무법인 한결 · 중국변호사 정국철
펴낸이 김석규 **담당PD** 권병규 **펴낸곳** 매경출판㈜
등 록 2003년 4월 24일(No. 2-3759)
주 소 우)100-728 서울 중구 필동1가 30번지 매경미디어센터 9층
전 화 02)2000-2610(출판팀) 02)2000-2636(영업팀)
팩 스 02)2000-2609 **이메일** publish@mk.co.kr
인쇄 · 제본 ㈜M-print 031)8071-0961

ISBN 978-89-7442-585-2(03320)
값 20,000원

서면에 의한 저자와 출판사의 허락없이 내용의 일부를 인용하거나 발췌하는 것을 금합니다.